AF454579

VIE ET VERTUS

DE

S. JEAN-BAPTISTE DE LA SALLE

27.
f.
8446

OUVRAGES DU MÊME AUTEUR

Histoire de saint Jean-Baptiste de la Salle. Ouvrage honoré d'un Bref du souverain Pontife. Grand in-8° illustré, pp. xlvii-725. 2e *édition*. (Ch. Poussielgue.) . . . . **6 fr.** »

L'Éducateur apôtre. Aux maîtres chrétiens. In-18 raisin, 400 pages. 12e *mille*. (Ch. Poussielgue.) . . . . **2 fr.** »

Devoirs d'un Séminariste. In-32 raisin encadré rouge. 96 pages. 3e *mille*. (Ch. Poussielgue.) . . . . » **fr. 50**

La Culture des vocations. Aux maîtres chrétiens. In-18 raisin, 200 pages. 10e *mille*. (Ch. Poussielgue.) . . . . **1 fr. 50**

Conseils sur la vocation offerts à la jeunesse chrétienne. In-18 raisin, 124 pages. (Ch. Poussielgue.) . . . . » **fr. 60**

La Direction spirituelle dans les maisons d'éducation. In-18, 36 pages. (Ch. Poussielgue.) . . . . » **fr. 30**

A l'entrée de la vie. In-32, 113 pages. 11e *mille*. (Rondelet.) . » **fr. 60**

L'Ame de l'homme. In-18, 64 pages. 3e *édition*. (Bloud.) . » **fr. 60**

Les Qualités de l'éducateur. In-18, 64 pages. (Bloud.) . » **fr. 60**

Les Origines. Questions d'apologétique. Grand in-8°, 389 pages, 173 figures. 2e *édition*. (Letouzey.) . . . . **6 fr.** »

L'Hypnotisme. Les faits, les théories, les difficultés. Brochure in-8°. (Retaux.) . . . . » **fr. 25**

Anatomie et Physiologie animales, pour la classe de philosophie. 1 vol. in-18, 407 pages, 237 figures. 2e *édition*. (Retaux.) . **4 fr.** »

Anatomie et Physiologie végétales, pour la classe de philosophie. 1 vol. in-18, 300 pages, 479 figures. (Retaux.) . . . . . **3 fr.** »

Histoire naturelle à l'usage des classes élémentaires. (Retaux.)
Anatomie et Physiologie de l'homme. 1 volume, cart. **1 fr. 75**
Zoologie. 1 volume, cartonné. 2e *édition.* . . . . **2 fr. 25**
Botanique. 1 volume, cartonné. 2e *édition.* . . . . . . **2 fr. 25**
Géologie et minéralogie. 1 volume, cart. 2e *édition.* . . **1 fr. 75**

J. GUIBERT, S. S.

SUPÉRIEUR DU SÉMINAIRE DES CARMES

Vie et Vertus

de

S. Jean-Baptiste

de la Salle

FONDATEUR

DE L'INSTITUT DES FRÈRES DES ÉCOLES CHRÉTIENNES

CH. POUSSIELGUE
15, RUE CASSETTE
PARIS

MAISON A. MAME ET FILS
ÉDITEURS
TOURS

1901

Permis d'imprimer *Vie et Vertus de saint Jean-Baptiste de la Salle*, par M. J. Guibert, prêtre de Saint-Sulpice.

Paris, 30 avril 1901.

A. CAPTIER,

SUP. GÉN. DE SAINT-SULPICE.

Imprimatur :

Parisiis, die 30ᵉ Aprilis 1901.

† Franciscus, Card. **RICHARD,**

ARCH. PARISIENSIS.

AVANT-PROPOS

BIBLIOTHÈQUE NATIONALE
R.F.
IMPRIMÉS

Ce livre n'a aucune prétention scientifique ; il vise avant tout l'édification du lecteur. Non pas qu'en l'écrivant nous nous soyons désintéressé de l'exactitude historique ; car un récit n'est jamais plus sain à l'âme que lorsqu'il est bien véridique. Mais, tout en suivant la voie tracée par notre Histoire de saint Jean-Baptiste de la Salle, *publiée l'an dernier le jour même de la canonisation de notre cher Saint, nous avons allégé notre marche en nous dégageant de tout appareil d'érudition : notes, documents, références, discussions, tout a été supprimé ici. Le lecteur désireux d'étudier plus à fond le sujet que nous ne faisons qu'esquisser en ces pages, en trouvera tous les éléments dans notre* Histoire, *à laquelle nous le renvoyons.*

Toutefois nous ne nous sommes pas contenté

de parcourir d'un pas rapide la carrière aposto-
lique de saint Jean-Baptiste de la Salle. Après
l'avoir suivi à travers les péripéties d'une exi-
stence très mouvementée, nous avons pris le
temps d'étudier sa physionomie, et nous avons
tâché de fixer les traits qui ont caractérisé
l'homme, le chrétien, l'apôtre et le fondateur
d'Ordre. C'est ce qui nous a déterminé à prendre
pour titre : Vie et Vertus.

Puissent ces humbles pages faire connaître
un Saint qui a si bien mérité de l'Église et de la
France, qui a doté l'Église d'un Ordre religieux
aussi fervent que florissant, qui a si puissam-
ment concouru à développer en France les œuvres
d'éducation d'où elle tire sa gloire et sa force!

J. G.

Paris, le 19 mars 1901.

VIE ET VERTUS

DE

S. JEAN-BAPTISTE DE LA SALLE

CHAPITRE I

ÉDUCATION

1651-1678

ENFANCE DE JEAN-BAPTISTE DE LA SALLE

1651-1660

Le saint fondateur de l'Institut des Frères des Écoles chrétiennes naquit à Reims le 30 avril 1651. Par son père, Louis de la Salle, et par sa mère, Nicolle Moët de Brouillet, l'enfant prédestiné appartenait au milieu social le plus respectable et le plus chrétien de la Champagne. Avec les biens de la fortune, dont il fera si noblement le sacrifice un jour, il recevait en naissant un précieux héritage d'honneur, de foi et de vertu.

Les La Salle, en effet, jouissaient à Reims, à

côté des Colbert, de la plus haute considération. Issus, d'après une tradition sérieuse, de l'illustre maison de la Salle qui, au moyen âge, avait essaimé de la Catalogne et du Béarn sur toute la France, ils étaient établis en Champagne depuis le milieu du XIVᵉ siècle. Leurs armes, « d'azur à trois chevrons brisés d'or, » rappelaient une vieille légende, d'après laquelle un ancêtre, Johan Salla, aurait eu les jambes brisées par un éclat de pierre en combattant à côté du roi Alphonse le Chaste, l'an 818. La branche cadette, d'où sortit notre Saint, avait dû se livrer au négoce durant le XVIᵉ siècle, et, sans se départir de la plus exacte probité, elle avait acquis, avec de grandes richesses, une influence prépondérante dans la cité rémoise.

Parmi les ancêtres de Jean-Baptiste se détache une physionomie plus saillante, celle de Lancelot de la Salle, marchand et conseiller de ville, dont la puissance fit ombrage aux partisans de la Ligue. Accusé de protestantisme et jeté en prison en 1575, Lancelot dut venger sa foi catholique et ses vertus de citoyen. L'un des témoins de l'enquête nous apprend que « ledict de la Salle est hospitallyer et aulmosnier et pitoyable aux pauvres dont il voit souvent ; entretient de povres petits enffans aux escolles, et après les mest à apprendre mestiers à ses despens, est aymé des gens de bien ». Glorieux témoignage, qui nous montre en germe, dans le tri- saïeul, les vertus qui prendront, dans l'arrière-petit- fils, un si extraordinaire épanouissement.

Les Moët de Brouillet étaient dignes de s'allier aux La Salle. D'une antique noblesse de robe, ils remplissaient avec intégrité des charges de magistrature, et donnaient au peuple les exemples de la plus vive piété. Jean Moët, l'aïeul maternel de notre Saint, récitait chaque jour l'office canonial en entier, et puisait dans le commerce de Dieu cette vie de foi qu'il communiqua si intense à son petit-fils. Car, avec sa femme Perrette Lespagnol, il exerça la plus heureuse influence sur l'éducation de Jean-Baptiste.

–Ce fut en 1650 que les La Salle et les Moët de Brouillet, déjà unis par des relations d'amitié, contractèrent une plus étroite alliance par le mariage de Louis de la Salle, conseiller au siège présidial de Reims, âgé de vingt-cinq ans, avec Nicolle Moët de Brouillet, âgée de dix-sept ans. Louis de la Salle habitait alors, avec son frère Simon, l'hôtel de la Cloche, vaste maison d'aspect bourgeois, qui fait encore bonne figure au milieu des constructions modernes, rue de l'Arbalète, près de la place du Marché, et qu'une inscription signale aux Rémois et aux étrangers comme une des plus précieuses reliques de la vieille cité. Car c'est là que naquit Jean-Baptiste de la Salle, le glorieux fondateur d'un Institut puissant, l'éducateur intelligent et dévoué des classes populaires, le Saint vénéré que l'Église vient d'élever sur les autels.

Dieu bénit, en effet, par une heureuse fécondité l'union de Louis de la Salle et de Nicolle Moët. De ces vertueux époux naquirent dix enfants, dont trois moururent en bas âge. Parmi les sept autres, trois entrèrent dans les Ordres : Jean-Baptiste, Jacques-Joseph, Louis ; Rose-Marie se fit religieuse ; Marie, Remy et Pierre entrèrent dans l'état du mariage et laissèrent une postérité.

Jean-Baptiste était l'aîné de cette nombreuse

famille ; il en devait être aussi la gloire. Le jour même de sa naissance, la grâce prit possession de son âme par le saint baptême, et nous avons tout lieu de croire qu'elle n'en fut jamais chassée par aucun péché grave.

Aucun événement extraordinaire ne marqua les premiers pas de cet enfant béni ; ce sera, du reste, le caractère propre de son existence, d'être moins signalée par l'éclat du miracle que par la profondeur et la continuité des vertus solides. Cependant, sa physionomie morale se révéla de bonne heure et laissa présager qu'il était appelé à de grandes choses.

La piété en fut le premier trait. D'instinct, cette âme d'enfant se porta vers Dieu. Sitôt qu'on le conduisit à l'église, il prit goût aux cérémonies du culte sacré : revenu à la maison, il se plaisait à reproduire ce qu'il avait vu. Dans le petit oratoire que ses parents durent dresser pour lui, il jouissait d'être le prêtre de sa chapelle, de monter à l'autel et d'imiter l'auguste mystère de la messe. Et ce n'était pas pour Jean-Baptiste un simple jeu d'enfant ; car il accomplissait ces actes avec tout le recueillement et l'esprit religieux dont il était capable. S'il échappait parfois à la surveillance de ses parents, c'était non pour jouer avec des camarades, mais pour aller à l'église prier et suivre les divins Offices. On l'y trouvait recueilli, attentif, dans cette attitude de respect et de prière qu'il gardera toute sa vie dans le lieu saint.

Il n'avait encore que sept à huit ans, lorsque, à force d'instances, il obtint de ses parents la permission d'exercer les fonctions d'enfant de chœur. Quand il servait le prêtre à l'autel, faveur insigne à

ses yeux, il s'en acquittait avec tant de grâce et de
ferveur, qu'au dire de son biographe, « il attirait
l'attention de tous les assistants et inspirait de la
dévotion à ceux qui le regardaient. »

A cette vive piété se joignait une maturité pré-
coce, une gravité déjà réfléchie. Il avait, en effet,
peu d'inclination pour les amusements ordinaires de
l'enfance ; les objets religieux étaient ses jouets, et
les pratiques pieuses les seules distractions qu'il
aimât. Un jour qu'une fête de famille avait réuni à
l'hôtel de la Cloche une joyeuse société de parents
et d'amis, Jean-Baptiste fut pris tout à coup d'un
ennui profond au milieu du bruit et des divertisse-
ments ; se réfugiant près de sa vénérable aïeule,
Perrette Lespagnol, il l'emmena à l'écart et la sup-
plia de lui lire la *Vie des Saints.*

Autant il aimait les chants d'église, autant il avait
d'horreur pour la musique profane. Son père, homme
distingué et ami de l'art, voulant sans doute donner
à Jean-Baptiste une éducation libérale plus com-
plète, essaya vainement de lui faire goûter la
musique. Soit par défaut d'aptitudes artistiques, soit
par esprit de mortification chrétienne, l'enfant ne
répondit pas sur ce point aux efforts de Louis de la
Salle.

Il en fut tout autrement des études. Car un bio-
graphe ancien nous apprend que Jean-Baptiste « se
portait volontiers à tout ce qu'un précepteur fidèle
et vertueux lui prescrivait, et il ne fut pas long-
temps sans acquérir les connaissances nécessaires
pour aller dans un collège ». Nous croyons, en effet,
que l'enfant ne fréquenta point les petites écoles,
mais que son père le garda « pour le former sous

ses yeux », jusqu'à ce qu'il eût atteint l'âge de commencer les études classiques.

JEAN-BAPTISTE AU COLLÈGE DES BONS-ENFANTS
— IL ENTRE DANS LA CLÉRICATURE —
IL DEVIENT CHANOINE DE REIMS
1660-1669

Jean-Baptiste avait neuf ans lorsque sa famille le plaça au collège des Bons-Enfants, de l'université de Reims. Il y parcourut tout le cycle des études ; il consacra, par conséquent, cinq ans à la grammaire, deux ans aux lettres, poésie et rhétorique, et deux ans à la philosophie.

Tout en suivant les cours du collège, il demeurait, étant externe, sous la garde vigilante de ses parents. Grâce à leur influence quotidienne, grâce aux joies saines qu'il goûtait en famille, il conserva toute la fraîcheur de sa piété, la pureté de sa conscience et la douce gravité de son caractère.

D'ailleurs, l'université ne mettait alors en péril ni la foi, ni la vertu des enfants. Ce n'était point une œuvre laïque, au sens moderne du mot ; dirigée par le clergé lui-même, elle avait un esprit profondément religieux. Tout en formant leur goût littéraire dans le commerce des grands auteurs d'Athènes et de Rome, les jeunes gens, solidement instruits de leur religion et profondément imprégnés de l'esprit de foi du milieu social, vivaient de christianisme et ne considéraient les fables mythologiques que comme le thème d'exercices scolaires. Rien n'était épargné, au reste, pour la préservation des écoliers : car les règlements du collège prescrivaient des exercices religieux, des instructions catéchistiques et des sermons, aussi bien que des moyens disciplinaires propres à sauvegarder la vertu.

Sous la double action d'une famille vigilante et d'un collège chrétien, la ferveur de Jean-Baptiste ne fit que progresser. L'enfant n'avait pas encore onze ans révolus, lorsqu'il entendit l'appel de Dieu et s'en ouvrit sans retard à ses parents. Que lui importait le monde avec ses richesses et ses honneurs ? Les promesses d'avenir étaient pour lui sans attraits, parce que Dieu lui avait parlé au cœur. Ce sanctuaire qu'il aimait, il ne voulait pas en sortir ; ces Offices divins auxquels il participait déjà, il voulait les goûter toujours ; ce commerce intime avec Dieu dans la prière, qui faisait son bonheur, il voulait n'en être jamais privé. Pour fixer sa vie là où il avait déjà fixé son cœur, il sollicita la grâce d'être admis dans le clergé en recevant la tonsure.

Une telle demande eût jeté dans la consternation des parents moins chrétiens que ceux de Jean-Baptiste. Les familles opulentes ne refusaient pas, assurément, de donner des enfants à l'Église ; mais l'usage reçu alors destinait les cadets au clergé, et réservait les aînés pour soutenir dans le monde la gloire du nom et le prestige de la fortune. L'entrée dans les Ordres d'un aîné de famille était un événement. Qu'allait répondre Louis de la Salle à la demande de son fils ? Dans cette âme vigoureusement trempée de foi, s'il y eut combat, l'esprit chrétien triompha de l'esprit du monde, et la tyrannie de l'usage fut vaincue par la généreuse inspiration d'un grand cœur. Cette immolation de l'amour-propre paternel fut d'autant plus méritoire, qu'on ne pouvait soupçonner encore les glorieuses destinées de l'enfant. Nous voyons aujourd'hui que Dieu a rendu au centuple ce qu'il avait reçu : car cet enfant, qui n'ambitionnait que la pieuse obscurité du sanctuaire, a illuminé le nom des La Salle d'une auréole éclatante qui lui permettra de traverser les siècles.

Ce fut le 11 mars 1662 que Jean-Baptiste de la Salle reçut la tonsure, dans la chapelle du palais archiépiscopal de Reims. L'ordination d'un enfant de onze ans ne présentait rien d'étrange au xviie siècle ; elle n'entraînait aucun engagement pour l'avenir, elle marquait seulement le désir qu'avait l'adolescent de se donner à l'Église dans son âge mûr. Si jeune qu'il fût encore, Jean-Baptiste avait d'ailleurs des sentiments en harmonie avec la sainte profession cléricale. La formule sacrée qu'il prononça ne fut point vaine pour lui ; car, en disant à Dieu : « Le Seigneur est la portion de mon héritage, » il faisait déjà dans son cœur tous les sacrifices que Dieu lui demanderait un jour. Et il donnait à Dieu des gages de sa générosité par un accroissement continuel de piété, par une assiduité toujours plus grande à l'église et aux Offices liturgiques, par une retenue qui trahissait en lui l'enfant voué à Dieu.

Ses parents auraient pu profiter de son entrée dans la cléricature pour solliciter en sa faveur quelque gros bénéfice ecclésiastique. Ils n'en firent rien, tant était désintéressé de leur part le don qu'ils avaient offert à Dieu en la personne de leur fils. Ce fut seulement cinq ans plus tard, en effet, qu'un canonicat fut conféré, dans la cathédrale de Reims, à Jean-Baptiste de la Salle.

Le chanoine Dozet, son parent, archidiacre de Champagne et chancelier de l'université, suivait d'un regard attentif les progrès du jeune clerc. Cette rare piété, qui ne se démentait point; cette tenue irréprochable, indice d'une grande valeur morale; des talents incontestables, qui mettaient le jeune étudiant en relief parmi les meilleurs élèves de l'université, inclinaient ce sage vieillard à résigner son bénéfice en faveur de Jean-Baptiste. Le jour de Pâques 1666, dans une séance solennelle de l'université, lorsqu'il eut entendu prononcer son nom parmi les lauréats du collège, il se persuada que sa prébende ne saurait être remise aux mains d'un clerc plus méritant ni plus riche d'espérances. Le 7 janvier suivant, le jeune chanoine de la Salle était installé au chœur de Notre-Dame de Reims.

Il entrait dans un corps illustre, qui avait donné à l'Église de nombreux évêques, de grands papes et des saints. Mais, loin de s'en prévaloir, il ne songeait qu'à remplir dignement ce ministère angélique de l'Office divin. Se regardant comme un homme consacré par état à la prière publique, il sentait que la louange divine devait être d'autant plus pure et plus fervente sur ses lèvres qu'il la chantait au nom de l'Église et de tous les hommes.

« Souvenez-vous, lui dit Pierre Dozet, qu'un chanoine doit vivre comme un chartreux et aussi retiré qu'un chartreux, passant la vie dans la retraite et la solitude. » Fidèle à ces leçons, le jeune chanoine fit bientôt l'admiration de ses collègues par sa ferveur et son exactitude. « Il est pour nous, disait l'un d'entre eux, un modèle de régularité, de modestie et de candeur. »

Son titre de chanoine l'invitait à se fixer dans l'état ecclésiastique et à franchir un degré de plus vers le sacerdoce. Il n'eut du reste qu'à suivre son attrait personnel pour demander les Ordres mineurs, qu'il reçut le 17 mars 1668.

Il était alors élève de philosophie, et la fin de ses études approchait. Lorsqu'il les eut couronnées par le diplôme de maître ès arts, le 10 juillet 1669, il entama sans hésiter les cours de théologie, qu'il suivit toute une année à la Faculté de théologie de l'université de Reims.

Mais son père, esprit réfléchi, suivait trop attentivement les progrès intellectuels et moraux de Jean-Baptiste pour n'avoir pas saisi le mérite du jeune homme et ses promesses d'avenir. Dépositaire des ressources de vie que Dieu avait placées en cette âme d'élite, il comprit que son devoir était de les mettre en valeur, et il faut lui savoir gré d'avoir choisi, pour achever l'éducation de son fils, les deux plus célèbres écoles de savoir et de vertu qu'il y eût alors en France, la Sorbonne et Saint-Sulpice.

JEAN-BAPTISTE DE LA SALLE SUIT LES COURS DE SORBONNE ET SE FORME
AUX VERTUS SACERDOTALES DANS LE SÉMINAIRE DE SAINT-SULPICE
1670-1672

La Sorbonne était estimée dans l'Église entière comme la première école de théologie, tant pour la solidité de ses enseignements et la sûreté de ses décisions, que pour le mérite de ses docteurs et la valeur des grades qu'ils conféraient. Jean-Baptiste en suivit assidûment les cours, et il y eût poussé ses études jusqu'au doctorat, si des malheurs de famille ne les avaient interrompues au bout de dix-huit mois.

A l'école des plus illustres maîtres que possédait alors la France, il contracta cet amour de l'étude qui, malgré la multitude des affaires, l'appliqua toute sa vie au travail intellectuel. Là se développèrent les qualités maîtresses de son esprit, l'ordre, la clarté, la fermeté d'exposition, qui plus tard se révélèrent d'une façon si frappante dans sa conduite et dans ses livres. L'opposition très vive que manifestait, à cette époque, la Faculté de Sorbonne à l'égard des doctrines de Jansénius, fixa son esprit dans une fidélité à l'Église romaine vers laquelle déjà l'inclinait son cœur. De la sorte, le séjour qu'il fit à Paris ne profita pas moins à la pureté de sa foi qu'à la solidité de son savoir.

Mais sa vertu y gagna plus encore. Car le séminaire de Saint-Sulpice, où il s'enferma dans une solitude austère et recueillie, mit le sceau à une formation chrétienne déjà si avancée par l'heureuse influence de la famille.

Ce nouveau milieu lui offrait, en effet, tous les moyens de sanctification. Le séminaire, encore tout pénétré du souvenir et des grâces du fondateur, n'avait rien perdu de sa ferveur première. A côté de M. de Bretonvilliers, gardien si fidèle de l'esprit et de l'autorité de M. Olier, vivait M. Tronson, cet homme aussi savant que modeste, profond psychologue en même temps que théologien éclairé, dont le nom domine toute l'éducation cléricale de la fin du xviie siècle. Cet homme éminent, dont toute l'Église de France prenait les avis, **fut le directeur intime auquel Jean-Baptiste confia le soin de sa** conscience et la culture de sa volonté.

Parmi ses confrères, le jeune chanoine eut le bonheur de nouer des amitiés fécondes ; **nous citerons** entre autres Fénelon et Paul Godet des Marais, appelés tous deux à tenir une place si **considérable** à la cour, l'un près du duc de Bourgogne, **l'autre** près de Mme de Maintenon, dont il devint le **conseiller.** Mais personne ne se lia plus étroitement à lui que Jacques Baühin, calviniste converti, **qui** faisait l'admiration de tous par sa vive **piété, sa** mortification et son humilité. Vingt **ans plus tard,** Jean-Baptiste se mettra sous sa direction **et trouvera** en lui, dans ses premières tribulations de **fondateur,** le consolateur le plus surnaturel et le plus réconfortant.

Sous l'action bienfaisante de ce noviciat, où « rien de dur ne le rebutait », où l'exacte discipline s'alliait avec l'aisance et l'urbanité dans les relations, où **les** plus austères vertus chrétiennes s'harmonisaient **avec** les effusions de la piété la plus expansive, le **jeune** séminariste prit cette trempe d'âme qui le caractérise, et qui présente un merveilleux accord de la douceur et de la force, de la maîtrise de la volonté et de la vivacité des sentiments.

Toutefois sa vertu demeura aussi cachée qu'elle était profonde. Pouvait-il en être autrement dans « une assemblée de personnes d'élite, raisonnables, ferventes, qui, suivant un **Mémoire** du temps, avaient moins besoin d'éperon pour avancer que de frein pour se modérer »? Car, dans les communautés bien réglées, si quelque sujet attire et fixe l'attention, c'est moins, d'ordinaire, par les qualités sérieuses que par les singularités accidentelles du caractère. Une âme aussi équilibrée que celle de Jean-Baptiste devait passer inaperçue. Son mérite cependant n'échappa point au regard pénétrant de ses maîtres, ainsi qu'en témoigna M. Leschassier, qui, cinquante ans plus tard, en gardait le souvenir.

« Il fut d'abord, écrivit le supérieur de Saint-Sulpice en 1720, il fut d'abord observateur de la règle, exact aux exercices de la communauté. Il parut bientôt après se détacher du monde plus qu'il ne l'avait été en entrant. Sa conversation a toujours été douce et honnête. Il ne m'a jamais paru avoir mécontenté personne, ni s'être attiré aucun reproche. Quand il est venu à Paris pour ses écoles, j'ai reconnu en lui de merveilleux progrès dans toutes les vertus. Tous ceux qui l'ont connu en ont vu des preuves dans toute sa conduite, surtout dans la patience avec laquelle il a souffert le mépris qu'on faisait de sa personne, et les traverses. »

Ce séminariste irréprochable, en qui germaient obscures, mais actives, des vertus qu'on verra plus tard s'épanouir au grand jour, ne pouvait manquer de s'ouvrir au zèle apostolique qui animait alors les jeunes clercs de Saint-Sulpice. Le séminaire, en effet, participait aux œuvres de la paroisse par les catéchismes et le soin des petites écoles, et les plus nobles entreprises du dehors y éveillaient des sympathies efficaces.

Aucune question, à cette époque, ne préoccupait plus vivement les esprits avisés que l'instruction des classes populaires dans les écoles de charité : soit pitié pour ces foules qui croupissaient dans l'ignorance et dans le vice, faute de ressources pour fréquenter les écoles payantes, soit crainte des excès auxquels pourrait se livrer une populace que le sentiment religieux n'aurait pas domptée, de toutes parts on parlait d'instruire et de christianiser les pauvres.

Déjà M. Bourdoise, l'ardent curé de Saint-Nicolas-du-Chardonnet, avait écrit à M. Olier ces paroles restées célèbres dans l'histoire des écoles chrétiennes : « Pour moi, je le dis du meilleur de mon cœur, je mendierais volontiers de porte en porte pour faire subsister un vrai maître d'école. Comme saint François-Xavier, je demanderais à toutes les universités du royaume des hommes qui voulussent, non pas aller au Japon et dans les Indes prêcher les infidèles, mais du moins commencer une si bonne œuvre. » D'un autre côté, M. Démia, en des *Remontrances* qui avaient fait grand bruit, venait de représenter aux échevins de Lyon le libertinage qui résultait du défaut d'écoles pour les enfants pauvres.

Ce mouvement d'idées s'était communiqué à Saint-Sulpice, et, au moment où Jean-Baptiste y vivait, tous les élèves étaient enrôlés dans l'association de prières que Bourdoise, en 1649, avait fondée en vue d'obtenir des maîtres chrétiens pour l'enfance. Le jeune chanoine de Reims participa, sans nul doute, aux prières et aux aspirations de ses confrères. Et s'il est vrai que notre vie réelle devient, bon gré mal gré, l'épanouissement des germes semés dans nos âmes par l'éducation, il faudra reconnaître que Saint-Sulpice fut pour Jean-Baptiste de la Salle le berceau de sa vocation.

Il aurait aimé à vivre de longues années dans cette maison bénie ; mais il en fut arraché violemment par de cruelles épreuves. La mort de sa mère, arrivée le 19 juillet 1671, porta un premier coup à son cœur de fils ; et ses larmes étaient à peine séchées, lorsqu'il perdit son père, le 9 avril 1672. Quelque profonde que fût sa tristesse, au lieu de s'abandonner à la douleur, il dut partir sans retard pour Reims, afin de prendre en main la direction des affaires de famille. Entré à Saint-Sulpice le 18 octobre 1670, il en sortit le 19 avril 1672. Le précieux levain qu'il emportait dans son cœur allait y fermenter durant six années de prières, de travail et de solitude. Puis, quand l'heure de Dieu sera venue, l'apôtre sera prêt à remplir sa mission.

JEAN-BAPTISTE DE LA SALLE PREND SOIN DE SA FAMILLE. SE LIVRE A L'ÉTUDE ET S'INITIE AUX ŒUVRES — IL REÇOIT LES ORDRES SACRÉS — LA PRÊTRISE

1672-1678

Jean-Baptiste de la Salle, aîné d'orphelins, comprit qu'il en devait être le père, et il prit à cœur cette noble tâche d'élever dans la piété, la distinction et le savoir, ses quatre frères et ses deux sœurs.

Il agit puissamment sur leurs âmes par les exemples de sa propre vie. Habitué par le séminaire à la régularité, il fit de sa maison une sorte de communauté. Depuis le lever matinal et les exercices religieux jusqu'aux repas, aux récréations et aux études, chaque chose se faisait à une heure déterminée. Il puisait dans la piété le courage de mener de front l'accomplissement de tous ses devoirs, et il trouvait l'aliment de sa piété dans les obligations mêmes de son canonicat. Car il n'avait pas moins d'inclination pour les Offices publics de l'Église que pour l'oraison solitaire et le commerce intime avec Dieu.

Cette vie réglée, si monotone qu'elle fût, ne devint jamais une charge pour ses frères, tant son affection douce et communicative était habile à prévenir ou à vaincre toutes les lassitudes. Dans cette atmosphère de chaude piété dont Jean-Baptiste était le vivant foyer, ses frères et ses sœurs grandirent dans l'union, la religion et le travail. Il eut le bonheur de voir trois vocations éclore sous son toit ; car, nous l'avons dit, Rose-Marie entra au couvent de Saint-Étienne de Reims, Jacques-Joseph et Louis devinrent prêtres. Les autres fondèrent dans le monde des familles profondément chrétiennes.

Jean-Baptiste, non content de veiller sur leur âme, gérait aussi leurs affaires avec application, et, suivant un biographe, l'habileté qu'il montra dans ces questions temporelles eût laissé croire « qu'il était fait pour un tel emploi ». C'est ainsi que la Providence se plaisait à mûrir son jeune serviteur, en l'exerçant, dans l'ombre de la maison paternelle, à conduire des âmes et à gouverner des intérêts sérieux. S'il parut perdre du temps dans ces préoccupations de famille, la vérité est qu'il y acquit une expérience consommée, et qu'il y développa une sagesse dont nous apprécierons bientôt les heureux fruits.

Malgré son amour pour l'étude et sa fidélité à suivre les leçons de l'université de Reims, ses examens traînèrent en longueur ; nous ne savons à quelle époque il subit la tentative ou baccalauréat, mais il n'acheva sa licence qu'à la fin de l'année 1677. Un intervalle assez long, de trois ans au moins, s'écoula encore avant le doctorat ; mais il eut à cœur, par égard pour sa dignité de clerc et de chanoine, et non par ambition, de parcourir le cycle complet des études ecclésiastiques, et de grandir ainsi toute son âme au niveau de sa sublime vocation.

Cependant, à ses devoirs de chef de famille, de chanoine et d'étudiant, il n'avait pas craint d'ajouter de nouveaux soucis ; il s'était laissé entraîner par Nicolas Roland dans les œuvres de zèle.

Nicolas Roland, chanoine et théologal de Reims, âme ardente, prompt à toutes les entreprises, menait de front, avec la prédication, une œuvre de jeunes clercs, une conférence hebdomadaire de prêtres, la direction d'un asile d'orphelins, la création d'écoles populaires pour les filles pauvres et d'une congrégation pour les maîtresses. Depuis son retour de Paris, Jean-Baptiste de la Salle avait pris cet homme apostolique pour son directeur de conscience, et il en recevait, quoique dans une âme plus pondérée, de vives impulsions pour les œuvres de zèle. Usé à la fleur de l'âge par des travaux excessifs, Nicolas Roland, qui prévoyait sa fin prochaine, rêvait de constituer le chanoine de la Salle l'héritier de ses œuvres en même temps que de son esprit : docile aux leçons d'un maître si saint, Jean-Baptiste s'initiait à ces formes nouvelles de l'apostolat, et se préparait par là à devenir, avec une sagesse qui ne fut jamais en défaut, un heureux novateur.

Toutefois il ne gravissait que lentement, et comme avec crainte, les marches de l'autel. Malgré des doutes accablants sur sa vocation, qui l'avaient troublé à la mort de ses parents, il avait pris résolument, sur l'invitation formelle de M. Tronson et de M. Roland, les engagements définitifs du sous-diaconat, le 2 juin 1672. Mais il ne reçut le diaconat que quatre années plus tard, le 21 mars 1676, et il laissa encore s'écouler deux ans entiers avant l'ordination sacerdotale. Sans doute, les jeunes clercs étaient alors moins pressés qu'aujourd'hui de recevoir les Ordres, soit parce que leur subsistance était assurée par des bénéfices, soit parce que les cadres du clergé étaient abondamment pourvus. D'ailleurs, depuis qu'il avait mis entre le monde et lui l'infranchissable barrière du sous-diaconat, il n'avait jamais regretté de s'être voué à Dieu dans la carrière sacerdotale. Nous croyons que sa délicatesse de conscience fut la seule cause de ces retards ; après tant d'autres saints, il appréhendait une dignité devant laquelle avaient tremblé saint Jean Chrysostome, saint Jérôme et saint Augustin, et dont saint Vincent de Paul disait avec humilité : « Si j'avais su ce que c'est qu'un prêtre, je n'aurais jamais consenti à le devenir. »

A l'époque de son diaconat, en mars 1676, le chanoine de la Salle, sur le conseil de Nicolas Roland, entreprit d'échanger son riche canonicat pour une cure à charge d'âmes. Il lui semblait qu'un ministère actif répondrait mieux aux aspirations de son zèle que les obligations sédentaires de son canonicat. Déjà il avait pris des arrangements avec le curé de Saint-Pierre, lorsque l'archevêque de Reims, Maurice Le Tellier, qui fut en cette occasion l'heureux instrument de la Providence, refusa son assentiment, ordonna de rompre les conventions, et réserva ainsi Jean-Baptiste pour sa mission future.

Notre Saint, qui ne cherchait que la volonté de Dieu, s'inclina devant la décision de son supérieur, et commença, tout en poursuivant ses études, sa préparation au sacerdoce.

Ce fut le samedi saint, 9 avril 1678, que Jean-Baptiste de la Salle reçut l'onction sacerdotale des mains de son archevêque, dans l'église métropolitaine de Reims. Pour jouir plus librement du don de Dieu, il voulut dire sa première messe sans éclat et sans apparat, assisté seulement de ses proches, dans une des plus humbles chapelles de la cathédrale. Que se passa-t-il dans cette première rencontre, à l'autel, de Dieu et de son serviteur? Aucun témoignage du temps ne nous en a gardé le souvenir; l'humilité du Saint a voulu l'ensevelir dans l'oubli. Mais toute sa vie de prêtre parle assez haut, et nous pouvons juger du premier jour par tous ceux qui l'ont suivi. Désormais, la messe sera le centre de son existence; il ne pourra vivre un seul jour sans monter à l'autel, et il saura vaincre, pour célébrer l'auguste sacrifice, les infirmités les plus douloureuses. Si passionné qu'il soit pour la pauvreté, il ne trouvera jamais les ornements trop riches, les autels trop parés; et sa chapelle, conservée au trésor de Reims, prouve que, pour le mystère de l'Eucharistie, il en venait jusqu'à la prodigalité. Et quelle attitude respectueuse il gardait à l'autel ! Quel angélique rayonnement sur son visage. dans ce contact avec Dieu ! Puis, quel recueillement dans l'action de grâces, jusqu'à en perdre l'usage de ses sens ! Et comme sa parole, sortant d'un cœur plein de Dieu, pénétrait les âmes qui s'adressaient alors à lui !

.Une fois en possession, comme prêtre, de la source de vie qu'est l'Eucharistie, Jean-Baptiste de la Salle va s'engager, pour n'en plus sortir, dans la mission providentielle pour laquelle il a été marqué par Dieu

CHAPITRE II

LES PREMIÈRES ÉCOLES

1678-1682

JEAN-BAPTISTE DE LA SALLE CONSOLIDE L'ŒUVRE
DE NICOLAS ROLAND
1678

La vie de Jean-Baptiste de la Salle se déroule dans la plus parfaite unité. Jusqu'au jour de son ordination il mène une existence cachée, il semble ne vivre que pour lui seul, il ne soupçonne pas même sa mission ; il se prépare seulement à faire la volonté de Dieu. À peine est-il ordonné, que les desseins de Dieu se découvrent ; il est appliqué, sans même un instant de répit, à la grande œuvre de l'éducation populaire, et, durant ses quarante et un ans de vie sacerdotale, il ne travaillera qu'à cette œuvre capitale. La voie où il entre sera rude, traversée de mille obstacles ; il l'arrosera souvent de ses larmes et de son sang ; il y boira jusqu'à la lie le calice de l'humiliation : mais il ne s'en détournera pas un instant, et, pionnier aussi hardi que patient, il aura ouvert des routes nouvelles que d'autres suivront après lui.

Dieu commença par éprouver sa valeur et ses aptitudes dans l'établissement de l'œuvre de Nicolas Roland.

L'ardent théologal de Reims, épuisé par l'excès de ses mortifications et de ses travaux, ne survécut que dix-huit jours à l'ordination de son cher disciple. Par son testament, il constitua Jean-Baptiste son exécuteur testamentaire et lui confia la délicate mission d'établir sur des bases solides l'œuvre chère de sa vie, l'œuvre qui devait conserver dans Reims son nom et le culte de sa mémoire, c'est-à-dire la Congrégation du *Saint-Enfant-Jésus*.

Tout pénétré des sentiments qui fermentaient alors dans les meilleures âmes, Nicolas Roland avait créé, depuis 1670, des écoles gratuites pour les enfants pauvres qu'on rejetait des écoles payantes. Il avait pris modèle sur les classes qu'il avait visitées à Rouen, et même de Rouen lui était venue la première religieuse, Françoise Duval, qui se fit maîtresse d'école. En peu d'années, des écoles gratuites de filles furent établies dans les divers quartiers de la ville. Des personnes pieuses, animées d'un saint zèle, se joignirent à Françoise Duval, partagèrent ses travaux, et, unies en congrégation séculière, elles prirent le nom de *Sœurs du Saint-Enfant-Jésus*.

Frappé trop tôt par la mort, Nicolas Roland n'avait pas obtenu pour ses maîtresses d'école la reconnaissance officielle. Son entreprise allait tomber, si on ne l'asseyait promptement par la légalité sur des bases solides ; c'était le soin qu'il avait confié à Jean-Baptiste de la Salle.

La mission était fort délicate. Il fallait gagner l'assentiment de l'archevêque, qui n'avait jamais été sympathique à Nicolas Roland, et l'avait souvent rebuté ; il fallait vaincre les oppositions du Conseil de ville, qui ne voyait dans la nouvelle Congrégation qu'un fardeau de plus pour la population ; enfin des lettres patentes devaient être demandées au roi.

Quelque répugnance qu'il éprouvât pour les démarches extérieures et dissipantes que cette affaire lui imposait, Jean-Baptiste se mit en mouvement, par respect et par amour pour Nicolas Roland. Par ses manières aimables et polies, et grâce aux entrées que ses relations de famille lui ménageaient près des hommes les plus influents, il eut vite fait de gagner la bienveillance de l'archevêque et les suffrages des conseillers. Maurice Le Tellier alla jusqu'à mettre au service de cette cause le grand crédit dont il jouissait, étant frère du ministre Louvois, à la cour de Louis XIV, et même les ressources de son immense fortune. Telle fut la diligence apportée dans cette entreprise, que les lettres patentes autorisant la Congrégation du *Saint-Enfant-Jésus* furent délivrées et enregistrées dès le mois de février 1679.

Les humbles filles de Nicolas Roland sentirent bien, dans cette occasion, non seulement que l'âme de leur père était demeurée parmi elles pour les protéger, mais aussi qu'il leur avait donné un soutien visible qui n'était pas moins habile que pieux et sage. C'est pourquoi elles eussent aimé l'avoir pour supérieur ; mais l'archevêque le trouva trop jeune et en nomma un autre, de sorte que Jean-

Baptiste ne garda avec elles que des rapports de bienveillance et d'édification. C'était Dieu même qui le réservait pour quelque chose de plus grand.

Mme MAILLEFER ENVOIE NYEL A REIMS — FONDATION
DE L'ÉCOLE DE SAINT-MAURICE

1679

Heureux d'avoir accompli les dernières volontés de Nicolas Roland, Jean-Baptiste de la Salle ne songeait plus qu'à reprendre ses études et les devoirs de son canonicat. Trop modeste pour s'attribuer une mission, il ne formait aucun projet. S'il s'engage dans une nouvelle entreprise, c'est que Dieu même l'y aura poussé. D'ailleurs, il s'en est expliqué lui-même clairement.

« Je n'y pensais nullement, dit-il... Si même j'avais cru que le soin de pure charité que je prenais des maitres d'école eût dû jamais me faire un devoir de demeurer avec eux, je l'aurais abandonné... Dieu, qui conduit toutes choses avec sagesse et avec douceur, et qui n'a point coutume de forcer l'inclination des hommes, voulant m'engager à prendre entièrement le soin des écoles, le fit d'une manière imperceptible, et en beaucoup de temps, de sorte qu'un engagement me conduisit dans un autre, sans l'avoir prévu dans le commencement. »

Ces voies douces et imperceptibles, par lesquelles Dieu conduisit cette âme humble et docile à l'une des plus grandes œuvres accomplies dans l'Église, le lecteur les retrouvera à travers les pages de ce récit.

La vigoureuse poussée religieuse du XVIIe siècle avait amené la création d'écoles primaires dans presque toutes les paroisses de France. Placées sous la juridiction ecclésiastique, ces écoles poursuivaient, avec une égale application, l'instruction de l'esprit et la formation chrétienne du cœur. Mais souvent, dans les villes surtout, les enfants pauvres étaient négligés. Ou bien ils n'avaient pas entrée dans les écoles payantes, ou bien on ne montrait aucun zèle pour les y recevoir. Aussi demeuraient-ils errants dans les rues, sujets à tous les vices qu'engendrent l'ignorance et le vagabondage. Dans plusieurs villes, à Paris notamment, on avait créé pour eux des écoles de charité. Mais ces écoles étaient rares : elles manquaient de maîtres et de ressources ; l'ordre surtout y faisait tellement défaut, qu'elles étaient moins des classes que des cohues d'enfants. L'éducation populaire attendait donc un créateur et un législateur.

Le mouvement de réforme partit de Rouen, où, dès le milieu du XVIe siècle, des écoles charitables avaient été ouvertes par le Bureau de l'hôpital. Depuis 1662, deux âmes d'élite y travaillaient de concert à l'éducation des pauvres : le P. Barré, religieux minime, dont la sainte mémoire est restée en bénédiction, créait des écoles gratuites pour les filles et fondait un institut de religieuses enseignantes, pendant que Mme Maillefer, pour expier dans la pénitence et les œuvres de zèle une jeunesse passée dans la mollesse et le faste, consacrait son temps et ses biens à l'entretien de maîtres et de maîtresses d'écoles chrétiennes.

Mme Maillefer, née Dubois, étant originaire de

Reims, avait résolu de procurer à sa ville natale le bienfait de l'enseignement populaire et de sauver les enfants pauvres de Reims comme elle avait sauvé ceux de Rouen. Déjà, en 1670, elle avait provoqué, de concert avec le P. Barré, la fondation d'écoles de filles, en envoyant Françoise Duval à Nicolas Roland. En 1679, elle crut que le moment providentiel était venu de commencer aussi, à Reims, les écoles de garçons.

Pour réaliser son dessein, elle jeta les yeux sur un homme de dévouement, prêt à toutes les initiatives, qui, sous le nom de frère Gabriel, dirigeait depuis vingt-sept ans les écoles charitables de Rouen. Il s'appelait Adrien Nyel. Il était originaire de Laonnois, en Beauvaisis ; il avait cinquante-cinq ans. Avec une simplicité d'enfant, il répondit au désir de Mᵐᵉ Maillefer, et partit, accompagné d'un jeune garçon de quatorze ans, pour fonder à Reims une école charitable de garçons. Nyel ne soupçonnait pas toute la portée de sa mission. Il se croyait l'envoyé de Mᵐᵉ Maillefer ; il était en réalité le messager de la Providence. Il s'en allait pour fonder une école ; et Dieu se servait de lui pour tirer un saint du silence et de l'oubli, pour provoquer la création d'un Institut puissant. Tel un pâtre, dans la montagne, soulevant avec sa houlette une motte de terre, fait jaillir une source qui va s'élargissant et verse dans la plaine un fleuve majestueux.

Arrivé à Reims, Nyel se présenta d'abord à la supérieure de l'*Enfant-Jésus*. Il devait exposer ses projets à Françoise Duval, prendre les conseils du chanoine de la Salle, et loger, en attendant le

succès de l'entreprise, chez le frère de Mme Maille-
fer. Françoise Duval l'accueillit avec bonté ; elle le
connaissait et l'appréciait ; elle prêterait si volon-
tiers son concours à l'établissement d'une école de
garçons ! Mais autant elle désirait l'œuvre, autant
elle en craignait l'échec. Que de préventions il y
aurait à dissiper, et combien de difficultés à vaincre !
Avant tout, pensa-t-elle, il fallait consulter le cha-
noine de la Salle.

Jean-Baptiste était précisément dans la maison ;
tout à l'heure, Nyel et lui avaient franchi en même
temps le seuil de l'*Enfant-Jésus*. Le pieux chanoine
écouta, silencieux, le récit de Nyel. Il admira la
hardiesse de Mme Maillefer, qui envoyait cet homme
et ce jeune garçon, avec promesse de trois cents
livres par an, pour créer dans Reims une nouvelle
école. Qu'allaient en penser les magistrats ? Que
ferait l'écolâtre ? Quel serait le sentiment de l'arche-
vêque ? En face de ces questions, il fallait prendre
le temps de prier et de réfléchir ; il importait de ne
faire aucune démarche compromettante. Jean-Bap-
tiste crut prudent d'attirer chez lui Nyel et son
compagnon. « Venez loger chez moi, lui dit-il ;
comme ma maison est un hospice, où viennent
souvent des curés de la campagne et des ecclésias-
tiques de mes amis, elle est toute propre à vous
loger et à céler votre dessein au public. Sous les
apparences de votre extérieur, qui sent le prêtre de
campagne, on croira que vous en êtes un... » En
recevant Nyel sous son toit, M. de la Salle faisait
un premier pas ; de cette voie où il entrait, il ne
devait plus sortir.

Il commença par consulter Dieu dans la prière :

puis il rechercha les conseils des hommes les plus saints et les plus éclairés de Reims, tels que Jacques Callou, supérieur du grand séminaire, et dom Claude de Bretagne, prieur de l'abbaye de Saint-Rémy : il alla même jusqu'à tenir dans sa maison une assemblée formée des ecclésiastiques les plus zélés et les plus discrets de la ville, afin que la question fût plus mûrement discutée. La résolution prise par l'assemblée fut celle que Jean-Baptiste lui-même proposa ; tant il fut évident, dès ces débuts, que l'esprit de fondateur reposait sur lui. On mettrait la nouvelle école « sous la protection d'un curé assez zélé pour s'en charger, assez discret pour n'en point trahir le secret, et assez généreux pour en soutenir l'entreprise ». M. Dorigny, curé de Saint-Maurice, parut réunir toutes ces qualités ; aussi le chanoine de la Salle s'adressa-t-il sans retard à M. Dorigny. Jamais avances ne furent mieux accueillies : car le curé de Saint-Maurice, désireux de fonder pour ses pauvres une école de charité, cherchait un maître pour la diriger. L'entente fut donc vite conclue : « La seule condition qu'on vous demande pour ce marché, dit M. de la Salle, est de paraître l'auteur de cette école, et de lui prêter votre nom. Presque tous vos paroissiens sont pauvres, vous leur devez une instruction qu'ils ne peuvent se procurer ; vous la leur donnerez par la bouche de Nyel et de son petit compagnon, que nous vous présentons pour faire l'office de maîtres d'école. Prenez-les pour vôtres, et, dans l'occasion, paraissez les avoir mis en œuvre pour l'instruction de vos paroissiens. »

C'était sagesse, à cette époque, de prendre si prudemment ses mesures pour fonder une école de charité. Car les maîtres des écoles payantes, très jaloux de leurs droits, voyaient avec défiance et poursuivaient avec acharnement toute entreprise rivale. Ils toléraient seulement que les curés, soucieux d'instruire les pauvres de leurs paroisses, ouvrissent, mais pour eux seuls, des classes gratuites.

L'affaire s'arrangea si promptement et si heureusement, que M. Dorigny reçut chez lui Nyel et son compagnon pour les trois cents livres de Mme Maillefer, et l'école fut ouverte le 15 avril 1679.

Cette école de Saint-Maurice est, à bon droit, considérée comme la première école de l'Institut des Frères. Si les murs ont disparu, le souvenir en est conservé par un monument érigé dans l'église Saint-Maurice à la gloire du chanoine de la Salle.

Loin de revendiquer le mérite de cette fondation, Jean-Baptiste laissa l'œuvre commencée aux mains de Nyel et du curé de Saint-Maurice. Il crut que Dieu ne lui demandait plus rien de ce côté, et il se remit avec simplicité à ses devoirs de chanoine. Mais la Providence, qui l'avait marqué pour un grand dessein, le tira bientôt de la vie cachée où il voulait s'enfermer.

L'ÉCOLE SAINT-JACQUES ET L'ÉCOLE SAINT-SYMPHORIEN —
COMMENT JEAN-BAPTISTE DE LA SALLE EST AMENÉ
A DIRIGER LES MAITRES
1679-1680

La nouvelle école attira promptement l'attention des habitants de Reims. Comme elle avait recueilli les enfants pauvres, livrés jusque-là au vagabondage et au vice, elle avait rendu au faubourg Saint-Maurice la tranquillité et la salubrité morale. Les deux maîtres, précieux auxiliaires du curé, enseignaient, avec la lecture et le calcul, la doctrine chrétienne et la bonne tenue, de sorte qu'en peu de jours le quartier eut changé d'aspect.

Avertie de ces heureux résultats, une pieuse veuve de la paroisse Saint-Jacques, Mme Lévêque de Croyère, persuadée qu'aucune œuvre n'a de conséquences plus profondes que l'éducation des enfants, résolut de procurer aux pauvres de sa paroisse le même bienfait. Sentant sa fin prochaine, elle manda le chanoine de la Salle et le conjura d'entreprendre l'œuvre, moyennant une rente annuelle de cinq cents livres. « Il faut, dit-elle, que je profite d'une occasion si favorable ; car il y a longtemps que Dieu m'a mis au cœur la pensée de fonder une école sur ma paroisse, et je suis bien aise d'en voir l'accomplissement avant ma mort. » La pieuse fondatrice mourut avant l'ouverture de l'école ; mais la rente qu'elle avait garantie fut toujours servie avec exactitude.

Pendant ce temps, Nyel s'était mis en quête de recruter des aides, et trois jeunes gens étaient venus lui offrir leur concours : l'école Saint-Jacques put être ouverte au mois de septembre 1679.

Non content de diriger ces négociations, M. de la Salle dut s'engager dans le soin des maîtres. En effet, M. Dorigny, qui avait désormais cinq instituteurs dans sa maison, et qui ne recevait pour eux que la somme de huit cents livres, trouvait la charge au-dessus de ses forces ; plutôt que de laisser tomber l'œuvre, Jean-Baptiste promit d'ajouter, de ses propres ressources, le surplus nécessaire.

D'un autre côté, il s'aperçut vite que Nyel était un homme incapable de conduire une communauté. Avec de sérieuses qualités, Adrien Nyel présentait de profondes lacunes. Car, s'il était généreux, dévoué, entreprenant, surnaturel dans ses vues, bon pédagogue même, il était inconstant, toujours préoccupé de fondations nouvelles, plus agité que pondéré ; ses fréquents voyages l'éloignaient trop de ses collaborateurs. Ces jeunes maîtres, qu'aucune formation préalable n'avait accoutumés à se suffire, subissaient les fâcheuses conséquences de l'isolement et du manque de surveillance. Ils se négligèrent dans l'accomplissement de leurs devoirs : de là moins de progrès dans les élèves ; la bonne tenue elle-même, qu'on avait tant appréciée les premiers jours, se perdait. Si on n'avait apporté au mal un prompt remède, les écoles de charité eussent été gravement compromises.

M. de la Salle avait trop de zèle pour ne pas conjurer le danger. D'ailleurs il aimait déjà, quoique inconsciemment, avec des entrailles de père, cette œuvre qui était la sienne. Il alla donc trouver les maîtres, les traita avec bonté et leur traça une règle de vie. Des heures furent fixées pour le lever, pour les repas, pour l'ouverture des classes. Jusque-là, ces maîtres inexpérimentés avaient dirigé leurs classes sans méthode, sans entente, et chacun avait suivi son caprice ; il leur donna des avis pour les amener à une conduite uniforme, condition essentielle de succès.

Il pensait bien s'en tenir là : « Je m'étais figuré,

dit-il, que la conduite que je prenais des écoles et des maîtres serait une conduite extérieure, qui ne m'engageait à leur égard à rien autre chose qu'à pourvoir à leur subsistance, et à avoir soin qu'ils s'acquittassent de leur emploi avec piété et avec application. » Mais le bien a ses entraînements comme le mal : M. de la Salle est sur une pente où il ne s'arrêtera point.

Il sentit bien que le curé de Saint-Maurice regrettait d'avoir encombré sa maison en donnant asile aux maîtres d'école. Par ailleurs, quoiqu'il n'eût aucun désir d'exercer sur ces jeunes gens l'autorité d'un supérieur, sa charité lui faisait un devoir de les visiter souvent pour les soutenir. Il pensa que les difficultés s'aplaniraient aisément, si les maîtres avaient une maison où ils fussent seuls, tout près de son hôtel, où il pût les voir fréquemment et les encourager.

Depuis 1664, sa famille habitait un hôtel situé rue Sainte-Marguerite, sur la paroisse Saint-Symphorien. Non loin de là, près des remparts, il loua, pour dix-huit mois, une maison solitaire, et la petite troupe. des maîtres y fut transférée aux fêtes de Noël 1679.

Dès lors, le zélé chanoine veilla sur eux avec un dévouement plus continu. Il leur traça une règle plus précise ; seuls dans leur maison, les maîtres pouvaient, en toute liberté, en suivre les moindres prescriptions. Dans de fréquents entretiens, il leur donna de précieux avis concernant la piété et leurs devoirs d'état.

Nyel, à qui pesait la responsabilité d'une surveillance, ne faisait qu'applaudir aux efforts du chanoine de la Salle pour former ses collaborateurs. Suivant l'inclination de son caractère, il s'empressa de chercher de nouveaux maîtres pour créer une troisième école sur Saint-Symphorien. Il y réussit en effet, et, grâce à l'action toujours présente de Jean-Baptiste, ces nouvelles classes devinrent bientôt plus peuplées et plus réglées que les autres.

Ainsi croissait, béni de Dieu, le grain de sénevé si timidement semé sur le sol de Reims ; en moins d'un an, il avait assez grandi pour être riche de promesses. Mais pour se développer, il avait encore besoin du jardinier qui avait présidé à son éclosion : aussi la Providence préserva-t-elle de la ruine l'œuvre de l'instruction chrétienne des pauvres, en sauvant d'un péril grave son pieux fondateur.

C'était en 1680. Surpris par la nuit au milieu d'une campagne couverte de neige, Jean-Baptiste s'égara et tomba dans un ravin profond. Après avoir lutté longtemps et fait de pénibles efforts pour se tirer du précipice, il n'en sortit que par une sorte de miracle. Une infirmité contractée à cette occasion lui rappela jusqu'à la mort le danger qu'il avait couru ; et il ne parla jamais qu'avec des sentiments de vive reconnaissance de la protection manifeste qu'il avait éprouvée de la part de Dieu.

JEAN-BAPTISTE DE LA SALLE ATTIRE INSENSIBLEMENT
LES MAITRES DANS SA MAISON, ET FONDE DES ÉCOLES A RETHEL,
A GUISE, A CHATEAU-PORCIEN ET A LAON
1680-1682

Les premiers jours passés dans la nouvelle maison furent marqués par une ferveur sincère ; la petite communauté y allait de tout son cœur. Mais cet élan dura peu. Fallait-il en être surpris? Quelle constance y avait-il à attendre de jeunes gens sans formation, dirigés par un maître aussi mobile que Nyel, attachés à une besogne ingrate et austère, et obligés de vivre dans la même régularité que des religieux? Le dégoût de leur vocation pénétra lentement dans leurs âmes; négligents dans leur travail, ils devinrent bientôt mécontents d'eux-mêmes et de leur position: ils auraient abandonné leurs écoles, si M. de la Salle n'avait été là pour les soutenir.

Cet affaissement des volontés jeta le zélé chanoine dans une grande perplexité. Ne s'était-il point lancé dans une entreprise irréalisable? Il avait à choisir entre deux partis: abandonner les maîtres, ou bien en prendre résolument la direction. Car son esprit de régularité ne pouvait souffrir le désordre qui régnait chez eux: il aurait mieux aimé rompre avec eux qu'entretenir des relations sans utilité. Il ne concevait pas, en effet, qu'une œuvre d'éducation chrétienne pût être menée à bien par des hommes qui ne fussent pas profondément pieux et vertueux. Mais comment briser les liens qui déjà l'unissaient à ces humbles maîtres d'école? Il sentit alors combien son cœur s'était attaché à eux en leur faisant du bien; oui, il les aimait, et il ne s'en séparerait pas; il aimait cette œuvre si providentiellement commencée, et il ne la trahirait pas. Dans un généreux élan, il prit la résolution de tenter un nouvel effort pour établir l'ordre et la ferveur dans la communauté des maîtres.

Mais quel moyen prendrait-il? Il n'en voyait

qu'un vraiment efficace : recevoir les maîtres dans sa maison, et vivre avec eux. Cette perspective l'effraya. Que dirait le monde, sa famille surtout, s'il recevait dans son hôtel, à sa table, des gens d'une condition si inférieure à la sienne? Pourrait-il vaincre ses propres répugnances, et mener une vie commune avec des jeunes gens du peuple, dépourvus de cette politesse exquise dans laquelle il avait été élevé? Les âmes des saints ne sont pas exemptes de ces combats intérieurs entre la nature et la grâce : que dis-je? la sainteté ne va pas sans ces combats, puisqu'elle se mesure à la grandeur des victoires remportées par la grâce sur la nature.

Défiant de ses propres lumières dans une heure si grave, il voulut prendre conseil, et ce fut au P. Barré qu'il s'adressa. Le saint minime était alors à Paris, où son zèle pour l'éducation populaire lui faisait fonder une seconde congrégation de religieuses enseignantes, et grouper en communauté, sous le nom de *Frères de l'Enfant-Jésus*, des maîtres pour les écoles de charité de Paris. Cet homme de Dieu, tout d'une pièce, très savant dans les voies spirituelles, découvrit le saint dans le jeune chanoine qui le consultait, et lui dit d'une façon très catégorique : « Voulez-vous former vos maîtres à la piété et leur faire aimer leur état à cause du bien qu'ils y peuvent faire, vous devez les loger chez vous et vivre avec eux en leur société. »

Ces paroles furent pour M. de la Salle un ordre du Ciel. Mais, esprit sage et nature essentiellement pondérée, il ne précipita rien. Il entra graduellement dans la voie du sacrifice; une fois entré, il ne s'arrêta plus : d'un pas ferme et toujours égal, il arriva finalement, comme son **Maître, jusqu'au sommet** du Calvaire.

Afin de ménager la transition, il commença par recevoir les maîtres chez lui pour les **repas. Ce** changement ne parut pas considérable ; puisque **déjà** c'était lui qui les nourrissait, il semblait **tout** naturel qu'ils vinssent chez lui prendre leur **nourriture.** Cette présence **quotidienne dans sa maison** lui donna l'occasion d'agir plus efficacement **sur** leurs âmes. Le silence était gardé dans la salle **à** manger, et on y faisait la lecture de livres **bien** choisis. Cette lecture tenait les maîtres **dans le** recueillement, les instruisait de leurs devoirs **religieux** et professionnels, et devenait, durant la **récréation,** l'objet d'entretiens édifiants. Après **que leurs** âmes avaient été si pieusement refaites, les **maîtres** retournaient pleins d'ardeur à leurs occupations. Ce qu'ils gagnaient en ferveur rejaillissait **sur leurs** écoles, et les classes devenaient plus florissantes.

Aux fêtes de Pâques 1681, M. de la Salle **profita** d'une longue absence de Nyel et de l'interruption des classes, pour engager les maîtres dans une retraite spirituelle qui dura huit jours. Il les prit **chez** lui chaque jour, depuis sept heures du matin jusqu'après leur prière du soir.

Cette retraite fut très féconde. Saisis d'une façon continue par une chaude atmosphère de piété, **les** maîtres apprirent à goûter l'oraison et à pratiquer **la** mortification des sens. Avertis par leur sage directeur, ils se rendirent compte de leurs défauts, et ils prirent les moyens de réformer leur extérieur en même temps qu'ils développaient leur vie intérieure. Après ces huit jours d'une vie sanctifiée par la prière et réglée par l'obéissance, ils parurent des hommes tout nouveaux, à tel point que Nyel lui-même, ravi d'admiration, supplia M. de la Salle de garder les maîtres dans sa maison.

C'était un nouveau pas, décisif, à franchir ; Jean-Baptiste le franchit courageusement, et, le 24 juin 1681, il reçut les maîtres d'école pour les loger dans son hôtel.

Aussitôt la critique se donna libre cours, et les contradictions commencèrent. Déjà le monde l'avait trouvé singulier, et, depuis deux ans qu'il s'occupait des maîtres, sa conduite avait paru étrange. Mais on avait gardé le silence par respect pour son titre de chanoine et par égard pour la haute situation de sa famille. Lorsque les maîtres habitèrent définitivement chez lui, on cessa de l'épargner. Comment un membre du Chapitre, un homme de condition, consentait-il à vivre avec de si petites gens ? C'était déroger que d'admettre à sa table de simples maîtres d'école, sans naissance et sans éducation. Le vêtement des maîtres, en effet, formé d'un petit habit noir avec un rabat, sans manteau ni capote, n'annonçait que la pauvreté ; on n'y trouvait pas même ce cachet religieux qui, dans la mise simple du moine, a coutume de gagner le respect.

Ces excitations du public exaspéraient sa famille et animaient ses parents contre lui. Sa manière de vivre leur causait une profonde humiliation. A leurs yeux, Jean-Baptiste ne savait pas garder son rang. Ils lui faisaient surtout un crime de tenir ses jeunes frères à la même table que les maîtres d'école. Chaque fois qu'ils s'assemblaient chez lui, ils se répandaient en amers reproches, l'accusant de négliger le soin de ses frères pour élever des instituteurs sans manières, qui ne savaient que l'*a b c*. Au dire d'une de ses tantes, il écoutait tout patiemment, les bras croisés sur la poitrine, et il ne répondait rien.

Son inflexible fermeté irrita si fort ses proches, que, de vive force, ils arrachèrent à sa tutelle les deux plus jeunes frères qui demeuraient encore avec lui. Violences inutiles, qui, loin de le détourner de son œuvre, n'aboutirent qu'à l'y fixer ; car ses réserves d'affection et de dévouement se portèrent alors, sans plus se partager, sur ces humbles maîtres qui formaient sa famille d'adoption. Cette épreuve l'aida du reste à triompher de lui-même. Si sa délicatesse avait un peu souffert de ce commerce journalier avec des natures vigoureuses que l'éducation n'avait pas encore affinées, il finit par vaincre ses propres répugnances et se complaire dans ce milieu modeste qu'il avait si saintement accepté.

Pour tant d'humiliations et de déchirements de cœur, Dieu ne lui ménagea point les consolations. Sa communauté devint plus fervente et plus régulière ; les écoles firent de sensibles progrès ; de divers côtés on lui demanda des maîtres. Dans la seule année 1682, malgré le désir qu'il avait de ne pas employer les jeunes recrues avant de les avoir bien formées, M. de la Salle dut donner des maîtres aux écoles charitables de Rethel, de Guise, de Château-Porcien et de Laon.

La lettre qu'il écrivit, le 20 juin 1682, au maire et aux échevins de Château-Porcien, témoigne du zèle et de la délicatesse qu'il apportait dans ces questions de fondation d'écoles.

« Quand je ne prendrais, dit-il, que très peu d'intérêt à ce qui regarde la gloire de Dieu, il faudrait que je fusse bien insensible pour ne me pas laisser toucher par les instantes prières de monsieur votre doyen et par la manière obligeante avec laquelle vous me faites l'honneur de m'escrire aujourd'huy. J'aurais grand tort, messieurs, de ne pas vous envoyer des maistres d'escolles de notre communauté, veus l'empressement et l'ardeur que vous me témoignez avoir pour l'instruction et l'éducation chrestienne de vos enfants. Soyez donc, je vous prie, persuadez que rien ne me sera plus à cœur que de seconder en cela vos bonnes intentions, et que, dès samedy prochain, je vous envoyeray deux maistres d'escolles dont j'espère que vous serez satisfaits, pour commencer leur escolle le lendemain de saint Pierre, et vous suis extrêmement obligé de toutes vos honnestetés, et vous prie de me croire avec respect, etc... »

CHAPITRE III

LES COMMENCEMENTS DE L'INSTITUT

1682-1688

JEAN-BAPTISTE DE LA SALLE QUITTE SON RICHE HOTEL —
SA COMMUNAUTÉ SE RENOUVELLE
— IL DEVIENT LE CONFESSEUR DES MAITRES

1682

Lorsque Dieu choisit Abraham pour en faire le père d'un grand peuple, il lui dit : « Sors de ton pays et de ta parenté, et va dans la terre que je te montrerai. » Après les plus illustres fondateurs d'Ordres religieux, Jean-Baptiste de la Salle, à son tour, entendit cette parole : sa parenté, déjà elle s'est éloignée de lui ; sa maison, il va en sortir ; son pays, il le quittera bientôt.

Tandis que ses parents n'avaient cherché qu'à le vexer, en lui arrachant ses frères, ils l'avaient, en fait, rendu libre. Rien donc ne le retenait plus dans son riche hôtel de la rue Sainte-Marguerite, peu fait pour s'adapter aux besoins d'une communauté de pauvres instituteurs. Dans le but de se dérober aux importunités de sa famille, et de soustraire les maîtres à la dissipation d'une maison très fréquentée et d'un quartier très populeux, il loua une maison plus solitaire, située rue Neuve, en face du couvent Sainte-Claire, et il en prit possession le 24 juin 1682. C'est là que prendra naissance l'Institut des Frères des Écoles chrétiennes.

A peine y fut-il entré, qu'il s'occupa d'établir l'ordre parmi les jeunes maîtres. Depuis l'heure matinale du lever jusqu'au soir, pas un instant de la journée n'était abandonné au caprice : on passait de la prière à l'école, et de l'école à la prière. Le temps même des repas et des récréations n'était pas un complet délassement : une lecture de table fixait l'esprit sur des pensées sérieuses ou sur des récits édifiants ; la conversation devenait ensuite le commentaire de ce qu'on avait entendu.

Cette régularité monastique ne pouvait manquer d'amener une crise. Ces jeunes gens, qui avaient moins cherché à être des religieux que des instituteurs, « trouvèrent leur vie ennuyeuse, leurs exercices trop gênants, leur nourriture trop simple, leur liberté trop à l'étroit. » Pris de lassitude, et sentant leur volonté fléchir sous le joug, la plupart des maîtres s'en allèrent. Cette désertion fut une cruelle épreuve pour le cœur de M. de la Salle.

Mais il ne tarda pas à reconnaître que Dieu lui-même veillait sur son petit troupeau. Au moment où allait naître la communauté, un triage avait été nécessaire, pour écarter les brebis indociles dont la présence eût été dangereuse. D'ailleurs, les vides furent promptement comblés ; car Dieu suscita des vocations nombreuses et riches d'espérances, où le talent des écoles se joignait aux plus consolantes dispositions de piété. A part deux ou trois anciens, sa communauté se trouva composée de membres nouveaux, tout prêts à subir son influence et à se laisser façonner à la vie religieuse. La maison prit, dès lors, l'aspect d'une irréprochable régularité.

Cette crise fit comprendre à M. de la Salle la nécessité d'une direction intérieure uniforme pour tous les membres de la communauté. C'est pourquoi il se rendit au désir que les maîtres lui avaient plusieurs fois exprimé, de s'adresser à lui pour la confession : de la sorte, il devenait complètement leur père, et sa direction s'emparait de tout leur être.

Néanmoins, pour laisser aux consciences une plus large liberté, il leur procurait fréquemment des confesseurs extraordinaires. Il priait ces confesseurs de lui dire franchement si les âmes étaient libres, disposé qu'il était à renoncer à la confession, si elle eût été incompatible avec la charge de supérieur ; mais aucun d'eux ne lui conseilla jamais d'abandonner cette pratique, et il y demeura fidèle jusqu'à la mort.

Dès qu'il eut pris en main la direction intérieure de ses disciples, un progrès notable se manifesta dans la communauté. Tous prenant l'esprit de leur père, ils avaient les mêmes maximes, les mêmes vues, les mêmes sentiments ; ils n'avaient tous qu'un cœur et qu'une âme. Cette unité d'esprit faisait régner la charité. La charité mutuelle rendait les âmes heureuses, et la régularité n'était plus, dès lors, « qu'un joug aimable et un fardeau léger. »

M. de la Salle avait du reste le secret de rendre douce son autorité, et de tempérer, par la tendresse, la force de sa direction. Il évitait de commander : grâce à l'impulsion qu'il leur imprimait, les âmes voulaient le bien d'elles-mêmes et avaient conscience de l'accomplir par des actes tout spontanés.

Ses exemples, plus encore que ses paroles, les entraînaient dans la voie de la vertu. Non content des heures qu'il consacrait à la prière avec sa communauté, il se retirait fort souvent dans un jardin solitaire qu'il avait loué près des remparts. Là il livrait son esprit à l'oraison et son corps à la pénitence. Il déchirait sa chair par de sanglantes disciplines, à tel point que son sang marquait la place où il avait prié : « Ah ! s'écrie son biographe, si les murailles du petit cabinet qui lui servait de cellule pouvaient parler, que ne diraient-elles pas... des pieux excès dans lesquels le jetait l'ivresse spirituelle du vin nouveau qu'il commençait à goûter ! »

Dans ces communications intimes avec Dieu et dans ces exercices de pénitence, il se préparait à de nouveaux sacrifices.

JEAN-BAPTISTE DE LA SALLE RENONCE A SON CANONICAT

1683

La ferveur des maîtres fut bientôt soumise à une redoutable tentation, celle de la défiance. Non pas que la vie austère qu'ils menaient les effrayât ; mais l'avenir les inquiétait. Tant que M. de la Salle les soutiendrait, tant qu'ils auraient la force de porter le poids du travail, tout irait bien assurément. Mais si leur vertueux chef venait à leur manquer, que deviendraient-ils ? Dépourvus de ressources, n'ayant d'ailleurs aucun métier, ils seraient fatalement réduits à la mendicité. Lors même que M. de la Salle leur resterait fidèle, ils se trouveraient condamnés à une vieillesse malheureuse ; pour eux, point d'autre asile que l'hôpital en cas de maladie.

M. de la Salle, mis au courant de leurs craintes, essaya de leur prêcher l'abandon à la Providence, pensant bien que, pour relever ces âmes abattues, il suffirait de ranimer leur foi : « Hommes de peu de foi, leur disait-il, vous prescrivez, par votre peu de confiance, des bornes à une bonté qui n'en a pas. Certainement, si elle est infinie, universelle et continuelle, comme vous n'en doutez pas, elle aura toujours soin de vous, et elle ne vous manquera jamais. »

Mais ces paroles, et bien d'autres, trouvaient les cœurs fermés. Une pensée secrète rendait les maîtres insensibles à ces exhortations. Ils ne purent la dissimuler longtemps : « Il vous est facile, dirent-ils à M. de la Salle, de nous tenir de pareils discours. Vous ne manquez de rien ; vous êtes bien établi ; vous avez du bien, vous avez, de plus, un canonicat ; tout cela vous met à couvert de la misère dans laquelle nous tomberons infailliblement, si les écoles viennent à manquer. »

Ces réflexions, d'une franchise un peu rude, furent une révélation pour M. de la Salle. Loin d'adresser aux maîtres aucun reproche, il confessa humblement qu'ils avaient raison. Il comprit qu'il n'aurait d'empire sur ses disciples que lorsqu'il se serait dépouillé de tout et se serait rendu semblable à eux. Dès ce moment, il sacrifia tous ses biens dans son cœur.

Mais qu'en faire ?

Il eut alors des heures de terrible angoisse et de douloureuse hésitation. Devenir pauvre comme ses disciples, sacrifier son patrimoine et sa prébende, il espérait en avoir le courage. Mais la prudence ne lui conseillait-elle pas d'employer son patrimoine à fonder de nouvelles écoles, et de vivre avec les maîtres du revenu de son canonicat ?

Avant de prendre un parti définitif dans une affaire si grave, il consulta de nouveau le P. Barré. Quelques années plus tôt, le saint minime lui-même avait pris les avis de personnes sages sur les moyens d'assurer la subsistance de ses religieuses enseignantes, et il avait reçu de M. Boudon, le pieux archidiacre d'Évreux, la réponse suivante : « Fondez vos établissements sur la Providence, cela vaudra mieux que tous les contrats. » Encore plein de ces pensées, il répondit au chanoine de la Salle :

« Les renards ont des tanières, et les oiseaux du ciel ont des nids et des retraites ; mais le Fils de l'homme n'a pas où reposer sa tête. Les renards, ce sont les enfants du siècle, qui s'attachent aux biens de la terre. Les oiseaux du ciel, ce sont les religieux, qui ont leur cellule pour asile. Mais ceux qui, comme vous, se destinent à instruire et à catéchiser les pauvres, ne doivent avoir d'autre partage sur la terre que celui du Fils de l'homme. Ainsi, vous devez non seulement vous dépouiller de tous vos biens, mais encore renoncer à votre bénéfice, et vivre dans un abandon général de tout ce qui pourrait partager votre attention à procurer la gloire de Dieu. »

Bien qu'il fût prêt à tout, M. de la Salle éprouva une certaine surprise en face d'une décision si catégorique. Aussi prudent que courageux, il prit le temps de méditer, aux pieds de son crucifix, les paroles du vertueux minime. Mais plus il priait, plus la fascination du complet sacrifice s'exerçait sur lui.

Dès qu'il eut mûri sa résolution de tout quitter, il en fit part à son directeur et sollicita son approbation. M. Callou, supérieur du séminaire, était un homme de Dieu : mais il ne partageait pas les idées du P. Barré ; il aurait voulu que les revenus du patrimoine et du canonicat fussent consacrés aux écoles charitables. Jean-Baptiste, impatient de commencer son sacrifice, proposa de se démettre du moins de son canonicat, dont les obligations assujettissantes étaient incompatibles avec le soin des écoles et les devoirs de communauté.

Comme l'affaire traînait en longueur, son dessein transpira au dehors. Une violente tempête éclata alors contre lui. L'opinion publique le traita sévèrement ; d'après les uns, « sa trop grande contention lui avait affaibli l'esprit ; » d'après les autres, « il ne faisait en cela que suivre son génie qui donnait toujours dans l'extrême ; » on espérait « qu'il ne trouverait pas de directeurs assez complaisants pour approuver un pareil travers ». Ses parents et ses amis, alarmés, le conjurèrent de peser toutes les conséquences de son projet : sa retraite serait pour sa famille un déshonneur ; les membres du Chapitre prendraient sa démission pour un acte de dédain ; il s'exposait lui-même à la misère et à l'abandon.

Toutes ces attaques le trouvèrent impassible et résolu. « Le pis aller, dit-il, ce sera de demander l'aumône ; s'il le faut, nous le ferons. » Cette ferme attitude lui gagna l'assentiment de son directeur.

Mais restait à obtenir l'autorisation de l'archevêque. Jean-Baptiste fit le voyage de Paris pour la lui demander. Maurice Le Tellier, prévenu contre lui et mécontent de son dessein, lui refusa même l'audience qu'il sollicitait.

Ce voyage de Paris ne fut pas, néanmoins, sans consolations pour lui. Il reçut en effet les encouragements du P. Giry et du P. Barré, et la pleine approbation de ses anciens maîtres de Saint-Sulpice. L'un d'eux, M. de la Barmondière, devenu curé de la paroisse, lui fit même promettre de revenir bientôt, en personne, avec deux de ses maîtres, prendre possession de l'école charitable de la rue Princesse. Notre Saint croyait si prochaine l'exécution de sa promesse, « qu'il laissa, dit son biographe, ses hardes comme pour gage de sa parole. »

Le cœur tout rempli de ces espérances, M. de la Salle suivit à Reims son archevêque. De nouvelles instances provoquèrent de nouveaux rebuts. Un jour qu'il avait encore été rejeté, il se retira dans la cathédrale pour prier. Il répandait son cœur dans une ardente supplication au pied des saints autels, lorsqu'il fut surpris, immobile et comme en extase, par deux personnes qui le connaissaient. « Priez, dit l'une d'elles, pour M. de la Salle, qui perd l'esprit. — Vous dites bien, répliqua l'autre, il perd véritablement l'esprit ; mais c'est l'esprit du monde qu'il perd, pour se remplir de l'esprit de Dieu. »

Réconforté par la prière, notre Saint revient à la

charge. A sa grande surprise, les portes de l'archevêché s'ouvrent devant lui. Le prélat le reçoit avec bonté, lui parle avec bienveillance, agrée sa démission et signe l'acte par lequel il transmettait sa prébende à M. Faubert. L'âme enfin délivrée, le cœur enivré d'une joie toute céleste, Jean-Baptiste retourne à la rue Neuve, rassemble ses disciples et chante avec eux le *Te Deum*.

Cependant l'affaire n'était pas terminée, et un nouvel orage éclata, lorsqu'on apprit qu'il avait transmis sa prébende à M. Faubert, prêtre pieux alors et de vrai mérite, mais sans naissance. La famille de la Salle protesta et prétendit que la prébende de Jean-Baptiste devait revenir à son frère Louis. Le Chapitre s'indigna qu'on eût, sans le consulter, introduit dans ses rangs un homme de basse condition. Le public critiqua cet incompréhensible désintéressement qui avait poussé le Saint à préférer un ecclésiastique pauvre à son propre frère. Maurice Le Tellier, qui partageait les sentiments de la famille et du Chapitre, chargea M. Callou de faire revenir Jean-Baptiste sur sa décision.

M. Callou en effet fit une démarche pour contenter l'archevêque, le Chapitre, la famille et la ville. Mais Jean-Baptiste lui répondit avec simplicité : « Si mon frère n'était point mon frère, je n'aurais aucune difficulté de le faire rentrer dans mon choix, et de lui donner la préférence au-dessus de celui que j'ai nommé, pour satisfaire aux désirs de l'archevêque ; mais puis-je et dois-je me prêter à la voix de la nature et aux sollicitations qui l'appuient ? » Vivement touché d'un langage si chrétien, M. Callou n'insista pas : « A Dieu ne plaise, lui dit-il, que

je vous conseille de faire ce que tout le monde
désire de vous. Mettez en exécution ce que l'Esprit
de Dieu vous inspire. Ce conseil, contraire à celui
que je vous apportais, est le sien, et le seul qu'il
faut écouter. »

Ainsi se termina cette longue affaire, dans laquelle
on vit Jean-Baptiste de la Salle déployer autant
d'énergie pour se dépouiller des biens et des hon-
neurs de la terre, que les autres hommes en mettent
d'ordinaire pour les acquérir.

Dès qu'il vit ses liens rompus, il voulut partir
pour Paris : plusieurs amis l'y poussaient, M. de la
Barmondière et le P. Barré l'y appelaient ; il y était
lié par une promesse formelle. Mais son directeur,
trouvant ce départ inopportun et dommageable à
l'œuvre naissante, lui fit un devoir de rester encore
à Reims. Il avait, en effet, à fortifier son œuvre avant
de la porter au loin.

JEAN-BAPTISTE DE LA SALLE VEND SON PATRIMOINE

ET LE DISTRIBUE AUX PAUVRES

1683-1684

Délivré de son canonicat, Jean-Baptiste restait
encore lié aux biens de ce monde par son riche patri-
moine. Au fond de son cœur résonnait la parole
évangélique qui l'invitait au complet dépouillement :
« Si vous voulez être parfait, allez, vendez votre
bien, donnez-le aux pauvres ; puis venez et suivez-
moi. » Devenir pauvre comme ses disciples, et,
comme eux, n'avoir que Dieu pour garant de son

avenir, c'était désormais la suprême ambition de sa vie.

Il fit part à son directeur du mouvement intérieur qui le portait à sacrifier sa fortune. « Je ne m'en déferai pas, dit-il, si vous le voulez ; je ne m'en déferai qu'autant que vous le voudrez ; si vous me dites de conserver quelque chose, ne fût-ce que cinq sols, je les conserverai. »

Cette proposition pouvait jeter M. Callou dans une grande perplexité. Car un tel renoncement, assez fréquent dans les premiers siècles de l'Église, était devenu rare, et il ne manquerait pas de perdre M. de la Salle dans l'estime de tous les gens sages. S'élevant, sous l'inspiration divine, au-dessus de la sagesse humaine, M. Callou donna sans hésiter son plein consentement au désir de son illustre pénitent. Mais, lui dit-il, « puisque vous êtes résolu de faire un abandon général de votre patrimoine, faites-le en faveur de votre communauté, et fondez vos écoles. »

Mais le Saint demeurait obsédé par la parole du P. Barré, qui lui avait dit en plaisantant : « Si vous fondez les écoles, elles fondront. » Ainsi partagé entre des conseils contradictoires, il recourut à la prière : « Mon Dieu, s'écria-t-il, je ne sais s'il faut fonder ou s'il ne faut point fonder : ce n'est pas à moi à établir des communautés, ni à savoir comment il faut les établir. C'est à vous à le savoir, et à le faire en la manière qu'il vous plaira. Je n'ose fonder, parce que je ne sais pas votre volonté. Je ne contribuerai donc en rien à fonder nos maisons. Si vous les fondez, elles seront fondées ; si vous ne les fondez pas, elles demeureront sans fondation. Je vous prie de me faire connaître votre sainte volonté. »

Une prière si humble méritait une réponse. Dieu la donna à son serviteur par la voix des événements. Car, durant l'hiver de 1684 et pendant toute l'année qui suivit, la misère fut si grande dans toute la Champagne, que M. de la Salle crut que Dieu lui ordonnait de vendre ses biens et de les donner aux pauvres. Il le fit, en effet, largement mais sagement. Il donna tout, mais avec autant d'ordre et de discernement que s'il n'eût été qu'un dépositaire de richesses confiées à ses soins.

Les pauvres qu'il assistait furent divisés en trois catégories.

Les enfants des écoles, après chaque exercice, recevaient une portion de pain, et, suivant la remarque d'un biographe, « ils venaient la chercher avec plus d'avidité que l'instruction. »

Les pauvres honteux étaient le plus cher objet de sa sollicitude ; il épiait leurs démarches pour constater la misère que leur réserve dérobait aux regards, et il leur faisait parvenir des secours importants avec une discrétion qui épargnait leur amour-propre.

Quant aux pauvres reconnus pour tels, il les réunissait dans sa maison : après une instruction catéchistique qu'il leur faisait lui-même ou que leur donnait un des ecclésiastiques qui demeuraient avec lui, il leur distribuait d'abondantes aumônes. Cette distribution se faisait tous les matins. Adorant avec esprit de foi Jésus-Christ même dans tous ces indigents, il se mettait souvent à genoux pour leur donner du pain ; parfois, joyeux de se faire pauvre comme eux, il prenait une portion de ce pain et la mangeait au milieu d'eux. Dans ce temps de famine, après qu'il eut tout épuisé, il s'humilia lui-même jusqu'à mendier de porte en porte, sans craindre les rebuts.

Entre les mains d'un homme si compatissant, la fortune la plus considérable eût été vite dissipée. Aussi M. de la Salle fut-il bientôt descendu au rang des pauvres. C'était l'état où Dieu le voulait pour le prendre et lui faire accomplir ses desseins.

Mais un homme sans richesse et sans place, quelque nom qu'il porte, est voué par le monde à tous les mépris : M. de la Salle sentira donc les dédains et les persécutions qui escortent la pauvreté. Que lui importe, dès lors, que l'humiliation glorifie Dieu et féconde les œuvres !

LA PREMIÈRE ASSEMBLÉE — LES PREMIERS VŒUX
— L'HABIT RELIGIEUX

1684

Dieu fécondait, en effet, les travaux de Jean-Baptiste. Sa nouvelle demeure était devenue un foyer très actif d'apostolat. Des prêtres, attirés par l'éclat de ses vertus, venaient prendre ses conseils et faire sous sa direction la retraite spirituelle ; quelques-uns même habitaient avec lui et partageaient ses travaux. L'un des plus zélés fut M. Faubert, son successeur au Chapitre, qui avait groupé et formait à la piété de jeunes étudiants ecclésiastiques.

Mais rien ne toucha plus le cœur du Saint que les vocations nombreuses et bien choisies que Dieu suscita alors pour ses écoles. Tandis que les premiers maîtres, recrutés par Adrien Nyel, n'avaient pas toujours été guidés par des vues surnaturelles, les derniers arrivés n'envisageaient dans leur emploi qu'un moyen de procurer la gloire de Dieu en instruisant les pauvres. Les uns sortaient du milieu ouvrier ; mais d'autres avaient renoncé aux études littéraires ou théologiques, pour se vouer avec lui à l'éducation des enfants.

Frappé de leurs bonnes dispositions, M. de la Salle pensa que le moment était venu d'unir les maîtres entre eux et d'organiser une communauté. C'est pourquoi, après avoir fait lui-même une retraite au couvent des Carmes de Reims, il convoqua les directeurs des écoles de Rethel, de Guise et de Laon, auxquels il adjoignit les principaux maîtres de Reims, de manière à constituer un collège apostolique de douze disciples. Ce fut la première assemblée de l'Institut.

Elle s'ouvrit le 9 mai 1684, veille de l'Ascension, et se prolongea, sous forme de retraite, jusqu'au dimanche de la Trinité.

Ces dix-sept jours furent partagés entre la prière et les conférences ; car, en groupant ses disciples sous le regard de Dieu, M. de la Salle s'était proposé de faire résoudre d'un commun accord toutes les questions intéressant la société naissante. Aussi donnait-il aux maîtres, dans les conférences, la plus grande liberté d'exprimer leur avis. De peur que l'ascendant de ses paroles n'empêchât la spontanéité des sentiments, l'humble supérieur parlait le dernier. Il recueillait ensuite les suffrages et concluait toujours d'après le plus grand nombre.

On agita d'abord la question des règles et des

constitutions ; mais on jugea qu'il serait prématuré de les fixer par écrit. Mieux valait expérimenter, plusieurs années encore, les usages et les règlements qu'avait donnés le fondateur. Saint Vincent de Paul n'avait-il pas attendu la fin de sa longue carrière, avant d'écrire les constitutions de sa Congrégation ?

Il fut plus aisé de déterminer le service de la table, qu'on rendit uniforme pour toutes les maisons. Sagement conçu, il sauvegardait tout ensemble les droits de la santé et les obligations de la pénitence. A des ouvriers accablés de travail, il fallait une nourriture suffisante ; elle leur fut accordée. Mais à des gens qui voulaient vivre pauvres et mortifiés, les mets recherchés ne convenaient pas ; aussi les viandes délicates et les poissons de prix furent-ils prohibés.

Au sujet de l'habit religieux, on convint qu'il était nécessaire d'en adopter un qui distinguât des séculiers les maîtres de la communauté ; mais on laissa au serviteur de Dieu le soin d'en déterminer la forme et la couleur. Jusqu'alors, les maîtres avaient porté l'habit court, y ajoutant seulement un rabat ; l'hiver suivant, la Providence donna elle-même des indications qui furent fidèlement suivies.

Vint enfin la question des vœux, de toutes la plus importante. Admirable fut la ferveur que montrèrent en cette occasion les jeunes disciples de M. de la Salle. Dans un généreux élan de foi, ils demandèrent à se lier par les trois vœux de religion, non pour un temps, mais pour toujours : rien, semblait-il, ne leur coûtait, dans les devoirs de la pauvreté, de la chasteté et de l'obéissance. Mais si Jean-

Baptiste était heureux des saintes ambitions que Dieu mettait au cœur de ses enfants, il était trop sage pour se laisser entraîner à ce mouvement de juvénile ardeur. Il fit comprendre à ces chères âmes qu'il serait prématuré de prendre des engagements si redoutables, et il les amena doucement à consentir que le seul vœu d'obéissance fût prononcé, et encore pour une année seulement.

Le matin de la sainte Trinité, dans l'humble oratoire de la rue Neuve, furent prononcés les premiers vœux des Frères des Écoles chrétiennes. M. de la Salle en avait dressé la formule et l'avait signée ; chaque maître en avait fait une copie et y avait de même apposé sa signature. Le saint fondateur célébra la messe et communia ses douze disciples ; puis, le cierge à la main, il prononça le vœu d'obéissance. Les maîtres le suivirent au pied de l'autel et prirent le même engagement.

En se séparant, les douze premiers religieux se donnèrent rendez-vous pour l'année suivante. Huit seulement furent présents au jour marqué et renouvelèrent leur vœu. La défection des autres confirma le Saint dans la prudente lenteur dont il usait envers ses chers disciples.

La question du costume, restée indécise, trouva sa solution dès l'hiver suivant. Sous la pluie et la neige, les maîtres traversaient, quatre fois le jour, les rues de la ville, pour aller à leurs écoles. Mal protégés par leur habit court, ils inspiraient de la pitié aux habitants. Le maire de Reims en fit la remarque à M. de la Salle, et lui conseilla de les revêtir de capotes pour les tenir plus chaudement. La capote était un manteau à manches flottantes, fort en usage parmi les paysans de la Champagne. Comme c'était l'habit des pauvres, M. de la Salle l'adopta. Il y joignit la soutane, faite d'étoffe grossière, fermée en avant par des agrafes de fer, telle que la portaient les ecclésiastiques à la fin du XVIIe siècle. Pour compléter le costume dans le même esprit de simplicité et de pauvreté, il ajouta le rabat blanc, le chapeau tricorne à larges bords, enfin des souliers à épaisses semelles, tels qu'en avaient alors les gens de peine.

Ce costume parut d'abord étrange, et il attira aux religieux qui le portaient d'amères dérisions. Mais ni les insultes ni les humiliations ne découragèrent ces jeunes hommes, qui se réjouissaient de souffrir pour le nom de Jésus-Christ. Depuis lors, l'habit des Frères a été honoré par tant de vertus individuelles et sociales, qu'il est salué partout avec une respectueuse sympathie par les riches et par les pauvres.

Le changement de costume amena le changement de nom. Le titre de maîtres parut trop prétentieux ; pour ne point faire ombrage aux pauvres gens qui viendraient aux écoles, on adopta celui de *Frères des Écoles chétiennes.*

L'humilité les conduisit plus loin encore. Ils voulurent perdre leur nom de famille et prendre un nom nouveau, tant pour cacher au monde leur origine que pour marquer que leur entrée dans l'Institut, étant comme une nouvelle naissance, leur imposait une complète transformation de vie.

CRÉATIONS DE JEAN-BAPTISTE DE LA SALLE : NOVICIAT,
PETIT NOVICIAT.
SÉMINAIRE POUR LES MAITRES DE CAMPAGNE
1684-1685

L'assemblée de 1684 fut le signal d'un immense progrès. Car le fondateur, encouragé par les sympathies et par la ferveur de ses chers disciples, se mit en devoir d'organiser l'Institut.

Son premier soin fut de créer un noviciat. Dès le commencement, il en avait reconnu la nécessité ; il avait senti combien il était dommageable aux maîtres d'entrer dans les écoles sans formation religieuse et sans préparation pédagogique. Mais il avait dû céder aux impérieux besoins du moment. À partir de 1684, il garda plus longtemps sous sa main les nouveaux arrivés, combinant pour eux, dans une sage mesure, les exercices de la vie religieuse et les éléments de la vie intellectuelle, et il ne les appliqua aux écoles qu'après les y avoir mûrement préparés.

Parmi les sujets que la grâce lui amenait, plusieurs étaient trop jeunes pour être versés dans la même communauté que les Frères et les novices. Il les accueillait quand même avec bonté ; et ce fut pour eux qu'il créa, dans une partie de la maison complètement isolée, le petit noviciat, dont il confia la direction à l'un des plus pieux parmi les anciens Frères. Cette portion de sa famille religieuse lui fut toujours très chère, et il n'avait point de plus douce consolation que de visiter ces enfants. Le jour de Noël surtout, il se rendait parmi eux, et, les groupant dans leur petit oratoire, il prononçait un acte de consécration que les petits novices répétaient après lui.

Malgré le nombre croissant des vocations, le Saint ne pouvait répondre à toutes les demandes qui lui étaient adressées. Elles se multipliaient, en effet; car les curés de la campagne, apprenant les bénédictions que Dieu répandait sur les écoles de Reims, suppliaient M. de la Salle de leur donner des maîtres formés par lui à la bonne direction des classes. Mais M. de la Salle n'accédait point à leurs désirs, moins parce qu'il manquait de sujets, que parce qu'il avait résolu de ne jamais envoyer moins de deux Frères dans une école : règle dont il ne se départit jamais.

Les curés trouvèrent alors une ingénieuse solution. Chacun d'eux choisit, dans sa paroisse, le jeune homme qu'il jugea le plus apte à l'enseignement, et le confia aux soins de M. de la Salle. Par ce moyen se forma une sorte de séminaire ou école normale, où de jeunes laïques furent reçus gratuitement et instruits de tout ce qu'un bon instituteur a besoin de savoir. Destinés à être les auxiliaires des curés et à tenir le lutrin, ils apprenaient le plain-chant, en même temps que la lecture, l'écriture et le calcul. Plus de trente élèves à la fois fréquentèrent ce séminaire des maîtres pour la campagne. La Providence aida le Saint dans cette entreprise féconde, car elle lui suscita les dévoués bienfaiteurs dont il ne pouvait se passer.

Le succès de cette école normale donna au duc

de Mazarin l'idée d'en fonder une à Rethel, d'où il tirerait des maîtres chrétiens pour instruire les enfants de ses terres. Ce projet valut au Saint une de ces humiliations dont il aimait à savourer l'amertume ; car, l'œuvre étant nouvelle et paraissant singulière, l'archevêque ne l'approuva pas tout d'abord ; et lorsque le duc de Mazarin et M. de la Salle se présentèrent pour obtenir l'autorisation de l'établir, Maurice Le Tellier leur dit simplement : « Vous êtes deux fous. — Non, monseigneur, répondit l'humble prêtre, il n'y en a qu'un. » Ainsi rebuté du côté de Reims, le duc de Mazarin fonda l'œuvre dans l'un de ses domaines du diocèse de Laon.

Jean-Baptiste était donc de plus en plus engagé dans la création des écoles populaires, et désormais l'entreprise reposait sur lui seul. Dieu le priva même, à cette époque, de ceux qui avaient été, dans les premiers jours, ses conseils et ses auxiliaires. Le P. Barré mourut le 31 mai 1686 ; Jean-Baptiste, qui avait reçu son esprit et avait fait sous son impulsion les pas les plus décisifs, le pleura comme un père. De même, lorsqu'il apprit la mort d'Adrien Nyel, qui s'était retiré à Rouen en 1685, il rassembla les Frères de Reims et avec eux célébra un service solennel pour le repos de l'âme de ce premier Frère des Écoles chrétiennes.

LA FERVEUR DE JEAN-BAPTISTE DE LA SALLE
ET DE SES PREMIERS FRÈRES
1685-1688

Les trois années qui précédèrent son départ pour Paris furent pour Jean-Baptiste une période d'activité intérieure et de fécondité cachée. Il ne fit aucune fondation nouvelle ; mais, comme la semence qui fermente sous le sol, il prépara silencieusement avec ses disciples l'épanouissement de l'avenir.

Il s'adonna tellement à l'oraison, qu'on eût dit que la prière était son unique occupation. Il avait choisi la chambre la plus solitaire de la maison, afin d'y être moins troublé dans son commerce avec Dieu. Autant que les convenances le permettaient, il fuyait la société toujours dissipante des hommes. Non content des heures qu'il consacrait chez lui à la prière, il passait chaque semaine une nuit entière dans l'église Saint-Remi. Plusieurs fois chaque année, il faisait les exercices de la retraite spirituelle, et il cherchait alors, pour s'enfermer, les monastères où il était le moins connu.

Cette union constante à Dieu le rendait maître de ses sens. Son corps, réduit en servitude par une mortification impitoyable, n'appesantissait point l'âme dans son mouvement vers Dieu. Il lui en avait coûté, par exemple, de prendre à table le régime commun des Frères ; mais, par une diète prolongée, il avait triomphé de toutes ses répugnances. C'était trop peu pour lui de ne point flatter la sensibilité ; il allait jusqu'à traiter durement ses membres par de sanglantes disciplines et des chaînes de fer aux pointes aiguës. « Il s'est fait le tyran d'un corps qui avait été élevé avec des soins extrêmes, dit l'un de ses parents, car jamais enfant n'a été plus délicatement traité. »

L'humilité, qui n'est qu'une forme de la mortification, mais la forme la plus élevée et la plus méritoire, l'humilité parut sa vertu préférée. Il ne pouvait souffrir qu'on lui adressât des louanges ni qu'on eût pour lui des égards : la dernière place, les plus mauvaises portions et les habits les plus pauvres étaient le lot qu'il recherchait. Pour enlever aux Frères l'occasion de parler de lui, il porta cette règle qu'il ne serait question entre eux d'aucune personne vivante en particulier. En revanche, les humiliations et les injures faisaient sa joie. Ayant eu à remplacer un Frère malade, dans l'école Saint-Jacques, il se fit une gloire de revêtir la capote aux bras pendants, et de s'exposer, dans sa ville natale, à la risée publique. Plusieurs fois, le peuple s'attroupa et l'insulta sous ses fenêtres de la rue Neuve, sous prétexte que les Frères avaient été trop sévères pour des enfants mutins ; il ne fit que remercier Dieu de ce qu'on payait ainsi son dévouement.

Avec de tels sentiments, la première place ne pouvait que lui être insupportable. Ce fut un grand sujet de tristesse pour lui, après l'assemblée de 1684, de n'être pas le dernier pour mieux pratiquer l'obéissance. Aussi, deux ans après, persuada-t-il aux Frères réunis qu'il ne convenait pas de garder plus longtemps un prêtre pour supérieur, et qu'il importait de mettre, sans plus tarder, un Frère à la tête d'une congrégation de Frères. Avec une déférence naïve qui leur fait grand honneur, les Frères se laissèrent prendre au piège et choisirent le frère L'Heureux pour les gouverner. Quelle ne fut pas alors la joie de l'humble fondateur ! Il ne faisait rien sans demander la permission ; pour la moindre imperfection qu'il croyait découvrir, il faisait sa coulpe, se prosternait contrit aux pieds du Frère supérieur et demandait la pénitence. Aucun emploi n'était trop bas pour lui ; il fallut même qu'un jour le frère L'Heureux lui interdît, au nom de l'obéissance, un travail qu'il jugeait indigne de son caractère sacerdotal.

Ce fut une délivrance pour le frère L'Heureux, et une profonde tristesse pour Jean-Baptiste, lorsque l'archevêque, informé de ce qui se passait à la rue Neuve, cassa l'élection du frère L'Heureux et ordonna au Saint de reprendre la supériorité. Mais l'humilité du Saint ne désarma point ; si l'on trouvait inconvenant qu'un prêtre fût soumis à un laïque, il pouvait préparer le frère L'Heureux au sacerdoce et envisager déjà le temps où il se déchargerait sur lui du gouvernement. Sans tarder, en effet, il appliqua le frère L'Heureux aux études ecclésiastiques.

De tels exemples de vertu sont toujours contagieux. La jeune troupe qui vivait au contact de M. de la Salle fut prise, en effet, d'une noble ardeur pour la perfection. La vie intérieure y était active, facilitée par un recueillement profond ; la sensualité de la chair y était courageusement combattue, et l'amour des humiliations n'y était pas moins en honneur que la mortification ; au travail journalier des classes se joignaient les rigueurs de l'abstinence et des macérations corporelles.

Dans cet entraînement de la ferveur, les excès ne furent pas toujours évités. Mais qui reprocherait à cés belles âmes de n'avoir pas gardé, dans leur générosité, une assez juste mesure? Si plusieurs succombèrent, qui affirmera que Dieu n'agréa pas ces victimes innocentes, vraies fleurs écloses au matin de l'Institut, comme le premier sacrifice et la première offrande de la grande œuvre dont il bénissait les débuts?

Parmi ces jeunes Frères, trois noms sont restés en bénédiction dans l'Institut, le frère Jean-François, le frère Bourlette et le frère Maurice. Le frère Jean-François résumait leurs dispositions, lorsqu'il s'écriait dans l'extase du dernier jour : « Ah! belle éternité, que ton séjour est beau! Amour, amour, amour, nous irons voir l'amour. »

CHAPITRE IV

LES ÉCOLES DE SAINT-SULPICE

1688-1691

JEAN-BAPTISTE DE LA SALLE PREND POSSESSION DES ÉCOLES CHARITABLES DE SAINT-SULPICE

1688

M. de la Barmondière, curé de Saint-Sulpice, attendait M. de la Salle depuis 1683. Des sept écoles que M. Olier avait ouvertes, quarante ans auparavant, pour les pauvres de la paroisse, une seule existait encore, celle de la rue Princesse. Les autres étaient tombées, faute de maîtres capables de les diriger dans l'ordre et la discipline. A la rue Princesse, il y avait près de deux cents élèves inscrits, et, pour tenir une population scolaire si nombreuse et si tapageuse, M. Compagnon, prêtre attaché à la paroisse, n'avait pour aides qu'un jeune homme de quatorze ans et un bonnetier, nommé Rafrond, qui apprenait aux enfants le tricot. Là, point de régularité, point de progrès intellectuel, aucun fruit moral et religieux. C'était pour conjurer la ruine de l'école, que le zélé curé de Saint-Sulpice faisait appel aux maîtres de Reims.

M. de la Salle ne désirait pas moins vivement s'établir à Paris. Personnellement, il souhaitait de s'éloigner de Reims, où tant de liens de famille et d'amitié entravaient son action. Pour que son Institut cessât d'être considéré comme une œuvre diocésaine et fût soustrait à toutes les fluctuations des administrations successives, il fallait le transporter dans la capitale du royaume : là seulement il trouverait l'autonomie, l'indépendance nécessaire à son plein épanouissement. Ces idées, contrôlées par de sages conseils, déterminèrent M. de la Salle à quitter Reims, et à repousser les flatteuses avances par lesquelles l'archevêque essaya de l'y retenir.

Après avoir confié aux soins du frère Henri L'Heureux les communautés de Reims, il prit deux Frères des plus instruits et partit à pied pour Paris, où il arriva le 24 février 1688.

M. de la Barmondière logea M. de la Salle et les deux Frères dans l'immeuble de l'école, rue Princesse. Dès les premiers jours, les Frères se mirent courageusement à l'œuvre. Le désordre dont ils furent témoins les eût déconcertés, si leur père n'avait été là pour les ranimer. Ils divisèrent les écoliers en trois classes, et rendirent tout de suite, grâce à leur méthode, les élèves attentifs à leurs leçons. Mais ils ne s'occupaient que de l'enseignement, laissant à M. Compagnon la direction générale. M. de la Salle lui-même gardait la plus grande réserve : il observait tout et ne se plaignait de rien ; il passait dans les rangs et instruisait les enfants des principes de la vie chrétienne ; il leur parlait avec douceur et leur inspirait la docilité, l'attention et la modestie par son affabilité. « Ses remontrances, faites à propos, dit le biographe, produisaient du fruit dans le cœur de ces jeunes plantes, et bientôt on vit un changement sensible dans leur conduite et dans leurs mœurs. »

Dès qu'il fut informé de ces premiers progrès, le curé de Saint-Sulpice vint faire la visite des classes. La tenue était meilleure ; les enfants savaient mieux leur catéchisme. Il comprit que, pour achever de discipliner l'école, le Saint avait besoin de toute l'autorité, et il la lui conféra, ajoutant que, si de nouveaux Frères étaient nécessaires, il n'avait qu'à les mander de Reims.

A peine fut-il investi de ces pleins pouvoirs, que M. de la Salle commença l'œuvre de la réforme. Les portes de l'école furent ouvertes et fermées à heure fixe. On les ouvrait le matin pour l'entrée des élèves ; une fois la classe commencée, on les fermait, et les retardataires étaient condamnés à rester dans la rue. Aucun écolier ne sortait avant la fin des classes ; par là se trouvait supprimé ce va-et-vient continuel de la rue à l'école, qui entretenait dans les enfants une perpétuelle dissipation. Chaque matin, les enfants étaient conduits à la messe ; ils y allaient à travers les rues, silencieux et modestes, comme si de ces écoliers turbulents de la veille on eût fait des novices d'une fervente communauté. Le catéchisme fut enseigné tous les jours, sans préjudice pour la lecture, l'écriture et le calcul, dont la durée fut au contraire augmentée.

JEAN-BAPTISTE DE LA SALLE EST EN BUTTE
AUX CONTRADICTIONS
1688

Le succès des écoles charitables ne pouvait manquer de susciter au fondateur d'ardentes contradictions. Une œuvre nouvelle, en faisant sa trouée à travers les choses humaines, blesse fatalement des intérêts ou des passions, et provoque des réactions parfois terribles. Jean-Baptiste de la Salle, malgré le tact et la douceur dont il ne se départit jamais, ne fraya sa route qu'à travers des oppositions sans cesse renaissantes, et il n'assura l'existence de son Institut qu'en affrontant, calme et résolu, mille tempêtes déchaînées contre lui. Sa vie, nous l'allons voir, n'est qu'une longue histoire de souffrances morales.

La jalousie lui créa les premières difficultés. En effet, M. Compagnon, qui pourtant avait si ardemment désiré les Frères, ne vit pas sans dépit leur succès ; il se sentit humilié de les voir réussir là où il avait échoué, et, inconsciemment, il ne pardonnait pas à M. de la Salle d'avoir été préposé par le curé de Saint-Sulpice à la tête de l'école. De son côté, Rafrond le bonnetier prétendait que la nouvelle organisation enlevait des heures de travail à la manufacture de tricot. Les deux mécontents s'entendirent pour évincer les Frères. Rafrond fit des plaintes à M. de la Barmondière et menaça de se retirer, si on n'abrogeait les nouveaux règlements ; mais le curé de Saint-Sulpice refusa de sacrifier l'école à la manufacture, et se garda bien de chasser M. de la Salle pour réintégrer le bonnetier. M. de la Salle fit venir de Reims un Frère qui savait le tricot, et ainsi l'usage du travail manuel fut conservé dans cette école d'enfants pauvres.

M. Compagnon ne se tint pas pour battu. Profitant d'une absence momentanée du Saint, il donna cours sur son compte à des bruits désavantageux, et se servit habilement d'une assemblée de dames pour représenter comme désastreuses les méthodes introduites par M. de la Salle. Ces calomnies se répandirent dans la paroisse et dans la communauté des prêtres, de sorte que les oreilles de M. de la Barmondière ne furent bientôt plus remplies que des plaintes formulées contre les nouveaux maîtres. Parvint-on à lui inspirer une vraie défiance envers M. de la Salle, ou bien éprouva-t-il simplement cette impression de lassitude, si ordinaire aux supérieurs à l'égard des gens qui leur attirent des *affaires,* nous ne saurions le dire. Toujours est-il qu'il résolut de renvoyer M. de la Salle et les Frères, et de remettre son école sur le pied où elle était avant leur arrivée.

Pendant ce temps, M. de la Salle, qui n'ignorait pas la conspiration tramée contre lui, se taisait et faisait son devoir, et lorsque M. Baudrand, son directeur, vint lui annoncer qu'il fallait profiter des vacances pour s'en aller, l'innocent persécuté n'éleva aucune plainte et fit en silence ses préparatifs de départ. Mais, lorsqu'il se présenta devant M. de la Barmondière pour prendre congé, celui-ci se troubla. En effet, le curé de Saint-Sulpice estimait M. de la Salle; il reconnaissait en lui un instituteur émérite;

allait-il le sacrifier, sans enquête, à des accusations qui n'étaient peut-être que d'odieux commérages ? Reprenant possession de lui-même, il pria M. de la Salle de demeurer, du moins jusqu'à ce qu'il eût plus mûrement réfléchi.

M. de la Salle demeura, en effet, l'âme paisible parmi tant d'incertitudes ; mais l'intrigue se livra contre lui à de nouvelles agitations. Les moindres imperfections de l'école, relevées avec art, donnaient lieu tantôt à des insinuations malveillantes, tantôt à des accusations positives. Pour en finir avec une situation si tendue, le curé de Saint-Sulpice chargea un prêtre de sa communauté, M. de Forbin-Janson, de faire une enquête en vue de découvrir la cause cachée de ces fâcheux démêlés.

Une enquête ne pouvait que mettre en relief la vertu et le mérite des pieux instituteurs de la rue Princesse. M. de Forbin-Janson visita les écoles et trouva une maison bien ordonnée, des enfants disciplinés, des maîtres appliqués à leur devoir; il interrogea les Frères, et n'en tira pas un mot de plainte ni de blâme contre les calomniateurs ; il pria M. de la Salle de présenter sa défense, et le Saint répondit qu'il souhaitait seulement de connaître ses défauts pour les corriger. Le sage enquêteur était trop sagace pour ne pas découvrir la vraie cause de cette campagne de diffamation. Il rendit justice à l'innocence de l'accusé et lui ramena toutes les sympathies du curé de Saint-Sulpice. M. de la Barmondière s'apprêtait à écarter la cause de la division, lorsqu'il résigna sa cure, au mois de janvier 1689.

DIFFICULTÉS AU SUJET DE L'HABIT DES FRÈRES
1689-1690

Le successeur de M. de la Barmondière dans la cure de Saint-Sulpice fut M. Baudrand, depuis longtemps directeur du Séminaire. M. Baudrand avait connu M. de la Salle durant ses études ; il était même son directeur de conscience depuis son retour à Paris, et il l'avait paternellement soutenu dans ses premières luttes avec M. de la Barmondière. L'arrivée de M. Baudrand à la paroisse était donc un événement heureux pour les Frères.

Il se montra d'abord, en effet, plein de sympathie pour eux. Il éloigna de leur maison M. Compagnon, dont la présence leur était tant à charge ; il les visita dans leurs classes, et à la vue de ces enfants silencieux, bien rangés, obéissants et déjà fort instruits de leur religion, il ne put contenir sa joie. Au mois de janvier de l'année suivante, il ouvrit une seconde école à l'extrémité de la rue du Bac, près du Pont-Royal, et M. de la Salle appela de nouveaux Frères pour la diriger.

Mais il fallait que M. de la Salle achetât par l'épreuve la prospérité de ses écoles ; c'est pourquoi, après une année de tranquillité féconde, la croix recommença à peser lourdement sur ses épaules.

M. Baudrand entreprit de changer l'habit des Frères. A Paris comme à Reims, ce costume avait paru étrange ; les gens du monde l'avaient critiqué ; les paroissiens de Saint-Sulpice avaient dû faire des observations à M. Baudrand. Car les allées et venues quotidiennes de la rue Princesse à la rue du Bac avaient sans doute révélé l'existence des Frères à des personnes influentes du faubourg, sur qui la singularité du costume avait produit une impression désagréable. Le curé de Saint-Sulpice voulait faire prendre aux Frères l'habit ecclésiastique, la soutane et le manteau long, à la place de la robe courte et de la capote à manches pendantes.

Il croyait avoir le droit d'imposer ce changement; car il voyait dans les Frères, non une Congrégation constituée sous un supérieur, mais une association d'hommes pieux et dévoués, qui travaillaient aux œuvres de la paroisse et ne dépendaient que de lui seul. Il se flattait d'autant plus d'arriver à ses fins, que M. de la Salle, étant son pénitent, se ferait un devoir d'accéder à ses désirs.

Quelque déférence qu'il eût pour M. Baudrand, M. de la Salle s'alarma de ce dessein; il vit du premier coup tous les inconvénients qui résulteraient d'un tel changement. Aucune stabilité dans les règles ne serait plus possible, s'il permettait qu'une atteinte si grave fût portée à l'Institut. Sur le conseil d'hommes sages, de MM. Tronson et Baühin surtout, il opposa respectueusement au curé de Saint-Sulpice le plus énergique refus.

Il rédigea même un *Mémoire*, où il démontra, avec une fermeté de logique qui annonçait un bon sens consommé, qu'on avait bien fait de donner aux frères un habit qui les distinguât des ecclésiastiques, et qu'une modification de cette importance entraînerait, au point de vue de la régularité, des conséquences désastreuses.

M. Baudrand, que les plaintes de ses paroissiens rendaient sourd à la question de principe, ne goûta point les raisons du *Mémoire*. Il taxa d'entêtement la fermeté de M. de la Salle, et, bien qu'il eût pour lui une très vive affection, il lui manifesta par de la froideur son mécontentement. M. de la Salle, qui avait humblement revêtu la capote pour faire la classe à la place d'un Frère malade, consentit à reprendre pour lui-même l'habit ecclésiastique ; mais les Frères continuèrent à porter la robe et la capote.

PROCÈS INTENTÉ PAR LES MAITRES DES PETITES ÉCOLES

1690

Le saint fondateur était à peine sorti de cette affaire, qu'il se trouva aux prises avec les embarras d'un procès. Ce procès lui était intenté par les maîtres des petites écoles.

Dès l'arrivée des Frères à Paris, la susceptibilité de ces bonnes gens avait été mise en éveil. Les nouveaux instituteurs, sous prétexte d'instruire gratuitement les pauvres, n'allaient-ils point leur enlever une part de leur clientèle d'écoliers ? Tant que l'école de la rue Princesse exista seule, les maîtres des petites écoles se contentèrent d'observer, sans faire aucune agitation. Mais, lorsque l'école de la rue du Bac fut ouverte et fut devenue, en peu de jours, très florissante, ils s'alarmèrent et se mirent en mouvement. Si encore aucun écolier payant ne leur avait échappé, ils n'auraient rien dit ; mais ils perdirent des enfants, et ils se sentirent lésés dans leurs intérêts. En effet, avec les enfants pauvres, qui jusque-là étaient restés en vagabondage dans les rues, certains enfants des écoles payantes étaient entrés chez les Frères. L'école des Frères était gratuite pour tous également ; mais les Frères, dont la mission était d'instruire les pauvres gratuitement, ne se croyaient pas tenus de faire une enquête sur la situation des familles pour mesurer leur degré d'indigence.

Irrités d'une concurrence qui allait diminuer leurs ressources, les maîtres laïques résolurent d'arrêter l'expansion de ces établissements rivaux. Ils employèrent d'abord les voies de fait, et firent mettre la saisie sur tous les meubles des écoles gratuites ; puis ils assignèrent devant le chantre de Notre-Dame M. de la Salle et les Frères, comme coupables d'avoir porté atteinte à leurs privilèges. Ils formaient en effet une puissante corporation, sous la juridiction du chantre de Notre-Dame ; et tous les différends qu'ils avaient entre eux, ou les plaintes qu'ils formulaient contre des concurrents, venaient en première instance devant le tribunal du chantre. Claude Joly, qui était alors chantre et écolâtre, veillait sur les droits et privilèges des petites écoles avec un zèle si jaloux, qu'il condamna les Frères et leur supérieur, et supprima les écoles charitables de Saint-Sulpice.

M. de la Salle fut un moment déconcerté. Il avait pour les procès une telle horreur, qu'il était sur le point de tout abandonner, plutôt que d'interjeter appel de la sentence de l'écolâtre. Mais on lui fit entendre qu'il n'avait pas le droit de renoncer si légèrement, pour une question de monopole, à une entreprise qui intéressait au plus haut point la gloire de Dieu. D'ailleurs, M. Baudrand, que la sentence du chantre blessait dans ses droits de curé, l'obligea, par un ordre formel, de poursuivre l'affaire.

La question vint donc en appel devant le parlement. Convoqué pour expliquer son cas et soutenir sa cause devant les magistrats, notre Saint, quoique protégé tout ensemble par les sympathies du peuple et par de hautes influences, se mit en prière comme s'il n'avait compté que sur l'aide de Dieu. Il se rendit avec les Frères à Notre-Dame-des-Vertus, à Aubervilliers, et il y passa tout un jour en oraison, sans prendre de nourriture. Puis il présenta sa défense par écrit, « avec tant de force et de précision, dit son biographe, qu'en peu de temps l'affaire fut terminée à son avantage. » Ses écoles s'ouvrirent de nouveau à ses nombreux élèves, et les maîtres des écoles payantes, déboutés de leurs prétentions, le laissèrent en paix jusqu'à l'année 1699.

ÉPREUVES A L'INTÉRIEUR DE L'INSTITUT — MALADIE
DU SAINT FONDATEUR, ET MORT DU FRÈRE HENRI L'HEUREUX
1690-1691

Pour surcroît de douleur, M. de la Salle vit son Institut sur le point de se dissoudre au dedans, au moment même où il était contredit et attaqué au dehors.

Les deux premiers Frères qu'il avait amenés de Reims à Paris se rendirent, par un mouvement secret de jalousie, infidèles à leur vocation et durent quitter l'Institut. Après avoir multiplié ses efforts pour les retenir, le Saint les pleura comme des enfants prodigues. Leur départ faisait un vide désastreux dans les écoles et causait un scandale dommageable à l'Institut. Manquant alors de personnel, M. de la Salle dut prendre une classe et se faire de nouveau maître d'école.

D'autres défections, en effet, s'étaient produites à **Reims**. Tant que la maison de Reims avait été conduite par le frère Henri L'Heureux, elle s'était maintenue prospère. Mais lorsque ce Frère, sage et aimé de tous, eut été appelé à Paris, les imprudences de son successeur, le frère Jean-Henry, perdirent tout. Non pas que le frère Jean-Henry ne fût un excellent religieux ; mais sa ferveur, dépourvue de maturité, n'avait pas la souplesse que demande la direction des hommes. Il parut « dur et indiscret ». Sous son gouvernement, huit Frères quittèrent successivement l'Institut ; la communauté des maîtres pour la campagne, que M. de la Salle avait laissée si vivante, se vida ; le petit noviciat lui-même faillit sombrer. Comme cette institution d'adolescents était la grande ressource de l'Institut pour le recrutement de ses membres, M. de la Salle, inquiet de l'avenir, résolut de la transporter à Paris.

Les jeunes novices y arrivèrent en 1690. Les plus âgés prirent l'habit, et les plus jeunes, tout en poursuivant leurs études, furent employés à l'église pour servir des messes. Cette concession, faite par déférence pour M. Baudrand, devait entraîner la ruine de l'œuvre. En effet, la ferveur de ces enfants, dans un milieu qui n'était point fait pour eux, ne tarda pas à se refroidir ; et cette pépinière religieuse, qui contenait en germe les espérances du fondateur, se trouva tout à fait détruite. C'est ainsi qu'en 1691 presque toute son œuvre avait croulé. Il faillit lui-même être enlevé par la maladie, au moment où il était le plus nécessaire à ses disciples désemparés.

Au milieu des préoccupations accablantes que lui donnait le gouvernement de l'Institut, il ne se relâchait en rien de ses austérités ordinaires. Il semblait même qu'il augmentât la rigueur de ses pénitences, à mesure que les difficultés croissaient au dehors. Sous le poids des cilices et des chaînes de fer, privé de repos et volontairement condamné à une nourriture insuffisante, il succomba à des fatigues excessives. Vers la fin de 1690, quoiqu'il se sentît déjà atteint, il voulut faire à pied le voyage de Reims, où ses affaires l'appelaient. Mais il n'apporta que la tristesse à ses chers disciples ; car ils le trouvèrent si faible, que la crainte de le perdre les jeta dans la consternation.

Entouré de soins par ses parents et par sa famille adoptive, il se crut bientôt en état de reprendre la route de Paris ; le désir de se soustraire aux égards dont il était l'objet lui fit affronter les fatigues d'un second voyage. Mais à peine fut-il de retour à Paris, qu'un mal nouveau se déclara et mit ses jours en péril. Averti par ses propres souffrances du peu d'espoir qui lui restait, le saint malade se résigna à la volonté de Dieu et se disposa à mourir.

Ses disciples affolés eurent recours à tous les moyens divins et humains pour conjurer ce qu'ils estimaient un irréparable malheur. Tout en faisant assaut au Ciel par d'ardentes prières, ils appelèrent près du cher malade le médecin hollandais Helvétius, alors en grand renom de savoir dans tout Paris. Helvétius avait un remède en effet contre le mal, mais un remède dangereux, qui pouvait entraîner la perte du malade aussi bien que sa guérison radicale. Avant d'administrer le remède, Helvétius voulut que le malade reçût les sacrements. Lui-même suivit le cortège, lorsque M. Baudrand, curé de Saint-Sulpice, vint avec un nombreux clergé porter le saint Viatique au pieux moribond.

Les Frères éplorés se pressaient, à cette heure angoissante, contre le lit de leur bien-aimé père. Profondément touché du spectacle navrant de cette famille en pleurs, M. Baudrand prit la parole ; il exhorta le père à la résignation, il promit aux fils de ne point les laisser orphelins et d'en prendre soin comme de ses propres enfants. Puis il pria le saint malade de bénir les Frères. Alors, d'une main défaillante qu'il fallut soutenir, M. de la Salle bénit ses fils en disant : « Je vous recommande une grande union et une grande obéissance. » C'était tout le testament de cette grande âme.

Le Ciel exauça les prières des Frères, du clergé et du peuple ; car le remède d'Helvétius produisit un heureux effet. Le fondateur de l'Institut des Frères des Écoles chrétiennes était conservé à son œuvre.

Mais il sembla ne revenir à la santé que pour recommencer à souffrir. Dès les jours suivants, en effet, il fut frappé dans l'endroit le plus sensible du cœur par la mort du frère Henri L'Heureux. Ce Frère était son disciple préféré. Aussi modeste qu'intelligent, aussi doux dans ses procédés que ferme dans sa conduite, le frère L'Heureux avait gagné les sympathies de tous. Lorsque M. de la Salle avait exigé qu'un Frère fût élu pour supérieur, tous les suffrages étaient allés droit à lui, et jamais l'obéissance à ses ordres n'avait coûté. Pour qu'il pût devenir prêtre et prendre un jour le gouvernement de l'Institut, M. de la Salle lui avait ordonné de s'appliquer aux études de théologie. L'humble Frère, depuis qu'il était à Paris, suivait assidûment les cours de Sorbonne, et il allait recevoir les Ordres sacrés.

Sa mort fut une révélation pour Jean-Baptiste. Notre Saint y vit un coup du Ciel pour lui apprendre que personne ne devait être prêtre dans l'Institut. Dès ce moment il porta la règle, toujours observée depuis lors, qu'aucun Frère ne pourrait devenir prêtre ni même étudier le latin.

CHAPITRE V

LE NOVICIAT DE VAUGIRARD

1691-1698

JEAN-BAPTISTE DE LA SALLE ÉTABLIT UNE MAISON DE RETRAITE,
PUIS UN NOVICIAT, A VAUGIRARD
1691-1692

La crise redoutable que traversait l'Institut eût abattu une âme moins forte et moins confiante en Dieu. Du côté des hommes, l'œuvre de Jean-Baptiste était gravement compromise: la moitié des Frères l'avait abandonné, et la ferveur des autres s'était notablement attiédie ; depuis trois ans, un ou deux sujets seulement s'étaient présentés pour combler les vides ; la santé des meilleurs était profondément atteinte, et ils étaient menacés de succomber, comme le frère L'Heureux, sous l'excès du travail. Dans l'angoisse où le jetait cette situation, le Saint se tourna vers Dieu dans la retraite et la prière, et Dieu releva le courage de son serviteur. La grâce de sa vocation qui, à travers les difficultés, le poussait à son but, lui inspira les moyens les plus propres à consolider l'Institut ébranlé.

Son premier soin fut de chercher, à la campagne, une maison peu éloignée de Paris, bien aérée, très solitaire, où il pût refaire la santé des maîtres, réunir les Frères pour des récollections fréquentes et pour des retraites annuelles, les former dans un noviciat animé du plus pur esprit religieux. Un vaste enclos, situé à l'entrée de Vaugirard, lui parut propre à ses desseins. C'était une maison d'apparence modeste, ouvrant sur un grand jardin, assez écartée pour n'être point troublée par les bruits du village. M. de la Salle la loua au mois de septembre 1691.

Il y transporta d'abord les Frères malades de la communauté de Paris. Ces jeunes gens, épuisés par les conditions désastreuses dans lesquelles ils vivaient à la rue Princesse, reprirent bientôt, dans l'air pur et le silence de Vaugirard, les forces qu'ils avaient perdues.

Dès le 8 octobre suivant, le saint fondateur y convoqua tous les Frères pour une retraite générale. Avec autant d'empressement que de joie, tous se rendirent à l'appel de leur bien-aimé père, heureux de renouveler, près de lui, leur ferveur religieuse. Sous l'action d'une parole chaude et persuasive, toujours empreinte d'esprit surnaturel, leur cœur s'embrasa d'une ardeur nouvelle et s'éprit d'un vif désir pour la perfection. Dix jours ne leur parurent point suffisants pour retremper leurs âmes dans le recueillement, l'oraison, la mortification et l'humilité, et ils demandèrent à prolonger la retraite. Le zélé supérieur profita de ces bonnes dispositions pour garder près de lui ceux qui n'avaient fait qu'un rapide noviciat, et il les remplaça dans leurs écoles par de jeunes maîtres laïques choisis parmi ceux qu'il avait formés à Reims.

Ce fut pendant cette retraite prolongée qu'il contracta, avec deux de ses plus chers disciples, un nouvel engagement à l'égard de son Institut. Nicolas Vuyart et Gabriel Drolin lui paraissant assez courageux pour ne se rebuter d'aucun obstacle et soutenir, même après sa mort, l'œuvre des écoles, il prononça avec eux, le 21 novembre 1691, le vœu suivant : « Faisons vœu d'association et d'union pour procurer et maintenir ledit établissement, sans nous en pouvoir départir, quand même nous ne resterions que nous trois dans ladite société, et que nous serions obligez de demander l'aumône et de vivre de pain seulement. »

Liés par cet engagement secret, M. de la Salle et ses deux compagnons formaient le cœur de l'Institut. De ce centre embrasé de zèle, la vie se répandit, forte et active, dans tous les membres du corps. Au bout de quelques mois, par la double influence de la solitude et de la grâce, les Frères apparurent comme transfigurés. Dès que le Saint « les vit tels qu'il les avait désirez, intérieurs, recueillis, mortifiez, pénitents, d'une soumission et d'une obéissance aveugle », il les renvoya dans leurs écoles ; il avait la certitude qu'en faisant des religieux parfaits, il avait préparé aux pauvres des maîtres excellents.

Comme il avait expérimenté la puissance de son action personnelle sur chacun d'eux, il ne voulut pas qu'elle fût suspendue par la séparation. Désireux de l'exercer encore à distance, il ordonna aux

Frères, en les congédiant, de lui écrire tous les mois, pour lui communiquer leurs dispositions intérieures et recevoir ses avis. Dès lors s'établit, dans l'Institut, l'usage de la « reddition de compte », qui, sans entamer le domaine réservé au confesseur, permet aux supérieurs d'affermir dans la vertu les religieux qui leur sont confiés. Nulle part le cœur du Saint, fort et tendre tout à la fois, ne se révèle autant que dans cette correspondance intime de direction ; car il se faisait un devoir de répondre, si brièvement que ce fût, à tous ses enfants. Non content de les diriger par lettres, il aimait à les visiter sur place ; et, durant les sept années qu'il passa à Vaugirard, il s'imposa l'obligation de voir chaque année toutes ses fondations.

Retraite annuelle, visites fréquentes, correspondance mensuelle, autant de moyens mis en œuvre par sa sollicitude paternelle pour maintenir, avec la ferveur religieuse, l'union des esprits et des cœurs parmi les membres de l'Institut. Tous les Frères, puisant la même vie dans l'âme de leur père, s'aimaient et s'entraînaient au bien par une sainte émulation.

C'est un fait d'expérience que Dieu bénit, par un accroissement du nombre des sujets, le renouvellement de vie intérieure dans les communautés. Cette bénédiction ne manqua point aux Frères. Tandis que, depuis quatre ans, le recrutement de l'Institut semblait suspendu, il parut visible qu'un souffle de grâce allait amener de nouveaux sujets ; car plusieurs postulants sollicitèrent d'être admis au nombre des Frères.

Pour ces jeunes aspirants, il fallait organiser un noviciat. Jusqu'alors, le noviciat n'avait consisté qu'en une longue retraite, à peine suffisante pour former aux vertus chrétiennes et pour initier aux premiers principes de pédagogie ; l'application trop hâtive des sujets à l'œuvre des écoles avait empêché leur affermissement dans la vie religieuse, et les avait exposés à ces défaillances et à ces défections que M. de la Salle avait si amèrement déplorées. Il était bien résolu de ne rien précipiter désormais, afin de rendre plus durable la formation des âmes.

Dans cet esprit, il ouvrit un noviciat régulier dans la maison de Vaugirard, au mois de septembre 1692. L'archevêque de Paris, reconnaissant la petite Société des Frères comme une communauté religieuse, approuva l'érection de ce noviciat. M. Baudrand, curé de Saint-Sulpice, après une opposition momentanée à ce projet, l'aida de ses générosités. Douze aspirants y furent d'abord admis, dont six reçurent l'habit de Frère des mains du fondateur, le 1er novembre. Si l'inconstance fit des vides parmi ces premières recrues, l'esprit de Dieu, qui veillait sur l'Institut, poussa de nouveaux sujets vers le noviciat, si bien qu'en peu de temps on en compta jusqu'à trente-cinq.

LA COMMUNAUTÉ DE VAUGIRARD —
LES VERTUS QU'ON Y PRATIQUE — ÉPREUVES DURANT LA FAMINE
1692-1694

A peine eut-il ouvert son noviciat, que le saint fondateur s'y consacra tout entier. Bien qu'il eût appelé de Reims le frère Jean-Henry, religieux d'une vertu exemplaire, pour en faire un maître des novices, il ne laissa pas d'exercer lui-même une action immédiate et personnelle sur chacun de ses enfants. Avait-il rien de plus cher au monde ? Ces jeunes gens n'étaient-ils pas tout l'espoir de son Institut ? La ferveur de leur noviciat ne serait-elle pas la source et la mesure de la fécondité de leur vie?

Plein de ces pensées, Jean-Baptiste de la Salle travaillait activement à la formation de ses novices. Autant que ses occupations le lui permettaient, il vivait au milieu d'eux, présidait leurs exercices, partageait avec eux les offices les plus humbles de la maison ; il ne laissait passer aucun jour sans les instruire de leurs obligations, les exhortant à aimer la vie pénible et laborieuse des Frères, à souffrir joyeusement les humiliations et les privations. Quel élan ses paroles et ses exemples donnaient à la communauté !

Les exercices d'un vrai noviciat religieux absorbaient toutes les heures de la journée. Trois heures étaient consacrées à l'oraison, qu'on faisait à genoux; le petit Office de la sainte Vierge était récité intégralement, debout et sans appui ; il y avait une heure de lecture spirituelle le matin, et autant l'après-midi. La prière, la lecture et le travail manuel remplissaient les moments libres. Le silence, scrupuleusement observé, enveloppait la communauté d'une atmosphère de recueillement, à la faveur duquel, Dieu pénétrant les âmes, la prière était fort goûtée et devenait la source des plus douces consolations.

Il n'y avait point de chapelle dans l'enclos. Mais chaque matin les novices, silencieux et sur deux rangs, se rendaient à une chapelle voisine, où le Saint célébrait la messe. Le temps de l'auguste sacrifice était pour eux comme une prolongation de l'oraison; ils ne lisaient point, ils ne faisaient aucune prière vocale ; les yeux modestement baissés, ils s'entretenaient intérieurement avec Dieu du mystère de l'Eucharistie. Ainsi ramassée au dedans, leur vie religieuse n'était que plus active, plus féconde, plus prompte aux actes des vertus chrétiennes.

Dans ce champ clos où de jeunes âmes s'exerçaient aux combats de l'avenir, on s'essayait, non sans succès, à toutes les vertus ; les plus austères étaient les plus recherchées.

La pauvreté y frappait d'abord le regard ; car M. de la Salle n'avait rien fait pour donner à une maison qu'il appelait « sa chère Bethléem » la plus lointaine apparence de confortable. Sous des toits mal fermés et derrière des portes mal jointes, on ne voyait dans chaque cellule qu'un lit de planches, avec une paillasse fort dure et un traversin rempli d'épillet d'avoine au lieu de plume ; il n'y avait que deux matelas dans la maison, l'un pour le supérieur qui n'en usait jamais, l'autre pour les malades. Passant la nuit sur ces couches grossières, avec une toile rude pour draps de lit et une simple couverture, les Frères éprouvaient toutes les rigueurs des froids d'hiver. On ne faisait jamais de feu dans cette austère habitation. Il n'était point question non plus d'ameublement ; quelques bancs fort simples et des tables nues, c'était tout.

Les vêtements étaient assortis à cette pauvreté. « Je suis persuadé, dit le biographe, que si les bas, les souliers, les robes, les capotes et les chapeaux des Frères, et tous les autres meubles de leur communauté eussent été jettez à la porte, ils eussent pu attirer des regards de pitié des yeux de tous les passants, mais qu'ils n'eussent pu attirer la main d'aucun d'eux pour les ramasser. »

Le régime de la table n'avait rien pour adoucir les rigueurs de cette vie pénitente. On ne fit jamais la cuisine au noviciat de Vaugirard. Mais, chaque jour, un des Frères se rendait à l'école de la rue Princesse et rapportait dans une hotte le pain, le potage et quelques mets grossiers, plus propres à contenter la mortification qu'à satisfaire la sensualité : les restes de la communauté et du séminaire de Saint-Sulpice, les débris de table de quelques autres maisons religieuses, très pauvres elles-mêmes, étaient la principale ressource des réfectoires de la rue Princesse et du noviciat de Vaugirard. Heureux encore, lorsque le Frère quêteur ne se faisait pas trop attendre ou n'avait pas été dévalisé en route.

Ces repas si chétifs, où l'on ne servait jamais de vin, offraient encore à ces religieux fervents matière à charité. Sur ces aliments mal apprêtés et à peine suffisants, ils prélevaient la part des pauvres, sacrifiant ainsi une portion de leur nécessaire.

Non contents de mater leur chair par la privation de nourriture, ils lui infligeaient de rudes flagellations. Volontiers les bras s'armaient de la discipline ; l'usage de la haire et le cilice était en honneur. Dans cette voie de la pénitence, les exemples du supérieur entraînaient tous les membres de la communauté ; car il n'arrivait pas à cacher à tous les regards « les disciplines armées de rosettes pointues dont il se servait ».

Toutefois, le sage instituteur comptait bien davantage sur la mortification intérieure ; c'était même pour en préparer la pratique qu'il autorisait les macérations extérieures. « J'aime mieux, disait-il à ses enfants, une once de mortification d'esprit qu'une livre de mortification corporelle. » A ceux qui étaient plus avides de frapper leur corps que de dompter leur volonté, il disait : « Ah ! mon cher Frère, disciplinez bien votre esprit : voilà la discipline qui vous convient et dont vous retirerez le plus de fruit. » Aussi inspirait-il l'amour des humiliations et des réprimandes.

L'usage de la coulpe s'introduisit sans peine. Comme dans les anciens monastères, les jeunes Frères venaient s'accuser de leurs moindres fautes ; ils acceptaient avec joie la pénitence qui en devait être l'expiation. Souvent cette pénitence était imposée au commencement du repas et retardait les humbles coupables ; mais, quand même ils se mettaient à table longtemps après les autres, ils en sortaient en même temps, non point attristés, mais heureux d'avoir doublement expié leur faute.

Loin de ralentir les élans de cette ferveur, les épreuves en stimulaient encore la générosité. On le vit bien, durant l'hiver de 1693, lorsque la famine qui sévissait sur toute la France réduisit la communauté de Vaugirard à la plus extrême détresse. En temps ordinaire, c'était la pauvreté ; la famine venue, ce fut la disette. On manqua souvent du nécessaire, et plus d'une fois les pieux solitaires ne trouvèrent au réfectoire qu'une table vide. Dans l'espoir de se procurer plus aisément des ressources, et pour échapper aux attaques de gens affamés qui rôdaient autour du village, le supérieur transféra sa communauté à Paris, rue Princesse. Mais Paris ne donna point l'abondance : quelques morceaux de pain noir, un chétif bouillon d'herbes, ce fut souvent tout le menu des Frères. Le procureur allait parfois, se mêlant aux pauvres, à la porte des riches hôtels où se faisaient des distributions de vivres.

C'est ainsi qu'un jour une dame de condition le reconnut à son habit : « Eh ! quoi, lui dit-elle, la famine se fait-elle aussi sentir chez vous ? M. le curé laisse-t-il dans la dernière nécessité les premiers pauvres de sa paroisse, et ceux-là mêmes qu'il emploie pour instruire les pauvres ? » Le Frère répondit naïvement qu'on manquait de tout à la rue Princesse ; qu'il allait, avec les quatre derniers sous de la communauté, acheter quelques légumes pour un repas qui serait peut-être le dernier. « Allez en paix, lui dit la dame ; je vais y donner ordre. » Elle vit en effet M. Baudrand, curé de Saint-Sulpice, qui, débordé par la misère croissante de ses paroissiens, avait omis de payer aux Frères la modique allocation sans laquelle ils ne pouvaient subsister.

Longs et douloureux furent les mois de ce rude hiver. Mais la vertu des Frères n'en subit aucune atteinte ; tant il est vrai que les privations et les souffrances sont toujours, pour les communautés bien réglées, une source de sanctification et de progrès. Les vocations n'en furent point ébranlées, et les courages ne furent point abattus. Avec une constance fondée sur la foi la plus vive, le saint supérieur relevait la confiance des Frères en leur répétant ces paroles de l'Évangile : « Ne vous troublez pas, et ne dites pas : Qu'est-ce que nous mangerons, ou qu'est-ce que nous boirons, ou de quoi nous couvrirons-nous? C'est ainsi que parlent les païens. Mais votre Père céleste sait que vous avez besoin de tout cela. » Il poussait si loin cet abandon à la Providence, que, même au plus fort de la disette, il ne refusa jamais de recevoir ceux qui se présentaient pour la retraite spirituelle ou pour le noviciat, bien qu'il fût évident que, chez plusieurs sujets, la faim seule tenait lieu de vocation. Dieu bénit tellement les dispositions surnaturelles de son serviteur, qu'à la fin de la détresse, au printemps de 1694, lorsqu'il rentra à Vaugirard, le Saint eut la joie de ramener sa famille au complet. Et tandis que de riches communautés avaient vu leur fortune sombrer dans le désastre, les Frères avaient subsisté, sans faire de dettes, du fond de leur pauvreté.

A peine rentré au saint désert de Vaugirard, le noviciat reprit son aspect de religieuse austérité. Bien que la nature n'y trouvât point son compte, les jeunes Frères aimaient cette vie de combat, où la grâce leur faisait remporter tous les jours des victoires. C'est qu'ils subissaient, le cœur plein d'une joie surnaturelle, l'ascendant irrésistible de la parole et de l'exemple d'un supérieur qui ne s'épargnait pas. En dehors des exercices de communauté, Jean-Baptiste de La Salle passait des nuits entières en méditation ; souvent même il priait sur la terre nue et humide, et le sommeil le surprenait dans ces oraisons prolongées, sans qu'il eût pris soin de se protéger contre le froid. Que de fois ne le trouva-t-on pas, à l'heure du lever, transi et perclus, étendu sur un sol glacé ! A ce régime, il contracta des douleurs rhumatismales qui, toute sa vie, lui demeurèrent comme une cruelle épreuve. Les remèdes même les plus violents n'adoucirent que momentanément ses souffrances. Ce fut dans une crise de ce mal qu'il s'étendit, sur un gril de bois, au-dessus d'un foyer de plantes odoriférantes, dont les fumées, en pénétrant ses chairs nues, devaient le délivrer. Traitement non moins rude que le mal, durant lequel il pensait au martyre de saint Laurent, mais auquel il se soumettait vaillamment, afin de pouvoir reprendre ses chères occupations.

LA RETRAITE DE 1694 — LES VŒUX PERPÉTUELS ET L'ÉLECTION D'UN SUPÉRIEUR

1694

La vie sainte de Vaugirard eut bientôt exercé sur le jeune Institut des Frères la plus heureuse influence. Comme une pépinière sacrée, le noviciat procurait à chaque communauté des religieux fervents qui en renouvelaient l'esprit. Les Frères anciens venaient du reste, chaque année, ranimer, près de leur père, leur vie spirituelle, et subir à leur tour l'action bienfaisante de cette solitude bénie. Sous l'empire de ce puissant progrès moral, et dans un généreux élan de cœur vers la perfection, les Frères supplièrent leur supérieur de les admettre aux vœux perpétuels. Depuis 1684, il ne leur avait permis que le vœu temporaire d'obéissance ; c'était trop peu au gré de leurs désirs, ils voulaient se consacrer à Dieu pour toujours par les trois vœux de religion.

De tels sentiments lui allaient droit au cœur, pouvait-il espérer, pour prix de ses labeurs, une plus douce consolation que de voir ses fils si prompts au sacrifice? Dans la joie que lui causaient ces saintes dispositions, il ne se départit pourtant en rien de sa prudence ordinaire, tant il savait régler son zèle par la sagesse.

Après avoir consulté Dieu dans la prière, il fit choix de douze disciples qu'il jugea les mieux préparés aux vœux perpétuels. Il fit venir chacun d'eux, séparément, à Vaugirard, pour y passer une semaine en retraite : par là, il se rendit compte de leurs dispositions intimes, mesura leurs forces morales, acheva leur formation religieuse et les mit en état de prendre des engagements définitifs.

Lorsqu'il se fut assuré que ces douze Frères désiraient ardemment et pouvaient prudemment émettre des vœux perpétuels, il les convoqua tous ensemble pour la retraite. Depuis le jour de la Pentecôte jusqu'au jour de la Trinité, les heures furent partagées entre l'oraison, les exhortations du supérieur et les conférences communes. Dans ces conférences, où chacun disait librement son avis, il fut décidé que les Frères réunis ne feraient pas encore les trois vœux de religion, mais qu'ils prononceraient les vœux perpétuels d'obéissance et de stabilité. En conséquence, le matin de la Trinité, les douze Frères et leur supérieur émirent, dans les termes suivants, les premiers vœux perpétuels de l'Institut :

« Très sainte Trinité, Père, Fils et Saint-Esprit, prosterné dans un très profond respect devant vostre infinie et adorable Majesté, je me consacre tout à vous pour procurer votre gloire, autant qu'il me sera possible et que vous le demanderez de moy. Et pour cet effet, je, JEAN-BAPTISTE DE LA SALLE, prestre, promets et fais vœu de m'unir et demeurer en société avec les frères Nicolas Vuyart, Gabriel Drolin, Jean Partois, Gabriel-Charles Résigade, Jean Henry, Jacques Compain, Jean Jacquot, Jean-Louis de Marcheville, Michel-Barthélemy Jacquin, Edme Leguillon, Gilles, Pierre et Claude Roussel, pour tenir ensemble et par association les écoles gratuites, en quelque lieu que ce soit, quand mesme je serais obligé, pour le faire, de demander l'aumône ou de vivre de pain seulement, ou pour faire dans laditte société ce à quoy je seray employé, soit par le corps de la société, soit par les supérieurs qui en auront la conduitte. C'est pourquoy je promets et fais vœu d'obéissance tant au corps de cette société qu'aux supérieurs. Lesquels vœux, tant d'association que de stabilité dans laditte société et d'obéissance, je promets de garder inviolablement pendant toute ma vie, en foy de quoy j'ai signé. Fait à Vaugirard, ce sixiesme juin, jour de la feste de la très sainte Trinité de l'année mil six cent quatre-vingt-quatorze. *Signé :* DE LA SALLE. »

Par cet acte solennel, l'Institut des Frères faisait un pas nouveau dans sa constitution. Il sembla à quelques-uns des Frères que le moment était venu de placer la Congrégation sous la protection du Saint-Siège et d'en solliciter des lettres d'approbation. Quoique le Saint eût pour le Pontife romain la vénération la moins équivoque, il ne se rendit pas, alors, au désir des Frères ; sagement, il voulut attendre que les règles de l'Institut eussent subi l'épreuve d'une expérience plus longue, afin de soumettre au Pape un projet plus étudié. Ce fut six ans plus tard seulement, qu'il envoya à Rome deux premiers Frères.

Il lui paraissait beaucoup plus urgent de donner à l'Institut sa forme définitive de gouvernement, en faisant élire un Frère pour supérieur. Si l'humilité lui faisait souhaiter de descendre au dernier rang, pour pratiquer l'obéissance à l'égal du plus modeste Frère, son esprit de prévoyance le poussait à organiser l'Institut tel qu'il le concevait dans la lumière de Dieu. Dès la mort du frère Henri L'Heureux, il avait posé en principe qu'aucun membre de la Congrégation ne pourrait devenir prêtre, qu'aucun prêtre ne pourrait entrer dans la Congrégation. Une société uniquement composée de Frères, sous peine d'être dirigée par un étranger, devait donc avoir un Frère pour supérieur. Dès lors, sa présence à la tête de la communauté devenait, à ses yeux, une anomalie et un danger. Tant pour accoutumer les Frères à se soumettre à l'un des leurs, que pour établir, de son vivant, la tradition devant les gens du dehors, il voulut qu'un Frère fût élu à sa place, s'estimant heureux d'être gardé pour servir encore dans les derniers emplois.

Persuadé que l'occasion était favorable pour l'exécution de ce dessein, il exposa ses vues aux douze nouveaux profès, dès le lendemain de la Trinité, 1694. Pour les gagner à son projet, il leur parla longtemps et du ton le plus insinuant. Mais si les Frères partagèrent l'avis de leur supérieur sur la question de principe, ils déclarèrent résolument que, jusqu'à sa mort, ils n'accepteraient point d'autre supérieur que lui. C'était lui qui les avait groupés, qui avait façonné leurs âmes à la vie religieuse, qui les dirigeait depuis quinze ans ; une exception en faveur du fondateur de l'Institut ne serait point une brèche à la règle essentielle de la communauté.

Cette disposition des Frères alarma le Saint ; il les conjura de le décharger d'un fardeau qui pesait trop lourdement sur ses épaules et les invita à procéder à l'élection. Les humbles disciples se turent par déférence pour leur maître ; mais le scrutin, ouvert après une demi-heure d'oraison, ne donna que des bulletins au nom de Jean-Baptiste de la Salle. Confus et troublé du résultat, le Saint adressa à ses fils de paternels reproches. Ne s'étaient-ils point concertés ? Se laissaient-ils bien guider par le seul esprit de Dieu ? Il voulut une autre épreuve et ordonna un nouveau tour de scrutin ; mais la seconde élection ne fit que confirmer la première. Ainsi vaincu par la confiance et l'affection de ses enfants, Jean-Baptiste se résigna. Pour le consoler, les Frères lui firent entendre qu'un jour viendrait peut-être, lorsque l'Institut serait mieux affermi, où il pourrait se décharger de la supériorité.

Toutefois, les intérêts de l'Institut lui paraissaient si gravement engagés dans cette affaire, qu'il fit insérer dans l'acte de son élection, signé des douze Frères, une clause formelle excluant pour toujours, du gouvernement de l'Institut, tout prêtre ou ecclésiastique engagé dans les Ordres sacrés, et même toute personne n'ayant pas fait vœu dans la communauté. L'avenir montra bien de quelle sagesse était cette détermination ; car les grandes épreuves qui, plus tard, fondirent sur le Saint, n'eurent d'autre origine que les efforts tentés pour lui substituer un prêtre étranger dans la direction de son Institut.

LES TRAVAUX DE JEAN-BAPTISTE DE LA SALLE
DANS LA SOLITUDE DE VAUGIRARD

1694-1698

En 1694, l'autorité du Saint n'était point contestée, et il put continuer, au lendemain de la retraite, les travaux multiples que le silence de Vaugirard lui rendait aisés. Si de temps en temps il s'éloignait de cette chère solitude, ce n'était que pour visiter les écoles et porter aux Frères, avec les joies de sa présence, les encouragements de sa parole. Mais il avait hâte de revenir à son noviciat. Là vivait la portion la plus aimée de son Institut, qu'il cultivait avec soin comme la moisson de l'avenir, et à laquelle Dieu se plaisait à donner la double bénédiction de la valeur et du nombre. Résolu de ne point lancer dans la mêlée ces jeunes recrues avant d'en avoir fait des soldats exercés, il les retenait près de lui aussi longtemps que leur formation l'exigeait.

Aussi refusa-t-il plusieurs offres qui lui furent faites de fonder des écoles. Il n'accéda pas même à la demande expresse que lui adressa un ami, Paul Godet des Marais, évêque de Chartres, pour les écoles gratuites de sa ville épiscopale. Plutôt que de s'affaiblir en dispersant ses forces, il préféra concentrer ses efforts sur les écoles déjà ouvertes, persuadé, du reste, que la Providence ne manquerait pas de susciter de nouvelles occasions, lorsqu'il serait en état d'y répondre.

Ce fut donc un temps de recueillement et de progrès intérieur, qui s'écoula de 1694 à 1698. Mettant à profit les loisirs dont il disposait, le Saint commença la rédaction des règles et des constitutions de l'Institut. Semblable à tous les fondateurs d'Ordres religieux, il n'avait rien fait, depuis quinze ans, en vertu d'un dessein préconçu ; mais il s'était laissé conduire par la main de Dieu dans la voie où il s'était engagé. Des usages s'étaient introduits dans sa communauté sous l'empire des circonstances et suivant les besoins d'une société de maîtres appliqués aux écoles. Beaucoup d'essais avaient été faits ; ceux-là seuls étaient passés à l'état de pratiques stables qui s'harmonisaient avec les exigences d'une vie d'instituteurs. En rédigeant sa Règle, Jean-Baptiste de la Salle ne fit donc que rassembler en un code les usages dont l'expérience avait démontré la sagesse. Ce code ne fut d'ailleurs point définitif ; pendant plus de vingt ans encore, il continua de l'étudier et de le retoucher, à mesure que l'épreuve de la vie lui donnait de nouvelles lumières. Lorsque, en 1717, l'assemblée générale le pria d'en fixer le texte, il ne fit que mettre par écrit ce que, depuis près de quarante ans, les Frères pratiquaient.

Les Frères n'avaient pas moins besoin d'un guide pour les diriger dans leurs classes que d'une Règle religieuse pour inspirer leur vie morale. Dès les débuts, Jean-Baptiste de la Salle avait donné à ses disciples des conseils éclairés sur l'art d'enseigner les enfants, sur l'ordre et la discipline à garder dans les écoles, sur la méthode à suivre pour préserver

la vertu des enfants et leur faire aimer la religion.
Ces avis avaient d'autant plus de prix, que la péda-
gogie en était encore à chercher sa voie.

Avec le bon sens qui le distingua toujours, Jean-
Baptiste sut mettre à profit tout ce que l'*École parois-
siale* présentait de bon ; mais il ne recula point devant
les innovations qui lui parurent nécessaires. Au lieu
d'enseigner aux enfants la lecture dans des livres
latins, il leur donna résolument des livres français ;
un tel acte, qui nous paraît simple aujourd'hui, était
fort hardi pour l'époque, car il battait en brèche un
usage ancien et communément adopté. Jean-Baptiste
opéra une révolution plus avantageuse encore, lors-
qu'au mode individuel il substitua le mode simul-
tané ; tandis qu'avant lui le maître d'école instrui-
sait chaque enfant séparément, ce qui réduisait for-
cément le nombre des élèves de chaque classe, il
établit que les Frères instruiraient en même temps,
et à voix haute, tout un groupe d'enfants, ce qui
permettait à un même maître de diriger avec avan-
tage une classe nombreuse.

De ces directions pédagogiques sortit la *Conduite
des écoles,* livre d'un rare mérite, écrit par le fon-
dateur des Frères, mais composé par la mise en
commun de toutes les expériences de ses disciples.
Le Saint ne le fit point imprimer de son vivant :
les Frères en prenaient seulement, durant le novi-
ciat, des copies qu'ils emportaient en fondation.
La première édition fut faite l'année qui suivit sa
mort.

Outre ce directoire des maîtres, il composa des
classiques pour les élèves. Pour les plus petits, il
ne dédaigna point d'éditer un abécédaire, tandis

que, pour les plus âgés, il écrivait deux livres de grande valeur : *Les Règles de la bienséance* et *Les Devoirs du chrétien*. Le premier est un excellent traité de politesse, où les règles de la bonne tenue et les vertus qui font l'honnête homme sont enseignées avec autant d'esprit que de piété ; le second est une théologie abrégée, où les vérités de la foi et les obligations de la vie chrétienne sont exposées avec netteté : livre admirable, où des milliers d'enfants ont appris leur religion en s'exerçant à la lecture.

Ces travaux n'absorbaient pas tellement le Saint, qu'il ne pût vaquer aussi à des œuvres de zèle. Il aimait à recevoir dans sa maison les ecclésiastiques qui souhaitaient de faire, sous sa direction, les exercices de la retraite spirituelle ; il les mettait au régime commun, sauf qu'il leur faisait servir un peu de vin ; mais cette pauvreté même les disposait mieux à subir en leurs âmes les saintes influences de la grâce. Parfois d'illustres visiteurs venaient s'entretenir avec lui : entre autres, il voyait souvent l'évêque de Chartres, Paul Godet des Marais, qui demeurait fidèle à une vieille intimité de séminaire ; M. Baühin, prêtre de Saint-Sulpice, auquel il s'était étroitement lié au séminaire, avec lequel il sympathisait par un même amour de l'oraison et de la pénitence, et qu'il avait pris pour directeur depuis son arrivée à Vaugirard ; le comte de Charmel, gentilhomme qui, touché de la grâce, avait rompu avec les plaisirs de la cour et menait, près de la maison des Frères, une vie très pénitente.

A plusieurs reprises, des jeunes gens incorrigibles furent amenés au Saint. Par la séduction de sa dou-

cœur et de sa bonté, il les gagnait et ouvrait leur
cœur ; sa patience ne se lassait ni de leurs indoci-
lités ni de leurs fautes : à la longue, l'esprit de Dieu
qui agissait en lui s'emparait de leurs âmes, et ils
échappaient rarement à son action. C'est ainsi que
des pécheurs endurcis, pour qui sa maison avait
d'abord été comme une prison, se réjouirent d'y
avoir trouvé un sanctuaire béni où la grâce de la
conversion les avait attirés.

Tant de vertus et tant d'œuvres apostoliques ne
pouvaient rester ignorées de l'archevêque de Paris.
Mgr de Noailles ne les apprécia pas moins que
Mgr de Harlai, et lorsqu'il devint archevêque de
Paris, en 1695, il renouvela l'approbation et les pri-
vilèges que Jean-Baptiste de la Salle avait reçus de
son prédécesseur. Il le combla même de nouvelles
faveurs. Car ayant jeté l'interdit, en 1697, sur toutes
les chapelles privées de son diocèse, à cause du
détriment notable qu'en souffraient les églises parois-
siales, il permit au Saint d'ériger un oratoire dans
son noviciat. Jean-Baptiste saisit avec bonheur cette
occasion de faire entrer sous son humble toit Dieu
présent dans l'Eucharistie, et, en dépit de sa pau-
vreté, il mit tout en œuvre pour lui préparer un
sanctuaire digne de lui. Dès lors, les novices n'as-
sistèrent plus à la sainte messe que dans leur enclos
solitaire, sauf le premier jeudi de chaque mois que,
par déférence pour le curé, leur supérieur les con-
duisait à l'église paroissiale de Vaugirard. L'instal-
lation de cette chapelle intérieure fut très provisoire,
car il était déjà question de ramener à Paris la com-
munauté.

En quittant le village où ils avaient tant prié et

où ils s'étaient si vaillamment mortifiés, les fervents religieux emportèrent de leur séjour en ce pieux désert le plus vivant souvenir; ils gardèrent surtout la vigoureuse trempe d'âme qu'ils y avaient reçue. Si, pendant sept années, l'Institut y parut stationnaire et infécond, il se fortifia au dedans, et il s'y prépara à l'heureuse diffusion qui va commencer et aux furieuses tempêtes qui ne tarderont pas à l'assaillir. Vaugirard fut le Manrèze, ou le lieu du recueillement et de la croissance intérieure, de l'Institut des Frères des Écoles chrétiennes.

CHAPITRE VI

DÉVELOPPEMENT ET CONTRADICTIONS

1698-1705

ENTRÉE A LA GRAND'MAISON — ŒUVRES QUI S'Y ORGANISENT

1698

La famille religieuse de Jean-Baptiste de la Salle n'avait cessé de croître depuis 1691 ; elle comptait, en 1698, plus de soixante membres. Le toit modeste de Vaugirard ne suffisait plus pour abriter tant de monde à la fois, et, plutôt que de renoncer à la précieuse pratique des retraites communes, le vigilant supérieur avait résolu de chercher une maison plus vaste. Au risque de se priver en partie du bon air de la campagne, il voulait, pour la commodité des Frères, rentrer dans Paris, habiter sur la paroisse même de Saint-Sulpice, où, d'ailleurs, le nouveau curé l'appelait.

Depuis deux ans, M. Baudrand, frappé de paralysie, avait résigné sa cure à un homme de grande piété et de solide vertu, M. de la Chétardye. Celui-ci, jusqu'alors occupé dans les séminaires de province, ne connaissait ni les Frères ni leur saint fondateur. Mais à peine eut-il connu l'œuvre des Écoles chrétiennes, qu'il conçut pour elle les plus vives sympathies et lui donna des marques du plus généreux dévouement. Jusqu'à la fin, il aima les Écoles et les maîtres qui les dirigeaient ; s'il eut avec leur supérieur des démêlés regrettables que nous aurons à raconter, il garda pour sa personne la vénération que, dès le premier abord, son éclatante sainteté lui avait inspirée. Dans une visite qu'il fit à Vaugirard, il persuada à M. de la Salle qu'une maison si étroite et si délabrée ne répondait plus aux besoins des Frères ; d'autre part, il était heureux de ramener sur sa paroisse une communauté si fervente, **dont** la vertu rayonnait comme d'un chaud foyer de vie chrétienne.

Il y avait sur la route de Vaugirard, près de la barrière des Carmes, entre le Luxembourg et la campagne, un vaste enclos avec bâtiments spacieux et grands jardins : on l'appelait Notre-Dame des Dix-Vertus. Les Annonciades de Saint-Nicolas de Lorraine y avaient habité. Le propriétaire se montrait peu exigeant, parce que des bruits étranges, qui circulaient parmi le peuple et disaient la maison hantée, en éloignaient les locataires. Grâce à la générosité de M. de la Chétardye et d'une insigne bienfaitrice, Mme des Voisins, Jean-Baptiste de la Salle loua l'enclos pour seize cents livres et y transféra son noviciat le 18 avril 1698.

Le pauvre mobilier de Vaugirard parut si misérable et si au-dessous du strict nécessaire, que

Mme des Voisins donna sept mille livres pour les premières exigences de l'aménagement. Le Saint commença par meubler et orner dignement la maison de Dieu. Comme l'ancienne chapelle des Annonciades était trop petite, il l'agrandit en y faisant construire un chœur. Il invita l'évêque de Chartres, son ami, à la bénir, et il la dédia au martyr saint Cassien. Ce n'était pas sans raison qu'il abritait sa communauté sous le patronage d'un confesseur de la foi qui, maître d'école, avait été martyrisé par ses propres élèves.

Il eut grand soin que les commodités de la nouvelle demeure ne fissent pas échec à la vertu de ses chers disciples : c'est pourquoi rien ne fut changé au règlement de Vaugirard. A Notre-Dame des Dix-Vertus, qu'on dénomma la Grand'Maison, on observa le même silence, on se livra aux mêmes exercices de piété et de mortification, et la table ne fut pas moins frugale. Ce régime austère maintint la ferveur dans l'Institut et mérita le succès de ses œuvres.

Par la bénédiction divine, la Grand'Maison devint si florissante, que le sage supérieur vit que l'heure était venue de diviser les différents services de la communauté et de les confier à autant de Frères propres à les bien diriger : dès lors, il cessa d'être presque seul chargé de toute l'administration de l'Institut. Le frère Jean-Henry fut mis à la tête du noviciat, et y donna jusqu'à sa mort, arrivée dès l'année suivante, l'exemple d'une vie très fervente. Un procureur, le frère Thomas, fut chargé des affaires temporelles, pour lesquelles il avait une particulière aptitude. Le frère Jean-Chrysostome eut le soin des malades, et il exerça pieusement cette fonction d'infirmier, jusqu'à ce qu'il tombât, en 1705, victime de l'épidémie qui décimait les Frères de Chartres. Le frère Jean, l'un des plus anciens de l'Institut, reçut la mission de former les jeunes maîtres par des leçons pédagogiques, et de surveiller leurs débuts par l'inspection des classes.

Ainsi déchargé d'une partie de ses occupations, Jean-Baptiste de la Salle put tourner sa sollicitude vers d'autres œuvres qui appelaient son zèle et devaient concourir au développement de son Institut. Sans parler des retraites des Frères, des visites dans ses communautés de province, des conseils prodigués aux ecclésiastiques ou aux pécheurs que la grâce lui amenait, il se prêta, avec une complaisance tout apostolique, à deux créations que le curé de Saint-Sulpice lui proposait.

Dès l'année 1698, il ouvrit la Grand'Maison à cinquante jeunes Irlandais, exilés pour leur foi, que leurs familles désiraient faire instruire et rendre capables d'exercer un emploi. Lorsque le roi d'Angleterre, Jacques II, que Guillaume d'Orange avait supplanté en 1688, voulut faire donner à ces jeunes gens une éducation à la fois chrétienne et distinguée, l'archevêque de Paris et le curé de Saint-Sulpice se concertèrent pour lui indiquer la maison de Jean-Baptiste de la Salle. Celui-ci les reçut avec tant de bonne grâce et travailla si activement à leur formation, que peu de mois après, dans une visite que fit Jacques II à la Grand'Maison, il en reçut les témoignages les plus flatteurs de satisfaction et de reconnaissance. Ce pensionnat des jeunes Irlandais, le premier qu'ait dirigé l'Institut, ne dura pas longtemps ; car les élèves confiés aux Frères furent bientôt en état de remplir les fonctions diverses qui leur étaient destinées.

Bien plus nouvelle, pour l'époque, fut la création de l'école dominicale. Très soucieux d'atteindre toutes les âmes de sa paroisse, le curé de Saint-Sulpice avait entrepris de réunir, chaque dimanche, les jeunes ouvriers et apprentis que le travail de l'atelier tenait occupés tout le reste de la semaine. Ce fut à Jean-Baptiste de la Salle qu'il s'adressa pour ouvrir et diriger ce premier patronage. Le Saint, qui ne se refusait à aucune œuvre de zèle, ouvrit aux jeunes gens sa maison, et, en 1699, « un jour de dimanche, à midi, dans l'enclos du noviciat, une Académie chrétienne fut inaugurée pour tous les garçons qui ne dépassaient pas l'âge de vingt ans. » Cette institution eut un plein succès, car on y compta bientôt jusqu'à deux cents écoliers. Les divertissements profanes n'étaient point le but de ces réunions dominicales ; l'étude et la piété en étaient le principal attrait. On y apprenait aux moins avancés la lecture, l'écriture, le calcul et l'orthographe, comme dans les petites écoles ; aux plus capables, on enseignait la géométrie, l'architecture et le dessin, vrai programme de l'enseignement primaire supérieur. Après deux ou trois heures de travail intellectuel, les jeunes ouvriers recevaient une leçon de catéchisme ; puis un Frère clôturait chaque séance par une courte « exhortation spirituelle ». Aussi longtemps qu'elle dura, — cinq ou six ans environ, — l'école dominicale opéra dans les jeunes gens qui la fréquentèrent une heureuse transformation morale.

EXTENSION DE L'ŒUVRE DES ÉCOLES A PARIS —
SÉMINAIRE DES MAITRES POUR LA CAMPAGNE A SAINT-HIPPOLYTE
1698-1699

Tout en se prêtant à ces travaux, qu'il ne considérait point comme étrangers à sa vocation, Jean-Baptiste ne perdait point de vue l'objet capital de sa mission, l'œuvre des écoles gratuites pour le peuple. Aussi allait-il accueillir avec joie, maintenant que le personnel de l'Institut s'était accru, toutes les propositions qui lui seraient faites de ce côté.

La première lui vint de M. de la Chétardye. Le curé de Saint-Sulpice avait déjà deux écoles charitables sur son immense paroisse, l'une rue Princesse, l'autre au Pont-Royal ; mais les pauvres du quartier des Incurables étaient privés de maîtres. C'est pour eux qu'une troisième école gratuite fut ouverte rue Saint-Placide, dès l'année 1697. Le succès en fut si rapide qu'elle comptait, l'année suivante, cinq classes remplies de quatre cents enfants. Un jour que M. de la Chétardye visitait ces classes, en compagnie de Mme des Voisins, il ne put contenir sa joie à la vue de cette troupe d'enfants, et, s'adressant au saint fondateur, il s'écria : « Ah ! monsieur, quelle œuvre ! Où serait maintenant cette foule d'enfants, si elle n'était pas ici réunie ? On les verrait courir les rues, se battre et faire à leurs dépens le funeste apprentissage du mal et du péché. » Il interrogea ensuite les enfants sur les mystères de la religion, et il fut si charmé de leurs réponses, qu'il embrassa les Frères pour leur en témoigner toute sa satisfaction. Mme des Voisins ne fut pas moins touchée des heureux résultats de ces écoles charitables, et plus d'une fois, dans la suite, ses sympathies s'exprimèrent par d'abondantes libéralités.

Deux autres écoles furent créées sur la paroisse Saint-Sulpice : l'une à la Grand'Maison, l'autre près de la porte Saint-Michel, rue des Fossés-de-Monsieur-le-Prince. La première ne compta que peu d'élèves, parce que le quartier des Carmes n'était pas populeux ; mais elle servait d'école d'application pour les jeunes maîtres du noviciat, que le frère Jean préparait aux exercices scolaires. La seconde, au contraire, reçut tant d'élèves qu'il fallut y préposer quatre Frères ; mais elle ne subsista que peu d'années, soit que les bienfaiteurs eussent fait défaut, soit que M. de la Chétardye l'eût sacrifiée durant l'orage soulevé, quelques années plus tard, par la jalousie des maîtres écrivains.

Les fruits de grâce produits dans les écoles de Saint-Sulpice étaient trop abondants pour n'être pas remarqués. Michel Lebreton, curé de Saint-Hippolyte, au faubourg Saint-Marcel, voulut procurer à sa paroisse le même bienfait et fit appel au dévouement de Jean-Baptiste de la Salle. Deux Frères, parmi lesquels était Nicolas Vuyart, y ouvrirent une école gratuite, « pour enseigner le catéchisme, à lire et à écrire aux pauvres jeunes gens de la paroisse. »

Mais cette école ne fut bientôt plus qu'une annexe d'une institution plus importante, un nouveau séminaire de maîtres pour la campagne. Le séminaire fondé à Reims avait fourni à la Champagne des instituteurs de villages si chrétiens, que, depuis son arrivée à Paris, le supérieur des Frères nourrissait l'espoir de le rétablir. Fidèle à ses premières idées, il ne consentait pas à placer un Frère seul à la campagne, de sorte que son Institut n'était destiné qu'aux villes et aux bourgs importants. Il sentait bien que, pour compléter son œuvre de l'éducation des pauvres, il fallait aussi préparer des maîtres laïques pour les villages. A cette époque, aucune école normale d'instituteurs n'existait : n'était-ce pas entrer dans les vues de la Providence que d'y travailler ?

C'est pourquoi, trouvant dans le curé de Saint-Hippolyte une âme large et capable de grands desseins, il lui proposa de favoriser la création d'un séminaire pour les maîtres laïques. Les circonstances se prêtèrent si promptement à l'exécution de ce projet, que l'école des maîtres s'ouvrit, rue de l'Ourcine, à côté de l'école charitable des enfants pauvres. Des jeunes gens pieux et intelligents, venus de la campagne, peuplèrent bientôt la maison. Ils étaient vêtus en séculiers. Logés, nourris et instruits gratuitement, ils n'avaient qu'à faire acte de bonne volonté. De quatre heures et demie du matin à neuf heures du soir, le temps se partageait entre la piété, l'étude et la récréation. La piété tenait une grande place dans leur vie, et, par la pratique de l'oraison et de l'examen de conscience, ils s'exerçaient aux fortes vertus chrétiennes. Le programme de leurs études comprenait le catéchisme, la lecture et l'écriture, l'arithmétique, le système des poids et mesures, enfin le plain-chant. Le plain-chant avait pour eux d'autant plus d'importance, que, partout, les instituteurs de campagne tenaient alors le lutrin de leur paroisse.

Ce séminaire de maîtres fut confié, aussi bien que l'école des enfants, au frère Nicolas Vuyart, celui qui, en 1691, avait fait vœu, avec Gabriel Drolin, « de demander l'aumône et de vivre de pain seulement, » plutôt que d'abandonner l'œuvre des écoles. Il était fidèle alors, et son supérieur s'appuyait justement sur lui. Sous sa direction, l'école normale prospéra et procura, même à d'autres écoles de Paris, d'excellents instituteurs laïques. C'est le témoignage que rendit, de cette maison, le curé de Saint-Nicolas du Chardonnet, lorsqu'il écrivit, en 1719, au sujet de Jean-Baptiste de la Salle : « Pour moi et toute ma patrie, nous lui aurons des obligations éternelles. Il a eu la charité de m'élever, au faubourg Saint-Marcel, quatre jeunes hommes pour les écoles, qui sont sortis de chez lui si bien formez et si zélez, que s'ils avaient trouvé dans les ecclésiastiques du païs de quoi cultiver les bonnes dispositions où il les avait mis, ils auraient établi une communauté des plus utiles pour la province. »

FONDATIONS D'ÉCOLES HORS PARIS : CHARTRES, CALAIS, ROME, TROYES, AVIGNON

1699-1703

La province ne se contentait point des maîtres laïques élevés à Saint-Hippolyte ; elle réclamait aussi des Frères, qu'elle enviait à Paris et à la Champagne. Grâce aux nombreuses recrues dont l'Institut s'était enrichi à Vaugirard, l'œuvre des Écoles chrétiennes et gratuites entra dans un mouvement de large expansion.

La première demande à laquelle fit droit le fondateur fut celle de l'évêque de Chartres. Paul Godet des Marais, pressé par les curés de sa ville épiscopale de créer des écoles pour les pauvres, faisait, depuis cinq ans, de très vives instances pour avoir des Frères, lorsque son ami, Jean-Baptiste de la Salle, lui envoya des maîtres pour tenir six classes gratuites de garçons. Ouvertes le 12 octobre 1699, sur la paroisse Saint-Hilaire et sur la paroisse Saint-Michel, les classes regorgèrent bientôt d'enfants.

Les sympathies de l'évêque ne manquèrent point aux nouvelles écoles. Le pieux prélat se plaisait à les visiter ; sa douceur charmait les enfants, sa paternelle affection encourageait les Frères. Peut-être s'autorisa-t-il de son amitié envers Jean-Baptiste de la Salle pour entrer un peu trop avant dans la direction des maîtres et même dans le gouvernement de l'Institut. Plusieurs Frères étant tombés malades d'épuisement, la charité poussa l'évêque à les venir consoler dans leur maison ; il les invita à relâcher quelque chose de l'austérité de leur règle, leur enleva les livres spirituels et les instruments de pénitence dont leur ferveur pouvait faire un usage indiscret ; mais, dit le biographe, « leur fidélité à remplir leurs obligations l'emporta sur ses remontrances, et tout ce qu'il put faire fut de leur fournir abondamment les secours dont ils avaient besoin dans leurs infirmités. »

Dans cette ferme attitude, les Frères ne faisaient d'ailleurs que suivre l'exemple de leur père ; car Jean-Baptiste de la Salle, quelque déférence qu'il eût pour l'évêque de Chartres, ne consentit jamais à entamer, pour lui plaire, les règles de l'Institut. C'est ce qui parut clairement dans une visite qu'il fit à Chartres en 1702. L'évêque se fit l'écho de plaintes maintes fois formulées contre la sévérité des règles imposées à des religieux maîtres d'écoles ; le saint instituteur baissa la tête sous les critiques dont il était l'objet, mais, devant sa conscience et devant Dieu, il ne crut pas devoir changer le régime de sa Congrégation, parce qu'il était justement persuadé que les règles austères font prospérer et durer les Ordres qui les professent.

Même sur les points d'importance secondaire, le fondateur savait maintenir l'observation de la discipline. L'évêque aurait voulu disperser les Frères, chaque dimanche, dans les diverses églises de la ville, afin que leur bonne tenue portât dans toutes les paroisses l'édification et l'esprit de piété. Tout louable que fût ce dessein, Jean-Baptiste de la Salle n'y acquiesça point, alléguant que la place des Frères, à l'église, était près de leurs écoliers, pour les surveiller et leur inspirer la religion qui convient aux divins offices.

Cette noble indépendance à l'égard d'un bienfaiteur et d'un ami ne s'affirma pas moins sur la question des méthodes scolaires. Godet des Marais n'admettait pas qu'on apprît aux enfants la lecture du français avant la lecture du latin, et il pria Jean-Baptiste de la Salle de revenir, du moins dans les écoles de Chartres, à la méthode traditionnelle qui faisait débuter par le latin. Jean-Baptiste, instruit par une pratique de vingt années, voyait trop d'inconvénient à cette routine pour lui sacrifier sa méthode. Aussi rédigea-t-il un Mémoire où, dans un langage plein de sens, il démontre : 1º qu'il est plus facile d'apprendre la lecture en commençant par le français, que les enfants comprennent ; 2º qu'il est plus avantageux aux enfants pauvres, qui passent peu de temps aux écoles et auxquels le latin ne sera jamais d'aucun usage, d'apprendre à lire promptement leur langue maternelle. L'évêque de Chartres dut se rendre aux sages raisons de l'heureux novateur.

Gardien tenace de ses règles, le Saint livra volontiers sa personne à la critique de ses amis et de ses hôtes. Sa mise parut trop simple et trop grossière ; on s'égaya de son habit singulier, de ses souliers épais et de son chapeau à larges bords ; son manteau, vieux et usé, lui fut dérobé par surprise et remplacé par un neuf. L'humble prêtre acceptait tout avec bonne grâce, tant il s'oubliait lui-même pour sauvegarder l'œuvre de Dieu.

L'établissement des écoles de Calais suivit de près la fondation des écoles de Chartres. Vers la fin de 1699, un jeune ecclésiastique de Calais, étudiant de théologie au séminaire des Bons-Enfants, M. Ponthon, ayant aperçu les écoliers de Saint-Sulpice, silencieux et bien rangés, traverser les rues sous la conduite des Frères, conçut le projet de procurer à son pays une si salutaire institution. Il en écrivit à son oncle, vieillard vénérable, curé doyen de Calais, et le conjura d'appeler dans sa paroisse ces éducateurs habiles, qui avaient eu le talent de transformer la jeunesse turbulente d'un faubourg de Paris. Le vieux curé de Calais s'éprit d'un vif désir d'avoir des Frères, et, grâce au concours des magistrats civils et du gouverneur du Boulonais, il eut la joie d'installer deux Frères, le 19 juillet 1700, dans des classes remplies d'enfants pauvres. Cinq ans plus tard, une seconde école de Frères s'ouvrait à Calais pour les fils de matelots.

De nombreux amis se déclarèrent protecteurs zélés de ces écoles. Entre tous se distingua M. Gense, laïque vertueux, que son humilité seule tenait éloigné du sacerdoce, mais que son ardeur à combattre les huguenots plaçait au rang des apôtres les plus intrépides. Sa plus grande joie était de venir prendre quelque repos à la maison des Frères, et alors, de sa parole chaude et entraînante, il aimait à encourager les humbles maîtres : « Vous êtes, leur disait-il, comme ces glaneurs qui courent, sur les pas des moissonneurs, ramasser çà et là les épis négligés et foulés aux pieds... Si vous ne montez ni à l'autel ni en chaire, si vous n'entrez ni dans le tribunal de la pénitence ni dans le baptistère, si vos fonctions ne vous mettent pas l'encensoir à la main, pour offrir dans le temple de l'encens au Très-Haut, au moins avez-vous l'honneur de lui préparer des temples vivants et de travailler à la sanctification de la jeunesse la plus délaissée. Si votre ministère est le moins brillant, il est aussi le moins exposé. S'il y en a dans l'Église de plus honorables, il n'y en a guère de plus utiles. »

En même temps qu'il envoyait des Frères à Calais, Jean-Baptiste de la Salle confiait à son plus cher disciple, Gabriel Drolin, la mission de fonder à Rome un établissement. Cette création d'école, au centre de la catholicité, sous les yeux du Vicaire de Jésus-Christ, répondait aux vœux ardents des Frères et de leur supérieur. Le Saint voyait tout à la fois, dans cette démarche, le moyen de fonder son œuvre sur la pierre inébranlable de l'Église, d'exprimer son attachement d'esprit et de cœur à la foi romaine, enfin d'obtenir, le jour où il plairait à Dieu, l'approbation des règles de l'Institut avec l'autorisation de faire les trois vœux de religion.

Le frère Gabriel Drolin, accompagné d'un Frère inconstant qui le laissa bientôt seul, partit vers le mois de juin 1700, pauvre, inexpérimenté, mais le cœur plein d'espérance. Cinq années se passèrent avant qu'il pût ouvrir une école gratuite pour de pauvres garçons : seul Frère dans une ville où il était, comme étranger, objet de suspicion, obligé de demander l'abri et la nourriture à une famille française dont il élevait les enfants, souvent dénoncé à son supérieur comme infidèle à ses règles, quoiqu'il demeurât bien dans l'esprit de son Institut, le frère Gabriel préparait dans l'humiliation et les larmes les succès que sa Congrégation devait avoir dans Rome. Ce fut en 1710 seulement qu'il obtint une « école du Pape » ; jusqu'alors il avait dû cacher son nom, et même recourir à des intermédiaires pour communiquer avec son supérieur. Celui-ci, qui de loin suivait avec sollicitude les travaux du frère Gabriel, lui envoyait parfois des mots réconfortants et pleins de cœur, comme le suivant : « Je vous asseure que j'ay bien de la tendresse et de l'affection pour vous, et que je prie souvent Dieu pour vous. » Si le frère Gabriel n'eut point la joie de revoir son bien-aimé père, il eut du moins la consolation de concourir à l'obtention des Bulles, qui furent délivrées le 26 janvier 1725. Plus heureux que Nicolas Vuyart, dont nous verrons bientôt la chute, il demeura fidèle jusqu'au bout, et, revenu en France en 1728, il fit sa profession religieuse à Avignon, entre les mains du frère Timothée. Sympathique physionomie que celle du bon frère Gabriel : sa douce mémoire est justement honorée et bénie dans l'Institut.

Huit mois après le départ du frère Gabriel pour Rome, Jean-Baptiste de la Salle signait un contrat, par lequel il s'engageait à donner des Frères pour l'école Saint-Nizier de Troyes. Certes la rente n'était pas élevée, puisqu'elle atteignait à peine deux cent soixante livres pour deux Frères ; mais le Saint acceptait ces conditions, « de peur, dit son biographe, de manquer d'instruire les pauvres d'une grande ville, par trop d'égard à un vil intérêt : pourvu que ses Frères eussent le nécessaire, il était content. »

Vers la même époque, une lettre du Midi l'invita à prendre possession d'une école gratuite à Avignon. C'était le seigneur de Château-Blanc, trésorier du Pape dans le Comtat-Venaissin, qui faisait appel à son zèle pour instruire les pauvres. Notre Saint accueillit avec empressement cette proposition : il aimerait à travailler sur une terre du Pontife romain ; Avignon lui servirait d'entrée dans les provinces du Midi. Trois Frères y furent envoyés et prirent possession d'une première école en 1703. Les nouveaux maîtres gagnèrent promptement la confiance du peuple et les sympathies des notables de la ville ; aussi, en peu de temps, les classes furent trop étroites pour contenir les élèves, et, dès le mois de mars 1705, le seigneur de Château-Blanc acquit, pour les Frères, une maison assez ample pour abriter vingt personnes.

L'établissement d'Avignon devint bientôt comme un second centre pour l'Institut. De là, l'œuvre des écoles rayonnera sur les provinces voisines ; là viendront les Frères du Midi pour tenir leur assemblées et renouveler leurs vœux. C'est par Avignon que le Saint fera parvenir à Rome ses lettres et des secours d'argent ; c'est à Avignon qu'il fera approuver et imprimer ses livres, de là qu'on les répandra dans les écoles. Lorsqu'il fera ses visites dans la Provence et le Languedoc, Avignon sera comme son lieu de retraite après ses courses apostoliques.

Mais n'anticipons pas sur l'avenir, et, puisque le Saint doit acheter par la souffrance tous ses succès, revenons en arrière pour assister au début de ses grandes épreuves.

JEAN-BAPTISTE DE LA SALLE
EST CALOMNIÉ PRÈS DE L'ARCHEVÊQUE DE PARIS,
ET DÉPOSÉ DE LA SUPÉRIORITÉ

1702

Durant les quarante années qu'il consacra à l'œuvre des écoles gratuites, Jean-Baptiste de la Salle eut constamment à souffrir ; une création de cette importance ne pouvait se faire sans contradictions, sans déceptions. Mais, à partir de 1702, les difficultés s'aggravent, une puissante opposition se déclare contre lui, et même les trahisons commencent; le Saint entre dans une voie douloureuse d'où il ne sortira plus. S'il est vrai que les grandes entreprises religieuses se fondent sur la Croix, l'Institut des Frères repose sur une base solide.

Les premières difficultés naquirent d'un différend avec M. de la Chétardye.

Le curé de Saint-Sulpice, homme d'une profonde piété, austère et dur à lui-même, n'approuvait pas la sévérité des règles de l'Institut. A plusieurs reprises, il avait prié le fondateur d'adoucir le régime des Frères et des novices, de modérer l'ardeur, parfois imprudente, du supérieur des novices et du directeur des écoles. Jean-Baptiste de la Salle, toujours humble et déférent dans les choses permises, se montrait très courageux pour défendre les règles de l'Institut, tant la stabilité des règlements lui paraissait nécessaire à la solidité de l'œuvre. Sa fermeté fut prise pour de l'entêtement, et les imprudences de ses subordonnés lui furent imputées. De là à le considérer comme incapable de gouverner sa communauté, il n'y avait qu'un pas : le pas fut franchi.

Deux actes indiscrets firent éclater l'orage. De jeunes Frères, ayant été frappés un peu durement, l'un par le frère Michel, maître des novices, l'autre par le frère Ponce, directeur des écoles de la rue Princesse, allèrent se plaindre au curé de Saint-Sulpice. Si Jean-Baptiste avait été présent, sa douceur eût calmé les colères, et rien n'aurait transpiré de ces regrettables oublis; mais il était alors en visite d'école à Chartres. M. de la Chétardye accueillit les plaintes des deux mécontents, d'autant plus qu'elles venaient confirmer l'idée qu'il se faisait déjà des sévérités outrées de la maison, et de l'impuissance où était le supérieur d'en arrêter le cours. Peut-être le désir qu'il avait de tenir sous son autorité tous les maîtres des écoles de sa paroisse ne fut-il pas sans influence sur la détermination qu'il prit alors.

Il rédigea, à propos des faits incriminés, un Mémoire sur la conduite générale de la Communauté des Frères, et le remit entre les mains de l'archevêque. Celui-ci chargea M. Pirot, vicaire général, de faire une enquête à la Grand'Maison. Et quelques jours après Jean-Baptiste de la Salle, étant allé rendre ses devoirs au cardinal de Noailles, entendit cette foudroyante parole : « Monsieur, vous n'êtes plus supérieur, j'ai pourvu votre Communauté d'un autre. » Certes le coup était humiliant autant qu'inattendu, et il restait à notre Saint assez de fierté pour sentir l'affront. Mais si la nature n'était pas morte en lui, elle était du moins domptée. Aussi baissa-t-il la tête sous l'arrêt qui le frappait ; il ne se plaignit point ; il ne demanda aucun éclaircissement ; il n'essaya aucune justification de sa conduite ; il ressentit plutôt la joie de la délivrance. Depuis seize ans, il faisait d'inutiles efforts pour se décharger de la supériorité ; la Providence venait de servir, par l'autorité légitime, les aspirations de son humilité. Loin de se plaindre, il n'eut d'autre souci que de préparer les Frères à recevoir le nouveau supérieur que l'archevêque leur destinait. Pour raconter les scènes déchirantes qui se passèrent alors à la Grand'Maison, nous donnerons la parole au curé de Villiers-le-Bel, qui en fit un récit très ému dans une lettre adressée à M. Guiart, curé de Saint-Pierre de Laon.

« Dans une seconde visite, dit-il, M. Pirot leur a présenté, de la part de Son Éminence, M. l'abbé Briçot, pour être leur supérieur temporel. Sur ce mot de supérieur, la plupart des Frères se sont écriés qu'ils ne reconnaissaient d'autres supérieurs que Son Éminence et M. de la Salle. Monsieur le grand vicaire leur dit qu'il fallait obéir à Son Éminence, et, leur montrant l'acte signé de Monseigneur le cardinal, que s'ils refusaient d'y obéir, ils seraient punis comme des rebelles. Les Frères lui répliquèrent qu'ils honoraient beaucoup Son Éminence, mais qu'ils ne pouvaient se résoudre à accepter d'autre supérieur que M. de la Salle, qu'ils aimaient mieux mourir que d'avoir d'autre supérieur que luy, qu'ils étaient disposés à aller en prison et hors du royaume, où il plairait à Son Éminence de les reléguer, et même à la mort.

« Monsieur le grand vicaire essayait de les apaiser et de leur faire changer de résolution, en leur représentant les bonnes calitées (sic) tant intérieures qu'extérieures de ce nouveau supérieur; mais les Frères répondaient que M. de la Salle n'avait pas seulement toutes ces calitées, mais encore beaucoup d'autres plus excellentes. Et commencèrent à en faire le dénombrement et dire entre autres qu'il était doux et bénin aux autres, mais dur et sévère à luy-même; qu'il ne leur commandait ny ordonnait rien qu'il n'eust fait et ne fît luy-même, et qu'on ne leur en pourrait donner aucuns qui pussent l'égaler, tant dans la conduite à gouverner, que dans toutes ses excellentes vertus et calitées.

« Pendant que lesdits Frères faisaient ces réponses, M. de la Salle était là présent, qui les priait avec instance à deux genoux, la larme à l'œil et les mains jointes, de se soumettre aux ordres de Monseigneur, qui leur estaient signifiés par monsieur le grand vicaire ; mais ils lui répondirent qu'ils lui obéiraient en toutes autres choses, mais que pour cet article ils ne le pouvaient faire et ne le feraient pas. Monsieur le grand vicaire, voyant qu'il ne pouvait rien gagner sur leur esprit, et qu'il ne les pouvait faire obéir aux ordres de Monseigneur le cardinal, ny par ses raisons, ny par les instances que leur en faisait M. de la Salle, mais qu'au contraire il les irritait davantage et les animait de plus en plus dans leur résolution, sortit avec M. l'abbé Bricot, le nouveau supérieur prétendu, tout couvert de honte et de confusion, non seulement de l'assemblée desdits Frères, mais aussy de leur maison. M. de la Salle les reconduisit les larmes aux yeux de voir la désobéissance et l'opiniâtreté de ses Frères (si l'on peut bien nommer ainsy leur zèle et leur affection pour M. de la Salle, leur fermeté et constance à le maintenir dans son authorité de supérieur), lui demandant pardon et lui faisant mille excuses pour eux, de ce qu'ils ne s'étaient pas voulus soumettre. Car il aurait souhaité d'être déchargé de la supériorité, et ce luy aurait été un plaisir et une satisfaction tout extraordinaire.

« Monsieur le grand vicaire ne fut pas plustost de retour, qu'il publia et loua le zèle et l'affection que les Frères avaient témoigné avoir pour M. de la Salle, disant à Monseigneur : « Si toutes « les personnes de communautez, les religieux et

« religieuses, étaient aussi unis et affectionnés à
« leurs supérieurs que le sont les Frères pour M. de
« la Salle, on ne verrait pas tant de désordre à
« Paris. » Et ensuite lui fit le récit de tout ce qui
s'était passé, et que lesdits Frères n'avaient voulu
entendre aucune raison touchant l'acte de réception
de ce nouveau supérieur.

« Ce qui le fâcha si fort que, sur l'heure même,
il envoya au palais pour voir quel remède on pou-
vait apporter à cette affaire, et punir les Frères du
peu de soumission qu'ils avaient à ses ordres.

« Quelque temps après, monsieur le grand vicaire
vint dire à M. de la Salle que s'il ne faisait obéir
ses Frères aux ordres de Monseigneur, qu'il avait
ordre de Monseigneur de luy signifier son exil.
M. de la Salle fit réponse qu'il sçavait fort bien les
instances qu'il leur en avait fait, et qu'il n'y avait
pu rien gagner. Pour ce qui était de son exil, qu'il
était tout prêt d'aller où il plairait à Son Éminence
de l'envoyer; que ce qui le consolait, était qu'il
trouverait Dieu partout, et que ce serait un bonheur
pour luy de souffrir, et que, pour ce qui était du
vivre et du vêtir, il n'en pouvait avoir moins qu'il
n'avait.

« Monsieur le grand vicaire s'en retourna..., sans
exécuter ce qu'il luy avait dit, admirant son désin-
téressement et son indifférence. Les Frères, ayant
sceu ces nouvelles, se résolurent de passer tout le
jour et la nuit en prière, sans boire ny manger,
implorant les secours du Ciel dans leurs angoisses
et afflictions. Le jour d'apprès, ils se résolurent de
quitter les écolles et d'abandonner leur maison de
Paris. Comme ils travaillaient à l'exécution de leur

résolution, la nouvelle en fut portée à M. le curé de Saint-Sulpice, qui fust aussitost trouver M. de la Salle et le pria de les en détourner et d'y mettre empeschement. Dans le même temps, Monseigneur envoyait au parlement ordonner de ne point prononcer la sentence de bannissement, mais de laisser cette affaire comme elle estait.

« Depuis ce temps, on laissa un espace de temps assez considérable M. de la Salle et ses Frères en repos. Néanmoins, dans cet intervalle, il y eut plusieurs veües et entreveües de M. de la Salle et de quelques-uns de ses principaux Frères chez monsieur le grand vicaire, et de plusieurs ecclésiastiques envoyés de la part de monsieur le grand vicaire ou de M. le curé de Saint-Sulpice au logis de M. de la Salle, qui parlèrent et conférèrent avec chacun des Frères en particulier.

« Quelque huit ou dix jours apprès, qui fut le neufvième de ce mois (le 9 janvier 1703), le grand vicaire et M. l'abbé Bricot revinrent chez M. de la Salle, firent assembler les Frères, leur firent mille promesses et, entre autres, qu'on innoverait rien, qu'ils garderaient toujours leurs règles, qu'on ne leur ôterait point M. de la Salle, mais qu'il fallait obéir et recevoir ledit abbé pour supérieur, qu'ils auraient toujours la consolation d'avoir M. de la Salle, et que ledit abbé n'irait chez eux qu'une fois le mois. Ils le reçurent à ces conditions, ou du moins ils ne résistèrent pas comme la première fois ; et si le proverbe est que *celui qui se tait semble consentir*, ils ont bien consenti à l'élection de cet abbé, puisque pas un des Frères ne dit mot.

« Voilà où en sont les choses à présent, ajoute

en terminant l'auteur de la lettre. On ne croit pas qu'elles puissent durer, et on espère que cela n'aura pas de suite. On a fait un premier pas, et on veut le soutenir pendant quelque temps ; tout ce qui se peut faire est de ménager les moments favorables pour essayer de détromper Son Éminence, et pour faire valoir toutes les qualités de M. de la Salle. C'est à quoi j'ai déjà travaillé et ce que je poursuivrai dans toutes les occasions que la Providence me fera naître. Je lui dois cette justice, et au surplus, la part que vous y prenez m'engage encore à m'y porter avec plus de zèle. »

Ici se termine le touchant récit du curé de Villiers, drame poignant où nous voyons l'humilité du Saint aux prises avec l'affection invincible de ses enfants ; dans cette lutte qui honore tant les fils de Jean-Baptiste de la Salle, la victoire demeura aux Frères. M. Bricot ne fut qu'un supérieur nominal, qui, embarrassé du rôle qu'on lui avait fait jouer dans cette affaire, ne tarda pas à se retirer ; la direction réelle demeura aux mains du fondateur. Mais la tempête déchaînée ne devait pas si tôt se calmer. Il sembla même que cette crise violente avait ouvert la porte à tous les maux, tant ils parurent fondre tous à la fois sur la victime marquée de Dieu pour la souffrance.

JEAN-BAPTISTE DE LA SALLE EST ACCABLÉ DE CROIX
1703

A peine M. Bricot se fut-il retiré, qu'un autre supérieur nominal fut imposé à la Communauté. Il y fut toujours reçu avec honneur, et personne ne lui témoigna plus de respect que Jean-Baptiste. Mais c'était un homme indiscret, qui, une fois entré dans la maison, semblait n'avoir à tâche que d'y semer la discorde et d'en préparer la ruine. Insidieusement, par les plus flatteuses promesses, et par un odieux procédé de dénigrement envers la personne de Jean-Baptiste de la Salle, il travaillait à détacher les Frères de leur supérieur réel. Ses discours empoisonnés produisirent d'abord un effet contraire à celui qu'il attendait ; plus leur père était décrié, plus les Frères s'attachaient à lui. Nous ne saurions exprimer la profonde tristesse que ces menées bien connues causaient au cœur du Saint. Fatigué de ces basses intrigues, et craignant d'être un obstacle au bien dans sa propre maison, il prit le parti de remettre au Cardinal les pouvoirs de confesser qu'il en avait reçus. Par cette démission volontaire, il voulait abandonner jusqu'à l'apparence d'une supériorité qu'on lui disputait avec tant d'âpreté. Mais le Cardinal n'y voulut point consentir ; il fit savoir à Jean-Baptiste qu'il devait garder encore le gouvernement de l'Institut.

D'autres souffrances lui vinrent alors du côté des Frères ; car le mauvais levain ne pouvait manquer de fermenter en quelques âmes faibles. Certains mécontents, parmi lesquels on comptait ceux qui auraient dû se faire les remparts de l'Institut, se retirèrent dans les conditions les plus blessantes pour l'âme du supérieur, puisqu'ils essayèrent de lui faire échec dans des écoles rivales ou dans des écoles que déjà il s'était engagé à tenir. Le frère Michel lui-même, ce maître des novices dont l'ardeur inconsidérée avait naguère compromis l'Institut, abandonna son maître pour un temps ; mais bientôt, ramené par le repentir, il revint, comme l'enfant prodigue, se jeter aux pieds de son père, et répara sa faute, dans les écoles de Chartres, par deux années de travail et une courageuse mort.

Aucune défection ne jeta Jean-Baptiste dans un plus grave embarras que celle des deux Frères de l'école dominicale. Ces deux maîtres étaient particulièrement capables ; car leur supérieur n'avait épargné ni peines, ni dépenses d'argent pour les préparer à un enseignement élevé. Lorsqu'ils eurent déserté leur poste, le Saint supplia un Frère intelligent d'apprendre les mathématiques et le dessin pour soutenir l'école dominicale. Mais le Frère se déroba, alléguant pour motif que déjà deux Frères s'étaient perdus dans cette voie, et que sa conscience répugnait à mettre en péril sa vocation et son salut. La crainte qu'il avait, il eut le talent de la faire partager aux autres Frères, et tous ensemble rédigèrent un Mémoire sur les dangers des études supérieures.

Dans quelle impasse allait se trouver Jean-Baptiste ! D'un côté, il savait M. de la Chétardye très attaché, et avec raison, à l'école dominicale ; la supprimer, c'était encourir la disgrâce du curé de Saint-Sulpice. D'un autre côté, il était mis, par le refus des Frères, dans l'impossibilité de la maintenir. Pouvait-il mieux faire que d'exposer à M. de la Chétardye cette situation inextricable? Le curé le reçut froidement, et lui imputa le départ des deux maîtres et la résistance des Frères ; il l'accusa même d'avoir lui-même rédigé le Mémoire. Et comme le Saint s'en défendait, il alla, dans un mouvement d'impatience mal contenu, jusqu'à le traiter de menteur. M. de la Salle garda son calme et répondit avec respect : « C'est, monsieur, avec ce mensonge que je vais dire la sainte messe. » L'humiliation lui profita ; car un Frère compatissant, le voyant plier sous le faix de tant de croix, s'offrit à étudier les sciences et rouvrit bientôt l'école dominicale. Transportée à Charonne, vers la fin de 1703, cette institution tomba un peu plus tard, sous les coups que lui portèrent les maîtres écrivains.

Mais le Saint devait boire une coupe plus amère encore, lorsque la trahison de Nicolas Vuyart, vers 1705, entraîna la ruine du séminaire tant désiré de Saint-Hippolyte.

Nicolas Vuyart, l'un de ses deux plus chers disciples, que des engagements solennels liaient à l'Institut, trahit son maître pour de l'argent et détruisit par son infidélité l'œuvre des maîtres de campagne. Afin d'assurer cette importante fondation, le curé de Saint-Hippolyte, sentant sa fin prochaine, lui avait donné sa fortune par testament, et n'avait pas hésité à choisir Nicolas Vuyart pour héritier légal, de sorte qu'il mourut sans crainte sur l'avenir de l'œuvre.

Quelle ne fut pas la surprise de Jean-Baptiste, lorsque, après la mort du curé, étant venu pour prendre des arrangements avec le frère Vuyart, il le trouva tout changé! Quelques jours avaient suffi pour faire entrer la cupidité dans ce cœur de religieux. Aveuglé par l'avarice, Vuyart méconnut son père, renia son supérieur, et répondit avec hauteur que, ce bien lui appartenant, il saurait bien en disposer par lui-même selon les intentions du donateur. Le cœur profondément blessé, le Saint se retira, ne se plaignit à personne et ne fit aucune démarche pour le recouvrement d'un legs dont il avait un si pressant besoin. Qu'était pour lui une perte d'argent, en comparaison de la défection d'un fils si aimé et de la ruine d'une œuvre si chère! Car Nicolas Vuyart, quoi qu'il fît, n'étant plus Frère, ne put soutenir ni l'école, ni le séminaire de Saint-Hippolyte contre les attaques des maîtres écrivains. Plus tard, lorsque le remords saisit le cœur de ce pauvre égaré, le Saint, qui l'aimait toujours, lui eût ouvert les bras avec bonté, si des gens sages ne l'en eussent détourné.

Dans cette avalanche d'épreuves, le Ciel lui-même sembla se mettre de la partie, en prenant des victimes dans l'Institut. Car, durant l'épidémie de pourpre qui sévit à Chartres durant l'année 1705, cinq Frères moururent dans l'exercice de leur dévouement. Si pures que fussent les hosties de ce sacrifice, Jean-Baptiste les pleurait à la fois comme père et comme supérieur : son cœur de père était déchiré par la mort de ses enfants; le supérieur manquait d'ouvriers pour tant de chantiers ouverts.

JEAN-BAPTISTE DE LA SALLE A LA DOULEUR DE QUITTER
LA GRAND'MAISON
ET VA S'ÉTABLIR AU FAUBOURG SAINT-ANTOINE

1703-1704

Au milieu de ces grandes tribulations, Jean-Baptiste trouva un refuge dans son propre cœur, tant que, possesseur tranquille de la Grand'Maison, il eut la liberté, avec ses Frères, de se livrer en paix aux exercices consolants de la prière et de la mortification. Mais cette douce retraite ne lui fut pas longtemps laissée; il dut la quitter bientôt pour mener une vie errante et mal assurée.

Déjà les Frères l'avaient supplié d'abandonner cet enclos, afin d'échapper aux visites importunes d'un supérieur officiel qui venait chez eux semer la discorde et le mauvais esprit. Mais le Saint s'était attaché à cette maison, parce qu'elle était grande, commode, à la portée de toutes ses écoles; peut-être l'aimait-il aussi parce qu'elle avait été le théâtre de son humiliation et de ses plus cuisants chagrins. Toujours est-il qu'il souhaitait de n'en pas sortir, et qu'il avait ordonné une procession quotidienne pour obtenir la grâce de se fixer sur cette terre aimée.

Il crut un moment que ses vœux avaient été exaucés. Car, lorsque l'immeuble fut mis en vente, une somme considérable lui fut léguée par testament pour l'acquisition de la maison et l'établissement de son noviciat. Mais des manœuvres secrètes détournèrent le legs de sa destination, et la Grand'Maison passa aux mains d'un autre acquéreur. En vain Jean-Baptiste essaya-t-il d'y rester au moins comme locataire. Cette concession ne lui fut faite que pour six semaines, et, le 20 août 1703, il transporta sa communauté rue de Charonne, au faubourg Saint-Antoine.

La maison de la rue de Charonne ne pouvait être qu'un abri provisoire. Elle était assez vaste pour recevoir le noviciat et même l'école dominicale ; mais elle était incommode, n'étant pas faite pour une communauté. Comme s'il eût pressenti qu'une nouvelle persécution l'en chasserait bientôt, le Saint n'y voulut point aménager de chapelle. Avec les prêtres qui l'avaient suivi de la rue de Vaugirard, il allait dire la messe chez les Filles de la Croix, ferventes dominicaines dont le couvent s'élevait en face de sa nouvelle demeure : c'était là que, chaque matin, les novices assistaient au saint sacrifice. Les Religieuses eurent vite remarqué la piété modeste de ces jeunes gens, et l'éclat de sainteté qui rayonnait sur le front de leur supérieur. Averties de leur détresse, elle s'empressèrent de les secourir ; et le dévouement tout maternel dont elles donnèrent alors des marques si touchantes ne se démentit point ; car, dans la suite, lorsque Jean-Baptiste manquait de tout, il revenait à ses bienfaitrices en disant : « Allons à la Croix ! » Ces pieuses filles eurent à cœur de prendre ses avis sur leurs voies intérieures et de lui confier même la direction de leur conscience. Malgré la répugnance qu'il avait d'exercer un ministère étranger à son œuvre, il accepta de payer, par des soins d'ordre spirituel, les services temporels que, dans l'extrême nécessité, il recevait de cette communauté.

Au reste, son zèle se prêtait à tous les dévoue-
ments, et souvent un acte de charité, commencé
avec la plus grande simplicité, s'achevait par un trait
d'héroïsme. Un jour, il fut appelé pour confesser
à la Bastille un prêtre enfermé pour délit politique.
Ce prêtre infortuné était dans le plus lamentable
état, aussi misérable au point de vue physique
qu'abattu du côté moral : une soutane en lambeaux
couvrait mal une chemise trouée et noire de ver-
mine. Attendri jusqu'aux larmes par un spectacle
si poignant, Jean-Baptiste embrassa d'abord le
pauvre prisonnier. Puis, ayant fermé, avec une fra-
ternelle compassion, les plaies vives de cette âme
par le sacrement de pénitence, il résolut de soulager
aussi son corps. Sur-le-champ, il échangea ses habits
pour ceux du prisonnier ; et revêtu, lui si délicat, de
ces haillons pourris et de cette dégoûtante vermine,
il sortit de la prison, dérobant à tous les regards
la joie qu'il éprouvait d'avoir soulagé un membre
souffrant de Jésus-Christ.

Ces actes de charité n'enlevaient que de courts
instants à ses devoirs d'état ; car, à la rue de Cha-
ronne comme ailleurs, il réservait son temps et ses
forces pour sa communauté. Quoique la maison fût
assez éloignée du faubourg Saint-Germain, les Frères
des écoles sulpiciennes venaient, le jeudi et le di-
manche, se reposer près de lui et refaire à son con-
tact leur piété et leur esprit religieux ; il les recevait
avec la bonté d'un père, et bénissait Dieu de la fer-
veur que son Institut gardait en dépit de tous les
obstacles. Outre le noviciat et l'école dominicale, il
dut ouvrir une classe gratuite pour les enfants
pauvres du faubourg Saint-Antoine ; par une créa-

tion si conforme à sa vocation, il avait d'ailleurs l'avantage de gagner les sympathies du curé de Saint-Paul, si justement préoccupé de l'éducation chrétienne de son quartier.

Ce que le Saint goûtait par-dessus tout, au milieu de ces occupations apostoliques, c'était la solitude. A la rue de Charonne, il vivait comme dans une terre d'exil, loin des relations du monde et des vains bruits de la grande ville. Sans doute les calomnies ne cessaient de poursuivre sa mémoire, car son départ de la Grand'Maison avait provoqué les plus malignes interprétations; mais toutes ces rumeurs s'éteignaient avant d'arriver à la rue de Charonne. Pendant plusieurs mois il jouit pleinement d'un silence qui lui était cher, et il en profita pour vaquer plus que jamais à l'oraison. Mais après un temps de repos que la Providence avait ménagé à son serviteur, de nouveaux orages, préparés par les maîtres d'écoles, vinrent troubler et disperser la communauté du faubourg Saint-Antoine.

VIOLENTE PERSÉCUTION DES MAITRES D'ÉCOLES ET DES MAITRES ÉCRIVAINS
1704-1706

Dès son arrivée à Paris, Jean-Baptiste de la Salle s'était heurté à la puissante corporation des maîtres d'écoles, dont la jalousie s'armait de prétextes spécieux. En principe, les écoles gratuites ne recevaient que les enfants pauvres. Tant qu'elles furent rares dans Paris, et surtout mal dirigées, les enfants qui n'étaient pas tout à fait indigents fréquentaient les écoles payantes et en subissaient les taxes. Mais du jour où les Frères apparurent, que les classes gratuites se multiplièrent, que la direction fut irréprochable et même supérieure à celle des classes rétribuées, beaucoup de familles pauvres, qui jusque-là avaient fait de lourds sacrifices pour l'instruction de leurs enfants, se hâtèrent de les confier aux Frères, près desquels ils trouvaient un double profit. De là les plaintes des maîtres d'écoles et des maîtres écrivains, deux corporations rivales, mais puissantes, qui unirent leurs efforts pour étouffer une œuvre qui les menaçait.

En 1690, après la fondation d'une école à la rue du Bac, les maîtres des petites écoles avaient agi près du chantre de Notre-Dame, leur chef hiérarchique : nous avons dit comment le parlement avait cassé l'arrêt du chantre. En 1699, voyant que les écoles se multipliaient, ils revinrent à la charge, et se ruèrent sur l'école de la rue Saint-Placide, bien résolus de se faire justice à eux-mêmes. Comme ils saisissaient et jetaient à la rue tous les meubles des classes et tous les objets à l'usage des maîtres et écoliers, Jean-Baptiste se présenta à ces vandales furieux et leur dit avec calme : « Tenez, prenez-moi aussi. » Les envahisseurs, affectant à son égard un faux air de cordialité, lui répondirent : « Ce n'est point à vous, mais aux Frères que nous en voulons. » Ils oubliaient qu'on ne pouvait frapper les Frères sans atteindre leur chef. Le chantre, devant lesquels les Frères furent accusés de recevoir une rétribution scolaire des familles aisées, les condamna.

Mais, lorsque l'affaire vint devant le parlement, M. de la Chétardye prit leur défense auprès des magistrats ; c'était lui qu'on blessait dans le droit qu'il avait de faire élever dans ses écoles les enfants pauvres. Comme la question débattue lui paraissait de la plus haute importance, il ne craignit pas de mettre à contribution la haute influence de Mme de Maintenon, qui écrivit, à ce sujet, un billet significatif au président de Harlay. D'ailleurs, il eût suffi à Jean-Baptiste de la Salle de la justice de sa cause pour remporter la victoire ; car il mit ses adversaires au défi de prouver que les Frères eussent jamais reçu des rétributions scolaires, s'offrant de fermer toutes ses écoles, si ses rivaux démontraient qu'elles ne fussent pas absolument gratuites. Incapables de relever ce fier défi de la charité, les maîtres accusateurs se retirèrent couverts de honte et furent déboutés de leur plainte.

Dans cette occasion, l'intervention du curé de Saint-Sulpice avait été toute-puissante. Contenus par son autorité, ils n'osèrent plus, durant plusieurs années, inquiéter les Frères. Mais en 1704, lorsque Jean-Baptiste de la Salle eut transféré son noviciat et ouvert une école à la rue de Charonne, lorsqu'il fut évident que le curé de Saint-Sulpice, d'ailleurs très refroidi, n'avait plus tant d'intérêt à protéger les écoles gratuites, ils recommencèrent à s'agiter. La corporation des maîtres écrivains, plus remuante et plus violente que celle des maîtres d'écoles, entra la première en campagne, et toutes deux agirent bientôt à la fois. Pour que M. de la Chétardye n'eût rien à voir dans leur querelle, ils ne s'attaquèrent qu'aux écoles de la rue de Charonne et de Saint-Hippolyte : écoles d'enfants, école dominicale, séminaire de maîtres, autant d'empiétements qu'ils dénoncèrent à la justice et dont ils demandèrent la répression immédiate.

Le 7 février 1704, sur la requête du syndic des maîtres écrivains, une saisie fut opérée, rue de Charonne, de tous les objets qui servaient à écrire, plumes, cahiers, modèles, etc., et les Frères reçurent ordre de comparaître au Châtelet devant la Chambre de police. Au lieu de présenter sa défense, Jean-Baptiste se laissa condamner par défaut, le 22 février suivant. L'arrêt déclarait confisqués tous les objets d'écriture dont la saisie avait été faite, et condamnait les Frères aux dépens et à cinquante livres d'amende, ordonnant « qu'il ne sera reçu dans les écoles de charité que des enfants dont les pères sont véritablement pauvres, et qu'on ne leur enseignera que des choses proportionnées à la profession de leurs pères ».

Jean-Baptiste de la Salle, qui n'avait rien fait contre son droit, ne se sentit pas atteint par les termes de cet arrêté ; en conséquence, il dit aux Frères de continuer leurs classes, et il ne paya pas l'amende. Cette non-exécution de la sentence provoqua un nouveau réquisitoire ; et une nouvelle condamnation, plus sévère que la précédente, fit « deffense aux Frères des escolles de charité de demeurer ensemble, ny de faire aucun corps de société ny commerce, jusqu'à ce qu'ils ayent obtenu du roy des lettres patentes et qu'ils les ayent fait enregistrer ; le tout à peine de trois cents livres d'amende ». La sentence, qui visait toutes les écoles charitables des Frères, devait être affichée « aux portes des dites escolles et partout où besoin serait ».

Cette dure sentence, affichée dans tous les carrefours de Paris, ne fut pas appliquée partout avec la même rigueur. Les curés de Saint-Sulpice et de Saint-Hippolyte maintinrent les Frères dans la direction de leurs écoles, et leur autorité fut respectée pour un temps. Mais, à la rue de Charonne, les classes furent livrées au pillage par des officiers publics : les bancs, les tables, les livres, les objets d'écriture et de dessin furent emportés ; l'enseigne même de la maison fut arrachée. L'indignation du peuple, qui ne comprenait rien à ce brigandage, n'arrêta point les dévastateurs ; les plaintes des pauvres, que la persécution de leurs maîtres frappait directement, ne furent point écoutées. La force triompha : l'école de charité et l'école dominicale furent fermées, et les Frères, avec leur supérieur, furent jetés dans la rue.

Après le pillage de son école, Jean-Baptiste n'avait plus qu'à s'éloigner du faubourg Saint-Antoine. Il fit transporter ses meubles, en cachette, dans un hangar que lui offrit une personne compatissante, et il se retira sans bruit, avec ses novices, chez les Frères de la rue Princesse.

Mais ce nouveau séjour était pour lui sans sécurité ; il craignait tout à la fois de mécontenter le curé de Saint-Sulpice et d'exciter à nouveau l'animosité des maîtres d'écoles. Aussi, lorsque le curé de Saint-Roch lui offrit, dans les premiers jours de 1705, d'ouvrir une école gratuite sur sa paroisse, il saisit avec empressement cette occasion de partir, afin d'épargner aux Frères les tracasseries que sa présence eût pu leur attirer. Durant trois ans, son domicile fut à l'école Saint-Roch, rue Saint-Honoré, près du célèbre couvent des Jacobins.

Son éloignement ne sauva point les Frères de la rue Princesse. Car, durant toute l'année 1705, les maîtres d'écoles et les maîtres écrivains ne cessèrent de fatiguer les Frères de leurs visites et de les harceler de leurs reproches. Ils venaient effrontément dans leurs classes, inspectaient les listes des élèves, dévisageaient les enfants pour constater s'ils étaient bien tous pauvres, se livraient à des scènes violentes, s'ils découvraient un enfant assez aisé pour fréquenter les écoles payantes. Le 4 août 1705, ils mirent à sac toute la maison et firent la saisie des meubles. Ils eussent tout emporté, si le propriétaire n'eût fait opposition et ne se fût constitué gardien du mobilier. Jusqu'au milieu de l'année 1706, les Frères n'eurent pas un instant de repos ; ce ne furent que voies de fait et insolences de la part des maîtres laïques, condamnations humiliantes de la part du parlement, qui soutenait leurs ambitieuses prétentions.

A bout de patience et de courage, les Frères résolurent d'abandonner la partie et de laisser la place libre. Ils prièrent donc leur supérieur de les retirer des écoles sulpiciennes et de les disperser dans les nouvelles fondations. Car l'Institut n'était plus limité à la paroisse Saint-Sulpice ; l'expansion large qu'il prenait alors permettait aux Frères d'espérer qu'ils trouveraient asile ailleurs, et qu'ils seraient abrités contre les incursions de leurs rivaux et contre la tutelle ombrageuse du curé de Saint-Sulpice. Après avoir pris l'avis d'hommes sages,

Jean-Baptiste se rendit à leurs désirs et leur assigna, au mois de juillet 1706, des occupations dans les écoles de province.

Alors s'éleva un grand murmure parmi les pauvres du faubourg Saint-Germain : leurs maîtres partis, qu'allaient-ils devenir ? Vainement essaya-t-on de rassembler de nouveaux instituteurs pour tenir les classes gratuites ; ceux qui se présentèrent n'étant que d'anciens Frères infidèles à leur vocation, on vit promptement que ces rebuts de l'Institut seraient à la fois un déshonneur et une grosse charge pour les écoles de charité. Force fut donc d'entrer en pourparlers pour ramener les Frères. Aux avances de M. de la Chétardye, Jean-Baptiste répondit avec une condescendance digne de son grand cœur ; car il demanda seulement que des mesures efficaces fussent prises pour assurer désormais la tranquillité des écoles.

Certes, la condition n'était pas onéreuse. Pour la remplir, M. de la Chétardye passa une sorte de compromis avec les maîtres laïques : ceux-ci s'engageaient à laisser les Frères en paix dans l'exercice de leurs fonctions ; le curé de Saint-Sulpice promettait de ne recevoir dans ses écoles paroissiales que des enfants vraiment pauvres et munis d'un certificat d'indigence. Ainsi se terminait, du moins à Paris, cette lutte ardente qui avait mis aux prises des intérêts terrestres, qui se disaient lésés, avec les aspirations d'un zèle qui n'ambitionnait que le bonheur de se donner. Qu'on ne voie point dans ces rivalités le prélude des combats de l'esprit laïque contre l'esprit religieux ; car, à cette époque, les maîtres avaient tous un égal désir de former des enfants chrétiens. Au reste, de nos jours, si la guerre déclarée entre les partis au sujet de l'éducation semble limitée à la question religieuse, ne serait-il pas aisé de découvrir, derrière cette façade, la poussée des mêmes intérêts et des mêmes appétits ?

CHAPITRE VII

ÉTABLISSEMENT DE ROUEN
ET DIVERSES ÉCOLES

1705-1712

ÉCOLES DE DARNÉTAL ET DE ROUEN
1705-1707

Les persécutions, ouvertes ou cachées, dont souffrait la communauté de Paris, n'arrêtaient point l'essor de l'Institut en province. Car ce fut au plus fort de la tempête déchaînée par les maîtres laïques, au moment où Jean-Baptiste était chassé de la rue de Charonne et sentait sa présence compromettante pour les Frères de Saint-Sulpice, que des ouvertures lui furent faites en vue d'un établissement à Rouen.

La première proposition lui venait de M. des Hayes, curé de Saint-Sauveur de Rouen, son ancien confrère de Saint-Sulpice. On lui demandait deux Frères pour tenir une école gratuite à Darnétal, gros bourg industriel situé aux portes de Rouen.

Les conditions matérielles étaient fort modiques, puisqu'on n'offrait que cent cinquante livres pour la pension des deux maîtres ; mais, écrit le Saint, « nous conviendrons aisément ; vous sçavez que nous ne sommes pas difficiles. » Autant il est désintéressé pour l'argent, autant il est ferme sur le maintien des règles de l'Institut. Il ne donnera pas moins de deux Frères ; car, dit-il, « vous sçavez que nous n'en pourrions pas envoyer un seul. » Les Frères seront maîtres d'école, mais ni chantres, ni sacristains ; il veut savoir s'ils seront obligés « de chanter et d'ayder M. le curé dans ses fonctions : car vous sçavez bien, ajoute-t-il, que nos Frères ne font ny l'un ny l'autre ».

Ouverte dès les premiers jours de février 1705, l'école de Darnétal attira bientôt l'attention ; elle produisit si promptement la transformation des enfants pauvres du village, que les habitants de la ville de Rouen exprimèrent hautement le désir de participer aux mêmes avantages. C'est ce qu'avait espéré Jean-Baptiste de la Salle. Un secret instinct le poussait vers Rouen. De là lui était venue sa vocation. Il souhaitait d'y continuer l'œuvre de Mme Maillefer, du P. Barré et d'Adrien Nyel, et les écoles charitables de Rouen semblaient l'appeler. Il y suivrait les Frères, et dès lors il n'importunerait plus, par sa présence, ses nombreux adversaires de Paris ; il transporterait, sur une terre qu'il croyait plus hospitalière, son cher noviciat.

Ces rêves se réalisèrent dès la fin de mars 1705, lorsque le bureau de charité de Rouen, sur les instances des vicaires généraux, de l'archevêque Colbert et du premier président Camus de Pont carré, accepta que les Frères vinssent de Paris prendre la direction des écoles charitables de la ville. Il est vrai que les membres du bureau procédaient avec lenteur, presque avec défiance : ils ne voulaient que deux Frères pour commencer ; ces deux Frères, logés et nourris à l'hôpital, s'emploieraient au service des pauvres, en dehors des heures de classe ; ils ne recevraient que trente-six livres chacun pour leur entretien. Jean-Baptiste de la Salle accepta toutes ces conditions, quelque onéreuses qu'elles fussent ; il était trop heureux de s'ouvrir à ce prix les portes de Rouen.

Au mois de mai 1705, il partit de Paris avec les deux Frères désignés. Le voyage, qui se fit à pied, fut une sorte de retraite. Tous les exercices de piété s'y faisaient à l'heure marquée par les règlements : le silence n'était interrompu que par la prière à haute voix ou par les exhortations du Saint. Ils allaient vraiment à leur mission comme des envoyés de Dieu.

Dieu bénit si bien leur travail, ils mirent tant d'ordre dans les écoles de Saint-Godard et de Saint-Maclou, qu'ils gagnèrent pleinement la confiance du bureau ; en conséquence, deux autres Frères furent mandés pour les écoles de Saint-Maclou et de Saint-Éloi. La population, de son côté, témoigna ouvertement ses sympathies pour les nouveaux maîtres ; les trois cent cinquante élèves qui bientôt fréquentèrent les classes des Frères en furent la marque évidente. Ce succès porta tellement ombrage aux maîtres écrivains jurés, qu'ils déposèrent une plainte au bureau de charité, et que, pour leur donner satisfaction, il fallut n'admettre aux écoles des Frères que les enfants munis d'un certificat d'indigence. Jean-Baptiste de la Salle ne crut pas devoir protester, bien que cette décision fût très contraire à l'idée qu'il se faisait de son œuvre : il voulait que les Frères fissent partout l'école gratuitement, afin que partout les enfants pauvres pussent recevoir l'éducation chrétienne ; mais il n'était pas d'avis de rejeter les enfants des familles aisées, ni surtout de faire une enquête sur la condition des écoliers. Tôt ou tard son idée devait triompher des mesquines préoccupations de l'intérêt.

Malgré ces dispositions prises pour calmer la jalousie des maîtres écrivains, le fardeau des classes pesa lourdement sur les épaules des quatre Frères. Ces humbles religieux étaient soumis à un surmenage inouï, menant de front les devoirs d'hospitaliers et les travaux de maîtres d'école. Dès le matin, ils assistaient au lever des pauvres de l'hospice, pour les aider, et leur faisaient la prière. Ils allaient à huit heures dans leurs classes respectives, pour instruire les enfants pauvres de la ville. De retour à midi, ils commençaient par servir les vieillards ; le repas des pauvres fini, ils mangeaient à leur tour, mais hâtivement, afin d'être de bonne heure dans les écoles, au milieu de leurs enfants. Ils n'en revenaient qu'à six heures du soir, et c'était encore pour assister les pauvres dans leur repas, les instruire et leur faire la prière.

Un tel règlement de vie, qui ne tenait aucun compte des limites imposées aux forces humaines, ne pouvait être observé sans un notable préjudice pour la santé et pour la ferveur religieuse. Sans doute les anciens maîtres y avaient été soumis ;

mais ils en avaient allégé le poids en négligeant les écoles. Les Frères, qui mettaient un zèle égal au soin des pauvres et à l'instruction des enfants, ne purent résister. Plusieurs succombèrent à la tâche. Au bout de deux ans, n'en pouvant plus, les Frères rédigèrent un Mémoire sur la nécessité de sortir du bureau, où leur vertu courait autant de risques que leur santé.

Jean-Baptiste de la Salle, qu'une telle situation alarmait, qui gémissait de voir ses disciples soumis à tant de fatigues sans les joies fortifiantes des exercices de communauté, proposa au bureau une combinaison qui permit aux Frères de vivre suivant leurs propres règles dans une maison à eux. Il s'offrait à tenir les quatre écoles charitables de la ville et celle de l'hospice, en plaçant deux Frères dans chacune d'elles. Pour le traitement, il s'en rapportait à la générosité de messieurs du bureau. Pouvait-il faire des avances plus désintéressées ?

Le bureau accepta une si belle occasion par la délibération du 7 août 1707 ; mais, abusant de la condescendance du serviteur de Dieu, il n'alloua qu'une somme de six cents livres par an pour la pension des dix Frères. C'était un traitement dérisoire, puisque, d'ordinaire, Jean-Baptiste demandait trois cents livres pour chaque maître, sans compter le logement. Lorsqu'il eut consacré trois cent dix livres au loyer d'une maison, il ne lui resta, pour nourrir et entretenir les Frères, qu'une somme insignifiante, de sorte qu'il dut en porter presque toute la charge.

En revanche, les injures furent moins épargnées que l'argent. Dans les premiers temps surtout, la patience des Frères fut soumise aux plus rudes épreuves. Le peuple des rues, étonné de la singularité de leur costume, leur infligea mille outrages, et les gens de qualité contemplaient avec un malin plaisir les mauvais traitements qu'avaient à essuyer ces humbles religieux. Jean-Baptiste de la Salle partagea les humiliations de ses Frères ; mais, loin de s'en plaindre, il se réjouissait de gagner à ce prix les bénédictions célestes qu'il attendait pour ses œuvres de Rouen. Son attente ne fut pas déçue ; car les sympathies et la vénération succédèrent aux injures, et Saint-Yon allait devenir, à Rouen, un actif centre de vie et de développement pour l'Institut.

SAINT-YON : NOVICIAT, PENSIONNAT DE JEUNES GENS, MAISON DE CORRECTION ET MAISON DE FORCE

1705-1709

Dès le mois de mai 1705, Jean-Baptiste de la Salle proposa à l'archevêque et au premier président le dessein qu'il avait d'établir à Rouen son noviciat. A Paris, son noviciat tombait ; condamné depuis deux ans à errer de maison en maison, il se recrutait avec peine et ne trouvait pas le recueillement dont il avait besoin.

M. Colbert et M. de Pontcarré accueillirent avec joie cette proposition, et s'engagèrent même à payer tous les frais du déplacement. L'archevêque désigna aussitôt la maison de Saint-Yon, au faubourg Saint-Sever de Rouen, comme la plus propre à recevoir un noviciat et à devenir la maison mère d'un Institut. C'était une demeure seigneuriale, dont les vastes bâtiments étaient entourés d'un parc de sept hectares. Le quartier aujourd'hui si populeux de Saint-Sever était alors très calme; de nombreuses communautés religieuses entretenaient autour de l'enclos Saint-Yon un silence propice à la méditation.

Sitôt que la maison fut louée, Jean-Baptiste y amena ses novices. Tout se fit si promptement, que la communauté était déjà établie à Rouen lorsque son départ fut connu à Paris; devant le fait accompli, l'opposition, si elle s'était produite, eût été désarmée.

Les novices n'étaient qu'au nombre de six, tant les circonstances avaient été fâcheuses au recrutement ; mais, dans l'année qui suivit l'établissement à Saint-Yon, plus de vingt sujets se présentèrent, juste récompense, pour le Saint, de tant d'épreuves patiemment souffertes. A la tête du noviciat était un homme habile, d'une grande piété, destiné à être la colonne de l'Institut, le frère Barthélemy. Entré à l'Institut en février 1703, après avoir triomphé de difficultés intérieures très douloureuses, il avait mérité la pleine confiance de son supérieur, et il devait être son bras droit jusqu'à ce qu'il lui succédât.

Jean-Baptiste, néanmoins, suivait avec sollicitude la vie de son noviciat. Lorsque les affaires ne le retenaient pas à Paris, il venait s'enfermer avec les novices dans la solitude de Saint-Yon. Cette retraite lui plaisait, parce qu'il pouvait s'y livrer à son goût pour l'oraison. Aucun visiteur importun ne l'y troublait ; car, seul, le premier président de Pontcarré, ami et protecteur de l'Institut, était admis dans cet enclos, où il aimait à se soustraire aux bruits du monde.

Au mois de septembre 1705, tous les Frères de l'Institut furent convoqués à Saint-Yon, et ainsi furent rétablies ces retraites communes, qui, à Vaugirard et à la Grand'Maison, avaient tant contribué à entretenir la ferveur dans la communauté. Le Saint introduisit alors l'usage de faire les méditations de l'après-midi « sur l'emploi de l'école », et les instructions qu'il donnait sur ce sujet ont été condensées dans le précieux écrit qui a pour titre : *Méditations pour le temps de la retraite, à l'usage de toutes les personnes qui s'employent à l'éducation de la jeunesse, et particulièrement pour la retraite que font les Frères des Écoles chrétiennes pendant les vacances.* Ce livre n'est pas un directoire pédagogique comme la *Conduite des écoles*, mais un manuel d'apostolat, où l'auteur apprend à ses disciples, qu'il appelle des « coopérateurs de Jésus-Christ » et des « anges gardiens de la jeunesse », l'art d'exercer sur les enfants un ascendant moral et de former en eux de bons chrétiens.

La docilité des Frères à ces leçons faisait d'eux des maîtres consommés. Ce fut précisément la confiance qu'ils inspiraient comme éducateurs qui amena la création, à Saint-Yon, de trois œuvres nouvelles.

La première commença, dès la fin de 1705, sur la demande des commerçants et des industriels de Rouen. Il n'y avait alors aucun mode d'éducation qui répondît aux besoins des petits bourgeois des villes et des propriétaires ruraux. La noblesse et la bourgeoisie riche avaient à choisir entre cent collèges florissants ; les classes ouvrières possédaient de nombreuses écoles élémentaires, soit payantes, soit gratuites ; mais les classes moyennes, à qui l'instruction primaire ne suffisait pas et pour qui les études classiques étaient un luxe inutile, réclamaient une éducation intermédiaire où l'élément pratique eût la prédominance. Dans cette vue, certaines familles aisées de Rouen sollicitèrent Jean-Baptiste de prendre leurs fils en pension, et de leur donner une formation proportionnée à leur état.

Sans négliger son œuvre maîtresse de l'école populaire, le Saint fit bon accueil à cette demande, donnant par là une preuve nouvelle de la largeur d'esprit avec laquelle il concevait sa vocation, et de la souplesse avec laquelle il accommodait son idée d'éducation aux besoins du temps et aux vœux qu'on lui exprimait. Il ne dédaignait pas non plus les avantages matériels qu'un pensionnat lui procurerait ; car, avec les bénéfices de Saint-Yon, il ferait vivre les maîtres si mal rétribués des écoles gratuites.

Un pensionnat fut donc ouvert à Saint-Yon ; les enfants de condition moyenne y affluèrent, et, suivant un biographe, on lui en « adressait de tous païs ». Jean-Baptiste traça, dès les débuts, des règlements fort sages, dont l'esprit, à travers mille variantes imposées par les temps et les lieux, gouverne encore tous les pensionnats des Frères. La religion y occupe la première place ; elle y est enseignée dans des catéchismes faits avec soin, et pratiquée dans des exercices pieux auxquels les élèves se font un honneur de prendre part. Elle prépare à la vertu ; car le fondateur veut que les

7*

enfants y soient « élevez et formez dans l'innocence » ; de là l'exacte surveillance qui préserve les élèves de tout péril moral. Mais l'enseignement profane n'y est point négligé. Un ancien *Tableau de Rouen* en résume le programme dans les termes qui suivent : « On enseigne à Saint-Yon tout ce qui concerne le commerce, la finance, le militaire, l'architecture et les mathématiques ; en un mot, tout ce qu'un jeune homme peut apprendre, à l'exception du latin. » Cette belle organisation a fait dire à Victor Duruy dans un rapport officiel du 2 mars 1867 : « De ce premier essai sortit un enseignement qui, s'il eût été généralisé, aurait avancé d'un siècle l'organisation des écoles d'adultes et même de l'enseignement secondaire spécial. »

A côté de ce pensionnat, qui servit de modèle à tant d'autres dès le xviiie siècle, des colonies plus turbulentes vinrent s'établir sous les murs de Saint-Yon. Les Frères exerçaient un tel ascendant sur les âmes indociles, qu'on leur confia des jeunes gens intraitables, des enfants mutins et incorrigibles. Pour ces « libertins », Saint-Yon devint une maison de correction, et souvent ils furent rendus à leurs familles assagis et transformés.

Plus tard, M. de Pontcarré pria les Frères de recevoir même de jeunes criminels condamnés à la détention, parce qu'il estimait la prison immorale pour eux par la promiscuité qu'elle entraîne et par l'absence d'influences moralisatrices. Avec une simplicité digne de sa grande foi, Jean-Baptiste suivait toutes ces indications providentielles et mettait au service de toutes ces entreprises le dévouement le plus désintéressé.

Ce n'est pas qu'il fût toujours, dans ses œuvres, à l'abri de la critique. Vers l'an 1708, il y eut une poussée d'opinion contre Saint-Yon : les Frères furent représentés comme des maîtres incapables, portant préjudice aux gens du métier ; on leur reprochait de mal nourrir les pensionnaires, bien qu'ils en reçussent de grosses pensions. M. de Pontcarré, averti de ces accusations, ne pensa pas qu'on dût se taire ; il invita l'intendant de la ville à venir avec lui à Saint-Yon, pour se rendre compte par lui-même de la situation. L'enquête achevée, tóut à l'avantage des Frères, le premier président dit à l'intendant : « Eh bien ! monsieur, ne vous avais-je pas bien dit que vous vous en retourneriez plus content que vous n'étiez venu ? »

ÉTABLISSEMENT D'ÉCOLES EN PROVINCE
1705-1711

Tandis que Jean-Baptiste de la Salle partageait son temps entre Paris et Rouen, il ne laissait pas de veiller aux fondations déjà faites et de procéder à la création de nouvelles écoles. Les années qui suivirent l'ouverture des écoles de Darnétal et de Rouen furent les plus fécondes de sa vie ; car, en six ans, il donna des Frères à douze villes différentes. Nous ne conduirons pas le lecteur à travers l'histoire de chacune de ces fondations ; il nous suffira de les lui avoir signalées. En 1705, Dijon et Marseille ; en 1707, Valréas (Comtat-Venaissin), Mende, Alais et Grenoble ; en 1708, Saint-Denis, école et séminaire de maîtres ; en 1709, **Mâcon** ; en 1710, Versailles, Boulogne-sur-Mer et Moulins ; en 1711, Les Vans (Ardèche).

Toutes ces écoles naissent de la même inspiration chrétienne, et parcourent, dans leur développement, des phases à peu près identiques.

Le grand souffle de charité chrétienne qui passe sur le xviiᵉ siècle met au cœur des âmes généreuses la compassion pour toutes les souffrances. L'enfance pauvre et abandonnée, livrée à l'ignorance et au vice, provoque de touchantes sympathies et anime un zèle tout brûlant d'esprit apostolique. Partout, mais dans les villes surtout, on veut instruire les pauvres pour les moraliser ; des écoles gratuites s'élèvent pour les recevoir. C'est la grande préoccupation des évêques.

A Mende, par exemple, l'évêque conjure ses prêtres « de procurer à leurs paroisses de bons maîtres d'écoles » ; comme gage de son dévouement à sa ville épiscopale, il laisse un capital dont la rente entretiendra deux écoles charitables, une pour les garçons et l'autre pour les filles.

A Marseille, la ville a déjà trois écoles gratuites ; mais il y a un faubourg, sur la paroisse Saint-Laurent, où les pauvres sont entièrement délaissés. Dans ce quartier, peuplé de marins, les enfants partent à la mer dès l'âge de neuf à dix ans ; par défaut de culture, ils sont incapables de se faire, dans l'âge mûr, une situation sortable. Ayant grandi sans éducation, ils demeurent indisciplinés et incorrigibles ; et comme ils n'ont reçu ni leçons morales ni connaissances religieuses, ils croupissent dans le désordre, et souvent ils apostasient dans les contrées musulmanes qu'ils visitent. Pour saisir et former ces enfants, une école de charité sera ouverte aux frais des familles chrétiennes dans le quartier des matelots.

Au diocèse d'Alais, où l'hérésie s'est implantée par l'école, l'évêque sent que, seule, l'école catholique triomphera du calvinisme. Il fait écrire à Jean-Baptiste de la Salle : « Il s'agit de détruire l'hérésie en ce païs, et d'y établir la religion catholique ; l'œuvre est grande, et il faut de bons ouvriers... Je puis vous dire que nous avons plus besoin de maîtres d'école que de tous autres ouvriers. »

Le zèle pour les pauvres va développer l'esprit de sacrifice ; car, les écoles devant être gratuites, les maîtres seront nourris et entretenus par la charité. Ici des fondations, là des cotisations volontaires assurent aux maîtres une honnête subsistance. Aux Vans, l'abbé du Roure, seigneur de Saint-Jean, lègue toute sa fortune pour l'établissement d'écoles gratuites, et il prie respectueusement l'évêque d'Uzès et ses successeurs de protéger la fondation, « si utile et nécessaire au bien de la religion catholique et au bien public de ladite ville de Vans, dont les besoins sont si pressants à cause du mauvais estat où elle se trouve par rapport à la religion. » Les écoles de Marseille et de Grenoble s'entretiennent par cotisations : à Marseille, les notables de la ville versent tous les ans chacun dix livres ; à Grenoble, la cotisation varie de vingt à cinquante livres, suivant la condition des souscripteurs. Si parfois les revenus de la charité sont inférieurs aux besoins des écoles, on n'hésite pas à réchauffer le zèle par un appel extraordinaire ; à Dijon, par exemple, une lettre touchante, signée par les pauvres de la ville, vient exciter la générosité des riches : « Vous êtes, leur disent-ils, notre ressource et notre appui dans le grand bien qu'on veut nous procurer à perpétuité, mais qui va tomber, si vos mains charitables ne le soutiennent. »

Pour ces entreprises si chrétiennes, les maîtres étaient plus difficiles à trouver que l'argent. Souvent les ecclésiastiques s'en chargeaient eux-mêmes ; d'autres fois, on les confiait à des laïques pieux. En aucun cas la stabilité n'était garantie, et les écoles gratuites, on le sentait, restaient dans un état précaire, faute d'institutions spéciales qui pussent en prendre pour toujours la responsabilité. C'est pourquoi l'Institut des Frères fut si recherché, aussitôt qu'il fut connu ; car sa mission était précisément de donner des maîtres dans les écoles charitables.

A Moulins, un prêtre tout apostolique, Louis Aubery, avait ouvert une école gratuite dès 1682 ; il y avait fait la classe lui-même pendant quinze ans ; puis il s'était associé des clercs ; mais il était inquiet de l'avenir de son œuvre, qu'il voyait très chancelante malgré ses ressources, lorsqu'un voyage à Paris le mit en relation avec le fondateur des Frères. Dès qu'il fut assuré d'avoir à perpétuité des maîtres religieux, il devint tranquille sur le sort de ses écoles.

L'évêque de Mende, en créant ses classes gratuites, annonce tout joyeux que les maîtres seront « de ceux qui sont élevez à Paris pour l'instruction et éducation de la jeunesse » ; ce sont, ajoute-t-il, « les plus fameux du royaume et ceux où la jeunesse fait le plus de progrès dans la vertu. »

D'Alais, un ancien confrère de Saint-Sulpice écrit à Jean-Baptiste de la Salle : « J'ai appris qu'ayant quitté votre canonicat, vous vous étiez adonné à toutes sortes de bonnes œuvres, et entre autres à former une communauté de maîtres d'école, qui font beaucoup de bien partout où ils sont établis. Nous en aurions besoin en ce païs-ci, où nous avons peine à en trouver de catholiques, à qui nous puissions confier l'éducation de la jeunesse. »

Les Frères, une fois entrés dans l'école, gagnent partout les sympathies de la population : les enfants peuplent leurs classes, les notables se réjouissent du bien moral qui se fait ; l'œuvre grandit, et de nouveaux maîtres sont nécessaires pour répondre à ces nouveaux besoins. « Nous avons ici, monsieur, écrit l'évêque d'Alais au supérieur, vos Frères maîtres d'école, dont on est fort content, ce qui m'en fait souhaiter plusieurs autres pour les répandre dans nos villes des Cévennes et dans tous les gros lieux. Quand j'en aurais trente, je les employerais bien... Je fais et ferai pour eux tout ce qui m'est possible ; ils font des biens infinis. » L'évêque de Mende écrit, de son côté : « On ne peut être plus content que je le suis du Frère que vous m'avez envoyé... Je vous serai fort obligé de lui joindre un bon sujet, qui soit capable tant pour l'écriture que pour l'arithmétique ; car c'est le moyen d'attirer toute la jeunesse, et par là de lui donner les premières impressions de la piété chrétienne. »

Tant d'œuvres nouvelles ne se fondaient pas et ne vivaient pas sans difficultés et sans combats. Tantôt il fallait compter avec une extrême modicité de ressources, et les maîtres étaient réduits à une pauvreté voisine de la privation ; tantôt il fallait subir, comme aux Vans et à Alais, l'assaut des huguenots irrités. Parfois même, l'autorité religieuse, en s'immisçant dans la direction des maîtres, paralysait l'administration centrale. C'est ainsi qu'à Versailles, le curé de Saint-Louis, ayant exigé le maintien d'un Frère dont la ferveur se relâchait, fut la cause involontaire de la perte d'une vocation et faillit compromettre l'école elle-même.

Mais le prudent instituteur veillait avec tant de sollicitude sur son troupeau, qu'il assurait la **prospérité** de ses écoles par l'exacte fidélité de tous les maîtres à remplir leurs devoirs de communauté.

FAMINE DE 1709 — RETOUR DU NOVICIAT A PARIS

Lorsque Jean-Baptiste de la Salle commença la fondation de Rouen, en 1705, il venait d'établir son domicile sur la paroisse de Saint-Roch, à Paris. Chaque fois que ses affaires ne l'appelèrent pas à Rouen ou en Champagne, c'est là qu'il demeura durant les trois années suivantes. Mais, en 1708, un différend s'étant élevé avec le clergé paroissial de Saint-Roch, qui exigeait des Frères des services que le supérieur jugeait incompatibles avec les règles de l'Institut, Jean-Baptiste abandonna l'école, avec les Frères qui la dirigeaient, et se retira dans la maison nouvellement organisée près de la barrière de Sèvres.

Cette maison, située rue de la Barouillère, avait été louée l'année précédente par M. de la Chétardye, pour abriter tous les Frères qui enseignaient dans les diverses écoles sulpiciennes. Jusque-là, ces maîtres avaient habité l'immeuble même de l'école de la rue Princesse ; mais leur santé y avait beaucoup souffert du manque d'air, et leur vie religieuse s'accommodait mal du bruit d'un quartier si populeux. Leur nouvelle habitation, à un quart d'heure seulement des écoles, était un vaste enclos, bien aéré, isolé et favorable au recueillement, assez grand pour recevoir, en cas de besoin, tous les Frères à la retraite commune.

Il parut bien, durant la famine de 1709, que cette résidence avait été préparée par la Providence en vue de l'avenir. Les calamités qui pesèrent alors sur toute la France furent vivement senties dans les diverses communautés des Frères ; car ces humbles religieux, ayant à peine de quoi se nourrir en temps ordinaire, connurent toutes les privations de la faim durant la disette. Jean-Baptiste faisait les plus grands efforts pour atténuer dans leurs maisons les tristes conséquences de la misère publique ; avec de très modiques ressources, il réussit à sauver du moins leur vie, et leurs classes ne furent pas interrompues.

Nulle part la détresse ne fut aussi poignante qu'à Rouen. Les maîtres des écoles n'y recevaient qu'un payement dérisoire ; Saint-Yon, dont ils vivaient ordinairement, ne rapportait rien ; les bienfaiteurs se faisaient rares, et l'humble supérieur, devenu quêteur pour ses Frères, essuyait de pénibles rebuts dans les maisons les plus opulentes ; l'archevêque enfin, M. d'Aubigné, qui avait récemment succédé à M. Colbert, et qui se montrait si compatissant pour les pauvres de la ville, manquait de sympathies pour les Frères et croyait avoir assez fait pour eux en les tolérant dans son diocèse. Dans ces douloureuses conjonctures, Jean-Baptiste laissa dans leurs classes les Frères des écoles, et transféra à Paris tout son noviciat.

Il augmentait ainsi notablement la communauté de Paris, dont le nombre fut porté à quarante personnes ; mais il espérait que la Providence susciterait des bienfaiteurs dévoués. En effet, Mme de Maintenon, Mme des Voisins, les Filles de la Croix, le cardinal d'Estrées, abbé de Saint-Germain, et d'autres amis, répondirent à son attente.

Ces secours, néanmoins, ne parèrent pas à tous les besoins, et il y eut de grandes souffrances à la barrière de Sèvres. Les Frères y étaient entassés plutôt que logés ; ils n'avaient pour lits que de misérables paillasses, étendues par terre ; les couvertures dont ils s'enveloppaient les gardaient mal contre un froid rigoureux. Quant au régime qu'on y suivait, nous le connaissons par une lettre du Saint : « On mange icy du pain bis, écrit-il... On donne aux Frères deux onces au déjeuner et cinq onces au dîner. Je ne puis pas vous envoyer d'images ; je n'ay pas de quoy acheter du pain pour quarante personnes que nous sommes. »

Par un miracle de la Providence, l'Institut traversa cette famine de 1709, non pas certes sans souffrir, mais sans subir aucun deuil et sans faire de dettes. Le Saint se plaisait à en rappeler le souvenir avec un certain air de triomphe : « Qui était plus pauvre que vous autres, dit-il un jour, et qui a trouvé dans la pauvreté plus de secours que vous?

Combien de misérables la Providence semblait-elle
alors avoir oubliez pour ne se souvenir que de
vous?... Plusieurs communautez, riches ou à leur
aise, y ont trouvé leur ruine ou se sont chargées de
dettes. Pour vous, voilà ce que vous étiez. Si vous
n'avez rien, vous ne devez rien ; et votre nombre
même s'est multiplié dans ces jours malheureux. »
Jamais, en effet, même au plus fort de la famine, il
n'avait refusé un seul postulant, tant sa confiance
en Dieu était absolue. Des sujets entrés alors plu-
sieurs étaient demeurés ; mais d'autres étaient sortis.
Et si on lui faisait observer que peut-être la faim
avait été toute leur vocation, il se contentait de
répondre : « Ils ont fait une bonne retraite, qui sera
avantageuse à leur salut. »

A peine dégagée de cette épreuve, la communauté
de Paris faillit succomber à deux assauts plus redou-
tables que la faim.

Les privations avaient fait tant de ravages dans
les tempéraments, qu'une épidémie de scorbut se
déclara dans la maison et atteignit les principaux
Frères. La perte de ces maîtres eût amené la com-
plète désorganisation des classes. Dans cette occa-
sion, la charité de Jean-Baptiste déploya la plus
grande activité : il isola les malades et il les confia
à un spécialiste, qui, touché de la ferveur et de la
pauvreté des Frères, leur prodigua gratuitement des
soins très assidus. A force de prières et de remèdes,
la santé revint.

Mais alors éclata parmi les Frères une violente
crise de mauvais esprit. Elle eut pour cause, en par-
tie, le relâchement qui s'était introduit dans la com-
munauté de Paris durant les longues absences que

la fondation de Rouen avait imposées au supérieur ; car on trouva bien dur, lui revenu, de reprendre la régularité et les mortifications auxquelles il tenait avec tant de raison : c'était la nature qui regimbait contre l'effort de la grâce. Cependant les Frères eussent été bien dociles, si la révolte ne leur eût été soufflée du dehors. On leur fit entendre qu'il n'était pas juste que la pension payée aux Frères des écoles servît à nourrir aussi tout le noviciat : seuls, ils seraient à l'aise ; avec la charge du noviciat, ils étaient réduits à une gêne extrême, dommageable à leur santé. D'ailleurs, pourquoi les Frères de Saint-Sulpice ne constitueraient-ils pas une communauté particulière et autonome ? Pourquoi rester sous la dépendance d'un supérieur étranger au clergé de la paroisse ? C'était, on le voit, un complot pour faire un schisme dans l'Institut.

Un esprit osé et turbulent s'offrit pour en faciliter l'exécution, et il travailla à gagner des affidés. Déjà ses premières tentatives avaient eu quelques succès, lorsque l'un des Frères, pris de remords, dévoila le secret devant toute la communauté, et s'accusa d'avoir promis son concours à une entreprise qui avait pour but de renverser l'autorité du supérieur. Cette révélation produisit parmi les Frères présents une véritable stupeur. Quel étonnement pour ceux qui n'avaient rien appris ! Quelle confusion pour ceux qui avaient trempé dans l'affaire ! Tous virent alors à quels excès pouvait conduire le relâchement. Le plus coupable dut quitter la maison ; et, grâce à une heureuse réaction produite par le repentir, tous les Frères reprirent avec courage leurs habitudes de vie fervente. Par le calme et la paternelle bonté dont il fit preuve en cette occasion, Jean-Baptiste s'attacha plus étroitement que jamais les cœurs de ses enfants. Dieu permit ainsi que les liens de communauté fussent resserrés par la secousse même qui avait failli les briser.

UN SÉMINAIRE DE MAITRES A SAINT-DENIS — PROCÈS CLÉMENT
1707-1712

Pendant qu'il était aux prises avec ces difficultés, Jean-Baptiste de la Salle donnait les mains à une fondation qui devait aboutir à la plus humiliante catastrophe : nous voulons parler du séminaire des maîtres de campagne ouvert à Saint-Denis, et du honteux procès dont il fut l'occasion.

Tout en cultivant avec amour son cher noviciat de Frères, le Saint ne perdait jamais de vue l'entreprise des maîtres laïques pour la campagne. Depuis que le séminaire de Saint-Hippolyte était tombé par l'infidélité de Nicolas Vuyart, il en projetait un autre. Il tenait même en réserve, pour cette œuvre, une somme importante, que les besoins de l'Institut ne lui avaient point fait entamer. Il lui sembla, au printemps de l'année 1707, que la Providence même lui présentait l'occasion de réaliser son dessein.

Il reçut alors la visite d'un jeune clerc, nommé Clément, fils d'un célèbre chirurgien de Paris. Ame ardente, d'un zèle impétueux, très désireux de créer une œuvre nouvelle, Clément vint demander à Jean-Baptiste deux Frères, pour fonder une école d'apprentissage, où les enfants seraient élevés, depuis l'âge de sept ans jusqu'à l'âge de vingt ans, dans l'exercice de quelque métier. En homme sage, qui ne veut ni décourager l'initiative ni se jeter dans les hasards, le Saint répondit qu'il se prêterait volontiers à cette œuvre, mais seulement dans la mesure où elle concourrait aux fins de l'Institut. Après de nombreux entretiens, Clément modifia son plan de manière à remplir à la fois les vues de Jean-Baptiste et ses propres desseins : il résolut d'ouvrir, dans une même maison, un séminaire de maîtres et une école professionnelle. Le projet était d'autant plus heureux que les maîtres trouveraient ainsi, près d'eux, une école d'application.

Néanmoins Jean-Baptiste ne se pressa point ; il temporisa plus d'une année, avant de se rendre aux vœux de Clément. Il voulait s'assurer de la constance du jeune homme, obtenir l'agrément de l'archevêque, étudier les conditions matérielles de l'exécution. Après dix-huit mois de réflexion, le 23 octobre 1708, il permit enfin de signer le contrat qui l'engageait dans la fondation. Par ce contrat, le jeune Clément se portait acquéreur, pour treize mille livres, d'une maison située à Saint-Denis. L'acte fut passé au nom de Rogier, ami intime de Jean-Baptiste, qui avait joint ses instances à celles de bien d'autres pour lui faire accepter les offres de Clément. Jean-Baptiste versa les cinq mille deux cents livres qu'on exigeait comme première mise de fonds ; mais Clément, le vrai acquéreur de la maison, lui signa une reconnaissance de la somme avancée.

Dès que la maison fut en état, au printemps de 1709, les Frères en prirent possession ; des jeunes gens s'y présentèrent aussitôt pour apprendre l'art d'être bons maîtres d'école. Organisé comme l'avaient été ceux de Reims et de Saint-Hippolyte, le nouveau séminaire allait bien et promettait d'heureux résultats : le cardinal en exprima son contentement ; le roi accorda des faveurs. Clément, ravi de sa fondation, visitait souvent les Frères et leur témoignait le plus vif attachement. A plusieurs reprises, il prouva par des actes qu'il aimait l'œuvre ; il repoussa même avec indignation les conseils que lui donnait son père de l'abandonner.

Mais la richesse et les honneurs visitèrent le jeune fondateur : vers la fin de 1709, il fut pourvu de l'opulente abbaye de Saint-Calais, avec un canonicat à la cathédrale du Mans ; en 1711, son père obtint de Louis XIV des lettres d'anoblissement. Inconsciemment d'abord, son âme subit une infiltration lente de sentiments d'intérêt, d'orgueil et d'ambition. Une œuvre aussi modeste que le séminaire des maîtres d'école l'intéressa, dès lors, moins vivement. Il faut une si grande force morale pour aimer encore, parmi les grandeurs, les choses obscures ! L'abbé de Saint-Calais n'eut pas cette force d'âme. Sous prétexte de dignité, il descendit même jusqu'au dernier degré de la bassesse. Car, non seulement il se désintéressa désormais de l'œuvre des écoles, mais il refusa de payer la somme dont il avait signé une reconnaissance ; il ne rougit pas de nier la dette elle-même. Bientôt il prétendit n'avoir donné à la fondation de Saint-Denis qu'un concours forcé ; il en vint, à l'instigation de son père, jusqu'à accuser Jean-Baptiste de la Salle d'avoir suborné un mineur en lui faisant signer une promesse d'argent.

Lorsque le Saint apprit la nouvelle de cette odieuse trahison, il accourut du Midi où il visitait ses écoles, espérant que de loyales explications mettraient la vérité dans tout son jour, sauveraient l'œuvre compromise de Saint-Denis, et vengeraient son honneur de l'accusation d'avoir suborné un mineur. Mais les Clément, gens parvenus, ne comprirent rien à la noblesse de ses démarches ; le fils maintint ses calomnieuses accusations, et le père, repoussant tout accommodement, saisit de l'affaire le lieutenant civil du Châtelet. Le 23 janvier 1712, le magistrat citait à sa barre la victime d'une si criante déloyauté.

Obligé de se défendre, Jean-Baptiste y procéda avec autant de modération que de désintéressement. Ayant rassemblé les pièces qui démontraient son plein droit, il rédigea un Mémoire justificatif, qu'il remit aux mains de personnes de crédit. Puis, plein de confiance dans la justice de sa cause, il partit de nouveau pour le Midi.

Mais il comptait sans la trahison. L'abbé de Saint-Calais, devenu son ennemi, joua de l'intrigue contre lui ; Rogier, méconnaissant son ami, se porta partie civile dans l'affaire, et demanda que la maison de Saint-Denis lui fût adjugée ; les personnes auxquelles le Saint avait remis sa défense l'abandonnèrent à leur tour, car elles n'usèrent pas de leur puissante influence pour prévenir une si grande iniquité.

Les sentences du Châtelet furent ce qu'on pouvait attendre en de telles conjonctures : Jean-Baptiste fut condamné à rendre à l'abbé Clément la reconnaissance de cinq mille deux cents livres, puis à lui restituer deux mille trois cents livres qu'il avait versées dans l'œuvre de Saint-Denis ; en même temps, il était flétri pour subornation de mineurs, et invité à ne plus « user de pareilles voies ». La maison de Saint-Denis était attribuée à Rogier, qui pourtant n'avait avancé aucun argent, et le tribunal enjoignait aux Frères d'en sortir dans les huit jours, sinon les meubles seraient jetés à la rue.

Toutes les pièces du procès, assignations et sentences, envoyées à Jean-Baptiste, le jetèrent dans le plus profond accablement. Il était blessé dans ses droits ; une note infamante s'attachait à son nom. Et pourtant ni l'injustice ni l'humiliation ne le troublèrent autant que la crainte d'être abandonné de ses Frères. Les Frères lui avaient transmis, sans commentaire et sans protestation, les pièces du procès : ne les avait-on pas enfin détachés de sa personne ? Cette angoissante question tourmenta longtemps son cœur de père.

CHAPITRE VIII

SÉJOUR DANS LE MIDI

1711-1714

JEAN-BAPTISTE VISITE LES ÉTABLISSEMENTS DU MIDI

1711-1712

Si les épreuves et les humiliations faisaient au cœur de Jean-Baptiste de douloureuses blessures, du moins elles n'altéraient point son amour pour l'Institut et ne brisaient point son courage. Avec une infatigable activité, il veillait sur toutes ses fondations, il pourvoyait aux besoins temporels et spirituels de tous ses Frères. Dès les débuts, il avait établi la visite régulière des écoles et des communautés, tant il était persuadé qu'une inspection paternelle et vigilante est souverainement efficace pour maintenir dans l'ordre les hommes et les institutions. Longtemps il s'était acquitté par lui-même de ce capital devoir. Mais, lorsque les écoles se furent multipliées, il dut partager la tâche : en 1708, par exemple, le frère Ponce fut chargé d'inspecter les fondations du Midi, et le frère Joseph celles de l'Est, tandis qu'il se réservait lui-même celles de Paris, Chartres, Dijon. Troyes, Calais, Darnétal et Rouen.

Depuis la création de l'école d'Avignon, en 1703, il lui tardait de visiter le Midi. Les établissements des Frères y étaient en pleine prospérité; ses fils l'y appelaient de leurs plus ardents désirs; les bienfaiteurs des écoles souhaitaient de le voir; il formait lui-même dans son cœur le secret dessein d'ouvrir un noviciat en Provence. Au commencement de 1711, il se détermina enfin à ce lointain voyage.

Cette première absence ne dura pas huit mois entiers; parti de Paris le 11 février, il y revint vers la fin de septembre de la même année. De cette course rapide, dont l'itinéraire même nous échappe, nous ne connaissons qu'un petit nombre d'incidents.

Son arrivée fut partout, pour les Frères, une agréable surprise; car il ne s'était pas annoncé. Les évêques des villes qu'il traversa le reçurent avec distinction. Son nom était déjà connu et vénéré; aussi fut-il accueilli des populations comme un envoyé de Dieu. N'étant point allé chercher les honneurs, il savait se soustraire aux ovations, et s'enfermait avec les Frères dans la solitude de leur résidence. Il leur apportait, par sa présence, le bienfait de la retraite; et, durant cette récollection de huit jours, il n'étudiait pas seulement les besoins intimes de leurs âmes, mais aussi les habitudes du pays pour y adapter les méthodes d'instruction, les préjugés et les défauts des populations pour y porter remède.

A Avignon, son influence, près des notables de la ville, dut être d'un grand poids pour amener à une bonne issue un procès qu'intentaient aux Frères les maîtres écrivains. Plus amis de la liberté qu'à Paris et à Rouen, les magistrats d'Avignon n'exigèrent point que les élèves des Frères fussent munis d'un certificat d'indigence ; mais ils abandonnèrent l'enseignement primaire de la ville à la libre concurrence. C'était inviter les maîtres écrivains à recruter leurs élèves et à mériter la confiance des familles, par leur valeur morale et pédagogique. Une solution si libérale mettait les Frères à l'abri des vexations dont l'Institut avait tant souffert à Paris et préparait de loin le triomphe du système de la gratuité.

D'Avignon, Jean-Baptiste se rendit à Marseille. L'accueil qu'il y reçut fut si flatteur et lui parut si cordial, qu'il résolut de créer dans cette ville le noviciat qu'il projetait. Mais il n'eut point alors le loisir d'y travailler ; car il venait d'être brusquement rappelé à Paris pour la honteuse affaire de l'abbé Clément.

Son passage à travers les provinces du Midi, en lui révélant les besoins de la population des villes, avait avivé dans son âme son zèle pour les écoles. Les enfants pauvres, dépourvus comme ailleurs de maîtres chrétiens, y étaient particulièrement exposés aux entraînements de la légèreté et aux séductions de l'hérésie ; c'étaient des âmes à sauver du péril huguenot, aussi bien que de l'ignorance et du vice. D'autre part, le peuple y était ouvert, le clergé sympathique. Un champ fertile, qu'il était urgent de préserver de la mauvaise semence, s'ouvrait donc devant lui. Créer là-bas de nombreuses écoles, y former des maîtres du pays dans un noviciat, telle était la sainte ambition de son cœur.

Aussi eut-il hâte de mettre ordre aux affaires qui l'avaient rappelé à Paris. Dès qu'il eut recueilli et remis en des mains qu'il croyait sûres les pièces de son procès, il partit pour la Provence, montrant ainsi qu'il avait plus de souci des intérêts de Dieu et du développement de son Institut que de la défense de sa propre réputation. Et comme il prévoyait que son absence pouvait se prolonger, il pourvut au gouvernement des communautés du Nord : par un acte authentique du 16 novembre 1711, il nomma le frère Joseph visiteur ; il confia au frère Barthélemy le soin de maintenir l'ordre et la régularité en son absence, sans toutefois l'établir publiquement comme son représentant officiel. Il comptait sans doute l'inspirer de ses conseils par une correspondance assidue. Nul doute que, sans les malentendus provoqués par le procès Clément, l'Institut n'eût été très régulièrement gouverné. En tout cas, cette organisation prouve assez clairement que le départ de Jean-Baptiste n'avait point le caractère d'une fuite : il ne craignait pas ses ennemis, il n'abandonnait pas ses Frères, il allait là où l'appelait la voix de Dieu.

Il quitta Paris au mois de mars 1712, et visita Avignon, Alais, Les Vans et Mende.

Durant le mois qu'il passa parmi les Frères d'Avignon, il ne rougit point de faire la classe aux plus petits enfants et de les conduire à l'église à travers les rues. Un jour un homme du monde, après avoir été témoin de cet acte d'humilité, le voyait à l'autel dans le rayonnement de la piété. Il voulut savoir quel était ce prêtre ; et comme on lui répondait que c'était l'instituteur même de l'œuvre des écoles :

« J'ai bien pensé, s'écria-t-il, qu'il fallait que ce fût un grand homme de bien. »

Pour visiter Les Vans et Mende, le serviteur de Dieu dut s'engager à travers les montagnes, moins dangereuses par leurs précipices que par les huguenots qui les infestaient ; mais aucun péril ne l'arrêtait, lorsqu'il s'agissait de porter à des Frères si isolés les joies de sa présence et le secours de ses encouragements.

Une question délicate venait d'être soulevée à l'occasion de l'école des Vans. L'évêque d'Uzès, qui aimait les Frères de cette école, avait, à leur sujet, des prétentions qui eussent été fort gênantes pour l'administration de l'Institut. Il voulait ériger en principe que les Frères ne pourraient être changés sans son assentiment ; c'était, disait-il, pour assurer la stabilité des maîtres qui réussissent, stabilité essentielle à leur influence près des enfants et des familles. Jean-Baptiste n'hésita pas à entreprendre le voyage d'Uzès pour faire entendre au zélé prélat que, dans une Congrégation, le supérieur doit disposer en maître-absolu des sujets qui la composent ; qu'il s'inspire assurément du principe de la stabilité, mais que seul il peut tenir un juste compte des intérêts généraux de l'Institut et des avantages particuliers de chaque communauté. L'évêque d'Uzès, frappé de ces raisons, lui laissa la liberté de faire aux Vans les changements qu'il méditait et le combla des témoignages de sa bonté.

D'Uzès, Jean-Baptiste se rendit à Marseille, où il était impatiemment attendu.

JEAN-BAPTISTE DE LA SALLE A MARSEILLE — SON NOVICIAT
— TERRIBLE PERSÉCUTION SOULEVÉE CONTRE LUI
1712-1713

Le Saint allait à Marseille le cœur ouvert à l'espérance; de si vives sympathies l'y appelaient, qu'il comptait y faire un séjour prolongé et travailler efficacement à la propagation de sa chère œuvre des écoles.

Il fut très entouré dans les commencements. Les prêtres qui passaient pour les plus fervents voulurent s'entretenir avec lui; ils l'invitèrent même à honorer de sa présence les conférences qu'ils tenaient fréquemment entre eux. L'évêque, Xavier de Belzunce, lui témoigna, ainsi qu'aux Frères, la plus sincère bienveillance, et ne lui cacha point le dessein qu'il avait conçu de lui remettre toutes les écoles charitables de la ville.

Mais il fallait d'abord former des sujets tirés du pays lui-même, afin qu'ils fussent au courant du langage et des habitudes de la Provence. La création d'un noviciat s'imposait donc. Elle s'opéra comme par enchantement, car presque tous les curés de la ville voulurent contribuer à l'établissement : les uns donnèrent les premiers fonds, les autres garantirent des assurances pour l'avenir; les laïques eux-mêmes subirent l'entraînement. Sans tarder, une maison commode fut louée dans un quartier tranquille; elle fut aussitôt meublée. De divers côtés, on se mit en campagne pour recruter des novices, et, en peu de

temps, le nombre des postulants dépassa l'attente
du serviteur de Dieu.

Pour former à loisir ces jeunes gens, Jean-Bap-
tiste s'enferma avec eux dans la solitude. Là, à
l'abri des vanités et des illusions du monde, il leur
révélait les secrets de la perfection religieuse, les
nourrissait de sa parole et les animait de ses
exemples. Il s'adonnait d'autant plus exclusivement
à ce travail de vie intérieure, qu'il avait alors
presque totalement interrompu sa correspondance
avec les communautés du Nord; car c'était au mo-
ment où il avait des doutes sur le parfait attache-
ment des Frères de Paris. Mais s'il avait des tris-
tesses au sujet du procès Clément, du moins l'heu-
reux entrain des œuvres de Marseille lui donnait de
la consolation.

Pourtant, remarque son biographe, le plein succès
de son entreprise l'inquiétait : lui qui était accou-
tumé à semer dans les larmes, il craignait qu'une
moisson si promptement levée n'arrivât pas à matu-
rité. Hélas! ce pressentiment ne le trompait pas;
car, par un brusque revirement d'opinion, l'ardeur
bouillante que Marseille avait mise à son service
allait se retourner contre lui en violente persécu-
tion. D'où vint un changement si prompt et si
radical? Il faut en chercher la vraie cause dans la
répugnance irréductible de Jean-Baptiste pour le
parti de Jansénius.

La lutte janséniste en était alors, en France, à
son plus haut degré de chaleur; et nulle part elle
n'était plus ardente qu'à Marseille. C'était une tac-
tique habile, dans le parti, de gagner par une lente
séduction les hommes que leur mérite intellectuel

où leurs œuvres morales mettaient le plus en vue. La conquête d'un homme aussi considérable que Jean-Baptiste de la Salle avait paru mériter tous les efforts; aussi avait-il été entouré, assisté, flatté, puissamment soutenu dans ses entreprises. Quelque habilement dissimulé que fût le piège, notre Saint le découvrit et y échappa. Dans les conférences auxquelles il était convié, il entendit proférer les critiques les plus acerbes contre le Pontife romain; puis on soutint devant lui des propositions où on rangeait parmi les pélagiens ceux qui ne suivaient pas la doctrine de Jansénius. Le sens catholique dont son âme était douée s'indigna de cette attitude; et il rompit entièrement avec des protecteurs qui ne professaient plus la même foi que lui. Plutôt que d'altérer la pureté de sa croyance, plutôt que de donner le change sur ses vrais sentiments, il préféra exposer, par une franche confession, ses chères œuvres à une perte certaine.

Les jansénistes, en effet, désespérant de le gagner, irrités de trouver en lui un censeur courageux, le traitèrent désormais en ennemi, et la guerre fut poussée avec acharnement.

On commença par lui refuser l'école charitable de Saint-Martin, où il était sur le point d'entrer avec les Frères. L'intrigue mit tout en œuvre pour inspirer de la défiance à l'égard des méthodes des nouveaux maîtres, et les bailleurs de fonds, ainsi que l'évêque, se laissèrent gagner. A cette nouvelle, Jean-Baptiste n'éleva aucune plainte; il dit seulement avec douceur : « Dieu soit béni! apparemment que ce n'est pas sa volonté que cet établissement se fasse. »

8*

Par des insinuations perfides, on parvint à détacher de lui les deux Frères qui tenaient l'école des jeunes matelots au faubourg Saint-Laurent. Le Saint exigeait que ces deux religieux vinssent chaque jour renouveler leur ferveur en prenant part aux exercices du noviciat ; mais ils réussirent, en faisant jouer l'influence des bienfaiteurs de leur école, à secouer un joug qui leur pesait, et leur infidélité alla si loin, qu'ils dirent impudemment un jour à leur saint fondateur « qu'il n'était venu en Provence que pour détruire et non pour édifier ».

Le noviciat était l'œuvre capitale du Saint : on l'attaqua. Les secours pécuniaires furent d'abord supprimés. Mais, contre un homme accoutumé à supporter la faim et la soif, et capable d'inspirer à ses disciples l'amour des plus dures privations, cette tactique n'eût produit aucun résultat. Puisqu'on ne pouvait réduire par la famine cette place forte, on résolut d'y pénétrer pour y semer le mauvais esprit. Plusieurs novices, en effet, furent séduits et sortirent. Devenus infidèles, ils furent, hors de la maison, des instruments de persécution entre les mains du parti janséniste. Les pratiques du noviciat, déformées par leurs récits et prises à rebours par le public, fournirent la matière d'un libelle diffamatoire contre le Saint. Celui-ci eut beau écrire un Mémoire justificatif, sa réponse n'arrêta point la calomnie. Car ainsi vont les choses, chaque fois qu'éclate un scandale : on prête curieusement l'oreille à l'accusation, mais on demeure indifférent à la défense.

Le résultat de cette odieuse campagne fut désastreux. Le serviteur de Dieu encourut la mésestime du grand nombre; il vit son noviciat dépeuplé et presque entièrement ruiné. Pour surcroît de douleur, certains Frères du Midi profitèrent de la confusion pour se soustraire à la régularité. C'est alors que, pour calmer ses ennemis, le Saint résolut de disparaître. Mais que devenir?

Depuis longtemps, il souhaitait de visiter Rome : l'occasion n'était-elle pas propice pour aller prier au tombeau des Apôtres et déposer, aux pieds du vicaire de Jésus-Christ, le sincère témoignage de sa soumission? Conjointement avec le frère Gabriel, son cher disciple, il presserait l'approbation de son Institut, et, fort de la parole pontificale, il défendrait sa chère œuvre des écoles avec un nouveau courage et un succès plus assuré. L'évêque de Marseille, averti, l'arrêta, et l'invita à rester encore pour prendre possession de l'école de Notre-Dame des Accoules. « Dieu soit béni! dit simplement le Saint, me voilà revenu de Rome. Ce n'est pas sa volonté que j'y aille ; il veut que je m'emploie à autre chose. »

L'illusion fut de courte durée ; car toute l'affection de l'évêque ne put le protéger contre la fureur des jansénistes, et l'école des Accoules échoua, comme avait échoué l'école Saint-Martin. Troublé de tous ces échecs, le Saint tomba dans une douloureuse perplexité ; il se demanda « si une œuvre que tout le monde contredisait n'était point l'ouvrage de son propre esprit ». Dans cette angoisse, l'oraison devint pour lui sans attrait ; le ciel semblait fermé sur sa tête. Il s'éloigna alors de Marseille en disant : « Je suis persuadé que mon absence calmera l'agitation de mes ennemis, et leur inspirera des pensées de paix pour mes chers enfants. »

Ainsi, après un an de durs labeurs dans cette grande cité, il semblait n'avoir rien récolté, et il partait découragé. Cependant un sol arrosé de tant de larmes ne devait point rester ingrat ; suivant l'assurance que lui fit donner une pieuse servante de Dieu, les Frères devaient s'y multiplier et leurs écoles y fleurir.

De Marseille, Jean-Baptiste se rendit au désert de la Sainte-Baume ; et, après quarante jours de prière et de pénitence, il se sentit réconforté. C'est alors que son amour persévérant pour l'Institut le porta vers ses enfants de Grenoble, dont il n'avait pas encore visité les écoles.

JEAN-BAPTISTE A GRENOBLE — IL VISITE LA GRANDE-CHARTREUSE ET FAIT UNE RETRAITE A PARMÉNIE

1713-1714

La petite communauté de Grenoble vivait dans une religieuse paix ; car les troubles de Marseille ne s'étaient point fait sentir jusque-là. Jean-Baptiste s'y reposa environ six mois, depuis la fin de l'été 1713 jusqu'au printemps de l'année suivante. Près de ses chers disciples, qu'il trouva très fervents et pleins de tendresse pour lui, il suivit librement le puissant attrait qui le portait vers l'oraison et la mortification.

Il choisit, dans la maison des Frères, la chambre la plus solitaire et la plus incommode, et il y vécut, séparé du monde, comme un religieux dans le cloître. Quoiqu'il eût des amis dans le clergé de la ville, il s'abstint de toute visite et demeura caché dans l'obscurité volontaire dont il s'enveloppait. Les heures de jour et de nuit qu'il consumait dans la prière lui paraissaient la meilleure expression qu'il pût donner de son dévouement à l'Institut.

Ce ne fut point pour sortir de la retraite, mais pour en accroître en lui l'amour, qu'il visita la Grande-Chartreuse, où, durant trois jours, il partagea la vie silencieuse et pénitente des fils de saint Bruno. Il eut grand soin de cacher son nom, dans une maison où l'on n'eût pas manqué de combler d'honneurs un ancien chanoine de Reims. Cependant, à l'air de distinction et de sainteté qui rayonnait dans toute sa personne, le prieur reconnut que ce n'était pas un visiteur ordinaire, et il fit de grands efforts pour le retenir longtemps. Mais ce fut en vain ; car Jean-Baptiste ne se laissa séduire ni par les invitations pressantes du prieur, ni par son attrait pour la solitude : sa chartreuse, à lui, était sa cellule au milieu de ses Frères. Il y redescendit et reprit avec eux ses austères habitudes de prière et de pénitence.

Ayant envoyé le Frère directeur de Grenoble vers les écoles du Nord, dont il désirait savoir la situation autrement que par lettre, il le remplaça lui-même dans l'école. Mais il voulut prendre pour son lot les enfants les plus petits qui apprenaient l'*a b c,* et surtout les plus déshérités du côté de l'esprit, ceux dont l'intelligence ou la mémoire exerçaient le plus la patience du maître. Son humilité le portait vers ce travail ingrat, et, pour prix de cette condescendance, Dieu lui accordait une grâce spéciale pour faire avancer les plus ignorants et les plus difficiles. Comme à Paris, à Reims, à Avignon, il conduisit les enfants, en rang, à travers les rues, pour entendre la messe chaque jour après la classe du matin. Les habitants de Grenoble apprirent alors à le connaître, et ils se sentirent pénétrés pour lui d'un vif sentiment de respect et d'admiration ; ils le distinguèrent parmi tous les ecclésiastiques de la ville et ne l'appelèrent jamais que « le saint prêtre ».

Durant le séjour qu'il fit à Grenoble, il éprouva une nouvelle crise de rhumatisme, mais si violente que ses jours mêmes furent en danger. Ce fut alors un grand émoi dans la ville et un véritable affolement pour ses chers disciples : les sympathies qu'on avait pour lui étaient si profondes, que chacun était alarmé comme s'il eût été menacé dans sa propre maison. Seul, Jean-Baptiste restait calme au milieu de ses souffrances, et il disait en s'inspirant des paroles de Job : « Dieu soit loué ! que sa volonté se fasse, et non la nôtre ! Si nous recevons de lui la santé, il est juste que nous acceptions avec constance la maladie. Que son saint nom soit béni éternellement. » Tous les soins qu'on lui prodiguait restaient sans effet. C'est alors que, par amour pour ses enfants et pour son œuvre, il se condamna à ce remède effroyable qu'il avait pris à Vaugirard, et pour lequel sa chair avait une répugnance instinctive. Encore une fois, il s'étendit, tout perclus, sur une sorte de gril ; sous ses membres nus, des herbes odoriférantes furent allumées ; et tandis que sa chair s'imprégnait de ces fumées brûlantes, le Saint ne poussa pas un soupir ; il se contenta de dire à Dieu qu'il voulait tout souffrir pour sa chère œuvre.

Le remède fut efficace, le rhumatisme se dissipa; mais les forces furent lentes à revenir. Pour hâter la convalescence, il accepta de passer quelques semaines à Parménie, dans la maison de campagne de son ami l'abbé de Saléon, vicaire général de Grenoble. Parménie, située à sept lieues de Grenoble, sur la rive droite de l'Isère, était une colline escarpée et terminée en étroit plateau, où, depuis des siècles, les villages voisins venaient prier la Vierge dans un modeste sanctuaire. Ce lieu de pèlerinage avait été naguère relevé par une humble bergère, de mœurs simples et pures, connue dans le pays sous le nom de sœur Louise. Cette pieuse fille avait acquis une réputation extraordinaire de sainteté, et elle avait un don spécial pour le discernement des esprits; par une faveur singulière du Ciel, elle pénétrait le fond des cœurs et exerçait sur les âmes un prestige souverain qui les gagnait à Dieu. Elle avait soixante-huit ans, lorsque Jean-Baptiste arriva à Parménie, au mois de février 1714.

Durant les quinze jours de repos et de retraite qu'il passa dans l'ermitage de son ami de Saléon, il s'entretint plusieurs fois avec sœur Louise et la consulta comme l'oracle de Dieu. Il lui raconta sa vie, lui fit connaître l'Institut et l'œuvre des écoles, lui dit comment il venait d'être chassé de Marseille, et comment il se croyait plus propre à détruire qu'à édifier. Ne ferait-il pas mieux, dans l'intérêt même de l'Institut, d'achever ses jours dans la solitude et de ne penser désormais qu'au salut de son âme ? « Ce n'est pas la volonté de Dieu, répliqua sœur Louise; il ne faut point abandonner la famille dont Dieu vous a fait le père. Le travail est votre partage; il faut y persévérer jusqu'à la fin de vos jours. »

Réconforté par ces paroles, dans lesquelles il croyait entendre la voix du Ciel, Jean-Baptiste rentra à Grenoble, où de nouveaux combats l'attendaient. La Bulle *Unigenitus,* qui condamnait à nouveau le jansénisme dans les *Réflexions morales de Quesnel,* venait d'être publiée par l'évêque de Grenoble. Ce document qui, dans la pensée du pape Clément XI, devait terminer les disputes et apaiser les esprits, donna aux rebelles l'occasion d'exciter l'esprit de révolte. Mais Jean-Baptiste, non content de se soumettre personnellement à la Bulle, crut remplir un devoir sacerdotal en poursuivant avec zèle les doctrines réprouvées. Il réunit les Frères de Grenoble, leur commenta la Bulle, et leur expliqua les cent une propositions extraites du livre de Quesnel. Il manifesta si courageusement ses sentiments, que ce fut une grande joie pour les fidèles catholiques de Grenoble de se voir appuyés par un homme dont la sainteté éclatait à tous les regards. Une personne de dévotion, qui gardait le livre censuré, reçut de lui une sévère remontrance. « Eh quoi! lui dit-il, vous gardez un livre que l'Église vient de proscrire! » Le parti de Jansénius ne lui pardonna point ce zèle; mais les calomnies qu'on répandit alors contre lui n'eurent aucune prise dans une ville qui le vénérait pour sa vertu personnelle et qui admirait si hautement son œuvre des écoles.

Durant son séjour à Parménie, Dieu lui avait amené le lieutenant Dulac de Montisambert, jeune homme prédestiné, qui, devenu Frère, embauma l'Institut du parfum de ses vertus.

CE QUI SE PASSA DANS LE NORD DURANT L'ABSENCE
DE JEAN-BAPTISTE — LES FRÈRES RAPPELLENT LEUR SUPÉRIEUR
AU NOM DE L'OBÉISSANCE

1712-1714

L'absence de Jean-Baptiste ne fut pas sans produire, dans les communautés du Nord, surtout à Paris, un certain désarroi. Sans doute, il ne s'était pas éloigné sans organiser le gouvernement, puisqu'il avait nommé un visiteur et confié l'autorité au frère Barthélemy ; il avait même gardé, par lettres, des relations avec les principaux Frères. Étant à Grenoble, il avait député le Frère directeur vers les maisons du Nord, afin d'être exactement renseigné, par lui, sur la situation des Frères. Son départ n'avait pas été une fuite, et la prolongation de son exil volontaire n'était ni une désertion ni une marque d'indifférence.

Cependant l'Institut en eût souffert un vrai dommage, si la main de Dieu n'avait sauvegardé son œuvre. Dans les commencements surtout, les Frères du Nord entendirent peu parler de lui. La plupart ne suivaient point la trace de son itinéraire et ne savaient dans quelle retraite il s'était abrité. La malveillance aidant, le bruit se répandit même qu'il avait, par découragement, abandonné l'Institut. Plusieurs lettres qui lui étaient adressées se perdirent ; peut-être ne répondit-il pas à toutes celles qu'il reçut. Pourquoi s'enferma-t-il alors dans un silence déconcertant ? Voulut-il obliger les Frères à vivre, sans lui, sous l'autorité d'un supérieur pris parmi eux? ou bien gardait-il une réserve qui lui semblait commandée par une apparente défection des Frères de Paris? Nous ne saurions le dire. Ce que nous savons, c'est que dans le Midi il ne travailla que pour son Institut, c'est qu'il demeura préoccupé de toutes ses fondations, y compris celles du Nord.

D'autre part, le frère Barthélemy manquait de prestige et d'autorité pour gouverner l'Institut dans des conjonctures si délicates. C'était un homme doux et conciliant, aimé de tous, mais trop timide et trop modeste pour s'armer d'un pouvoir dont son supérieur ne l'avait pas officiellement investi. A l'autorité souveraine et incontestée du fondateur succédait donc l'autorité mal définie et purement provisoire du frère Barthélemy.

Sa vertu inspirait une telle vénération que la plupart des Frères, soit de Paris, soit de province, se soumirent pourtant à son autorité. Mais plusieurs sujets tombèrent dans le relâchement et perdirent leur vocation; il fallut même renvoyer certains esprits indociles.

De leur côté, les adversaires du Saint trouvaient le champ libre pour l'exécution de leurs projets. Ce que le fondateur avait toujours repoussé, le frère Barthélemy allait l'accepter. Ils lui persuadèrent, en effet, qu'il y aurait de grands avantages à faire donner par les évêques des supérieurs ecclésiastiques aux Frères de chaque diocèse : c'était la nouvelle organisation que, depuis dix ans, M. de la Chétardye rêvait pour l'Institut. Séduit par des suggestions venues de personnalités considérables, l'humble frère Barthélemy, par un acte de faiblesse dont on ne doit point lui tenir rigueur, écrivit à tous les évêques qui avaient des Frères dans leurs diocèses, pour les prier de les mettre sous l'autorité de supérieurs ecclésiastiques.

Cet acte étonna les administrations diocésaines, qui avaient trouvé juste que les Frères vécussent dans l'entière dépendance d'un même supérieur général ; il scandalisa les Frères et les irrita, parce qu'il leur parut en opposition avec une de leurs règles fondamentales et très propre à ruiner l'Institut ; les amis de Jean-Baptiste en furent très alarmés, comme d'un coup imprudent qui allait détruire son œuvre en brisant son unité.

Néanmoins des supérieurs ecclésiastiques furent nommés, et il faut rendre hommage à la délicatesse dont ils usèrent dans l'exercice de leur pouvoir ; car, par une grâce spéciale de Dieu, ils n'eurent d'autre souci que de maintenir l'Institut dans ses règles et dans son esprit.

Il y eut une exception pourtant, et ce fut à Paris. M. de Brou, prêtre attaché à la communauté de Saint-Sulpice, ne voulut point se contenter d'une autorité nominale. « Vous m'appelez votre supérieur, dit-il un jour aux Frères, il en faudrait donner des marques. » La première marque qu'il exigea fut une nomination officielle, signée des Frères ; mais cet acte, obtenu par la violence morale, objet de prompts regrets de la part des Frères, fut arraché, dès le retour de Jean-Baptiste, du registre de la maison. Après cette nomination officielle, M. de Brou fit une nouvelle rédaction des Règles, conformément à ses idées, et les présenta à l'approbation du cardinal de Noailles. Mais celui-ci, ayant retenu près de huit mois les nouvelles constitutions, fit enfin savoir à M. de Brou qu'il ne jugeait pas à propos de changer les Règlements des Frères.

Pendant ce temps, les Frères mettaient tout en œuvre pour défendre leur Institut menacé : ils multipliaient leurs prières, ils s'attachaient à une plus fidèle observation de leurs Règles, ils se serraient autour du frère Barthélemy, dont tous les conseils étaient désormais pour eux des ordres ; mais surtout ils écrivaient à leur bien-aimé père, dans sa solitude de Grenoble, pour lui faire part de leurs alarmes et le conjurer de revenir.

A la première nouvelle des atteintes portées à son œuvre, le serviteur de Dieu s'était contenté de ce cri de la foi : « Dieu soit béni ! si c'est son œuvre, il en aura soin. » Les sollicitations devinrent de jour en jour plus pressantes, et comme le serviteur de Dieu ne se hâtait pas, les principaux Frères de Paris, de Versailles et de Saint-Denis, lui adressèrent, le 1er avril 1714, la lettre suivante : « Monsieur notre très cher Père, Nous, principaux Frères des Écoles chrétiennes, ayant en vue la plus grande gloire de Dieu, le plus grand bien de l'Église et de notre Société, reconnaissons qu'il est d'une extrême nécessité que vous repreniez le soin et la conduite du saint œuvre de Dieu qui est aussi le vôtre, puisqu'il a plu au Seigneur de se servir de vous pour l'établir et le conduire depuis si longtemps. Tout le monde est convaincu que Dieu vous a donné et vous donne les grâces et les talents nécessaires pour bien gouverner cette nouvelle Compagnie, qui est d'une si grande utilité à l'Église ; et c'est avec justice que nous rendons témoignage que vous l'avez toujours conduite avec beaucoup de succès et d'édification. C'est pourquoi, monsieur, nous vous prions très humblement, et vous ordonnons au nom et de la part du corps de la Société auquel vous avez promis obéissance, de prendre incessamment soin du gouvernement général de notre Société... »

Cette injonction touchante, venue de ses fils, émut le cœur du père, et l'appel fait à son vœu d'obéissance chassa toutes les hésitations. « Je veux obéir aux Frères, dit-il à ceux qui voulaient le retenir encore ; ils me commandent de retourner à Paris. » Sans tarder, il fit ses adieux aux Frères de Grenoble et aux bienfaiteurs que ses écoles comptaient dans la ville.

Toutefois, avant de reprendre le chemin de Paris, il se rendit à Mende, où des discordes assez graves réclamaient sa présence. Il y reçut, de la part d'un Frère, un affront que son cœur de père sentit profondément ; mais l'humilité patiente qu'il garda dans cette conjoncture mérita au coupable le repentir, et à la fondation de Mende les bénédictions qui, dans la suite, firent sa prospérité.

Cette mission remplie, il se hâta de répondre à l'appel de ses enfants. Il arriva à Paris le 10 août 1714, quarante jours environ après la mort de M. de la Chétardye. Il se présenta, moins en maître qui veut s'imposer qu'en inférieur prêt à obéir aux Frères qui l'avaient mandé. « Me voici arrivé, leur dit-il, que voulez-vous de moi ? » Ce qu'ils voulaient de lui, leur lettre l'avait exprimé clairement : c'était qu'il reprît le gouvernement de l'Institut. Lui, au contraire, n'aspirait qu'à descendre au dernier rang. Dans son humilité, il se croyait désormais nuisible à l'Institut, et il souhaitait que pour réparer ce qu'il appelait ses fautes un autre supérieur prît sa place. Les Frères, qui avaient tant souffert de son absence, et qui redoutaient si fort les modifications qu'on menaçait de faire subir à leurs Règles, refusèrent alors de le décharger, et le supplièrent, à genoux et en larmes, de les gouverner encore.

Le serviteur de Dieu n'insista point, car il comprit que l'heure providentielle n'était pas venue. Mais il se comporta de telle sorte, que la situation nouvelle servît de transition entre l'ancien état de choses et le terme définitif auquel il tendait. Tandis que le frère Barthélemy expédiait les affaires, présidait les exercices communs, résolvait les difficultés courantes, s'exerçait en un mot à la supériorité, l'humble supérieur, tout en demeurant l'âme de l'Institut, se tenait caché, partageant son temps entre l'oraison et la composition d'ouvrages de piété. Il accoutumait ainsi doucement les Frères à se passer de lui.

CHAPITRE IX

DERNIÈRES ANNÉES

1715-1719

JEAN-BAPTISTE DE LA SALLE RAMÈNE LE NOVICIAT A SAINT-YON — SES VISITES A BOULOGNE ET A CALAIS

1715-1716

Après une année de séjour à Paris, Jean-Baptiste résolut de transférer de nouveau son noviciat à Saint-Yon, et d'aller lui-même, dans cette maison solitaire, se préparer à la mort. Bien réduit était alors le nombre des novices, tant les troubles des années précédentes avaient été désastreux au recrutement de l'Institut. Car les interventions tracassières du supérieur ecclésiastique de Paris dans le gouvernement de la communauté ne nuisaient pas moins à son développement qu'à sa liberté d'action. Il était donc opportun de soustraire à ces entraves le cœur même de la Congrégation. D'autre part, Louis XIV venait de mourir au mois de septembre 1715, et sa mort avait mis fin à la puissante

influence dont Mme de Maintenon avait si libérale-
ment usé en faveur de l'Institut ; cette brusque dimi-
nution des ressources matérielles imposait au supé-
rieur le devoir de diviser sa communauté.

Le noviciat quitta donc Paris au mois d'octobre
1715, et Jean-Baptiste prit à son tour le chemin de
Rouen deux mois après.

Depuis six ans, Jean-Baptiste n'avait fait à Saint-
Yon que de rares et courtes apparitions. Bien des
progrès s'y étaient réalisés dans l'intervalle. La
bienveillance du premier président, M. de Pont-
carré, ne s'était pas un instant démentie ; le cha-
noine Blain, le futur historien du serviteur de Dieu,
exerçait avec autant de discrétion que de sympathie
son rôle de supérieur ecclésiastique des Frères. Sous
la prudente direction du frère Dosithée, toutes les
œuvres s'étaient développées : un bâtiment isolé
avait été construit en prévision du retour des no-
vices ; le pensionnat des élèves libres s'était orga-
nisé ; le pensionnat de force se formait à son tour,
à l'instigation du président de Pontcarré.

Tout en suivant son attrait pour la solitude et la
vie d'oraison, et en vaquant à la composition de ses
Méditations, Jean-Baptiste entoura ces divers éta-
blissements de sa paternelle sollicitude.

Quoique le noviciat eût un excellent maître dans
le frère Barthélemy, il s'en occupa activement. Il
vivait au milieu de ses chers novices, partageait
leurs exercices pieux et se mêlait à leurs conversa-
tions ; il étudiait leurs défauts et se rendait compte
de leurs ressources intellectuelles et morales. Dans
les conférences publiques, il les excitait à la ferveur ;
dans le tête-à-tête des relations privées, il les façon-

nait un à un et les formait à l'art de se vaincre.
Par un don spécial de Dieu, il s'accommodait aux
besoins de chacun; plein de condescendance pour les
commençants et de bonté pour les timides, il aiguil-
lonnait les lâches, humiliait les orgueilleux, affer-
missait les chancelants.

Le pensionnat reçut alors de Jean-Baptiste ces
règles sages qui fixèrent son programme d'études et
son organisation disciplinaire, et dont les établisse-
ments modernes n'ont pas sensiblement modifié la
teneur. Aux maîtres surtout il donna ces principes
élevés d'éducation chrétienne qui n'ont rien perdu
de leur actualité. « Comme, par rapport aux élèves,
dit-il, le premier devoir des maîtres est de leur
donner une éducation chrétienne et civile, ils doivent
veiller à ne leur montrer en eux que des exemples
de vertu, d'union et de parfait accord : ils doivent
être pieux, charitables, justes, doués d'une grande
égalité d'humeur, et zélés pour former leurs élèves
au bien, à la société, et pour développer leurs
talents et leurs aptitudes selon les divers états aux-
quels les parents les destinent. C'est en vain qu'ils
se promettent leur estime, leur attachement, une
entière docilité aux leçons et aux avis donnés en
classe, s'ils ne leur donnent lieu de remarquer que
la religion, la raison, l'équité, la bienséance, les
inspirent en tout temps et les rendent irréprochables.
Il est essentiel qu'un maître ne donne jamais de
leçons, ni une instruction quelconque, sans s'y être
préparé et s'être mis en état de la bien faire. »

On comprend que de toutes parts on recherchât
les conseils d'un homme si éclairé.

Les Frères, heureux d'avoir recouvré leur père,

le consultaient par lettres ou de vive voix ; et, malgré son désir de s'effacer, le Saint ne pouvait se soustraire à leurs filiales importunités.

D'illustres visiteurs, avides de l'entendre, vinrent à Saint-Yon. Les premiers magistrats de Rouen et les ecclésiastiques les plus en vue se firent un bonheur de le voir. MM. Gense et de la Cocherie, les insignes bienfaiteurs des écoles de Calais et de Boulogne, voulurent saluer le fondateur de l'œuvre des écoles, qui se laissa aller, dans cette rencontre, à des épanchements qu'il ne se permettait qu'avec ses plus intimes amis : « Si Dieu, leur dit-il, en me montrant le bien que pouvait procurer cet Institut, m'eût aussi découvert les peines et les croix qui devaient l'accompagner, le courage m'eût manqué, et je n'aurais osé le toucher du bout des doigts, loin de m'en charger. En butte à la contradiction, je me suis vu persécuté de plusieurs prélats, même de ceux dont j'espérais du secours. Mes propres enfants... se sont élevés contre moi et ont ajouté aux croix du dehors celles du dedans, qui sont les plus sensibles... Si Dieu n'avait pas mis la main pour appuyer cet édifice d'une manière visible, il y a longtemps qu'il serait enseveli sous ses ruines. »

MM. Gense et de la Cocherie invitèrent Jean-Baptiste à se rendre compte par lui-même de la prospérité de ses écoles de Boulogne et de Calais, et, tout infirme qu'il était alors, il se mit en route au mois de juillet 1716.

Des honneurs extraordinaires, qui alarmèrent sa modestie, l'attendaient à Boulogne : le peuple se porta au-devant de lui, pour voir l'homme dont tous les pauvres bénissaient le nom, depuis que ses disciples tenaient des écoles ; le marquis de Colembert, qui commandait la place, lui prodigua les marques de la plus respectueuse sympathie ; M. de la Cocherie se fit un honneur de le recevoir dans sa maison ; mais personne n'éprouva une plus vive joie que la petite communauté des Frères.

A Calais, Jean-Baptiste ne fut pas moins comblé d'honneurs. M. Gense lui offrit l'hospitalité dans sa maison. Un jour qu'il était à table chez cet hôte généreux, il s'aperçut qu'un peintre prenait son portrait, ce dont il fut si peiné qu'il n'accepta plus les invitations de M. Gense. Les attentions délicates dont il était l'objet n'altéraient ni sa fermeté de caractère ni sa liberté apostolique. Comme il officiait à Calais le jour de l'Assomption, il remarqua que le doyen, dans son sermon, n'avait fait aucune allusion au mystère du jour. Soupçonnant dans cette réticence calculée l'influence des doctrines jansénistes, il en fit, avec douceur, l'observation au doyen. Celui-ci, frappé des raisons que le Saint lui apporta en faveur du culte de la Vierge, promit humblement de réparer sa faute le dimanche suivant : déférence vraiment sacerdotale, que Dieu bénit en donnant à sa parole des accents convaincus et pénétrants qui touchèrent profondément l'auditoire.

JEAN-BAPTISTE SE DÉMET DE LA SUPÉRIORITÉ
— ÉLECTION DU FRÈRE BARTHÉLEMY

1716-1717

Dès son retour à Saint-Yon, Jean-Baptiste s'occupa de mettre à exécution le projet qu'il poursuivait depuis deux ans. Ses infirmités croissantes lui annonçaient une fin prochaine, et il les prenait pour des avertissements providentiels qui l'invitaient à se démettre de la supériorité. Il y avait trente ans qu'il souhaitait de quitter la première place, pour satisfaire l'inclination qui le portait à l'obéissance, à l'oraison et à la vie cachée en Dieu ; ne pourrait-il pas enfin, au moment où les ombres du soir commençaient à l'envelopper, se décharger des affaires pour se recueillir dans le silence de la mort ? D'autre part, l'intérêt de l'Institut demandait qu'on procédât, de son vivant, à l'élection d'un Frère supérieur, parce que la transmission des pouvoirs se ferait sans trouble ; lui disparu, ne verrait-on pas surgir mille obstacles ?

Cette considération si fondée, et à laquelle le délabrement de la santé de Jean-Baptiste donnait plus de force, émut les Frères et gagna leur adhésion. Tout ce qu'ils avaient craint jusqu'alors, c'était de se priver de l'assistance et des conseils de leur bien-aimé père ; mais puisqu'il leur donnait l'assurance qu'il serait avec eux tout entier, qu'il les traiterait toujours comme ses enfants, pourquoi ne pas consentir au changement qu'il proposait ?

Les Frères de son entourage une fois conquis à son idée, Jean-Baptiste se mit en devoir de préparer l'élection du nouveau supérieur. Il le fit avec une régularité qui révèle une prudence consommée et un sens pratique peu ordinaire : telle qu'elle fut opérée, l'élection se trouvait, d'avance, ratifiée par tous les Frères.

Le 4 décembre 1716, il rassembla les six principaux Frères de Rouen, et, d'un commun accord, on délégua le frère Barthélemy près de toutes les communautés, pour les mettre au courant de la situation et recueillir leur adhésion à l'élection projetée. Investi de ce mandat, le frère Barthélemy visita les vingt-deux maisons de l'Institut et entendit tous les Frères. Lorsqu'il revint, cinq mois après, il apportait vingt-deux actes authentiques, revêtus de quatre-vingt-dix-neuf signatures, par lesquels les Frères agréaient, à l'unanimité, qu'une assemblée se tînt à Saint-Yon pour élire un nouveau supérieur et faire la revision des Règles.

Fort de ce consentement, Jean-Baptiste convoqua tous les directeurs pour le 16 mai 1717, jour de la Pentecôte. Seize seulement furent présents ; mais tous les Frères y étaient de cœur et de volonté, puisqu'ils avaient adhéré d'avance aux actes de ce Chapitre général.

L'assemblée s'ouvrit sous forme de retraite ; car le saint fondateur voulait que ses disciples se tinssent dans une étroite union à Dieu et dans une entière dépendance du Saint-Esprit. Avec une paternelle sollicitude, il leur donna les avis qu'il crut opportuns, tant pour les mettre dans une parfaite pureté d'intention que pour régler l'ordre qu'on suivrait dans les délibérations et dans l'élection ; il composa même, pour la circonstance, une prière qui devait être récitée plusieurs fois par jour.

Le mardi 18 mai était le jour marqué pour l'élection. Malgré les sollicitations pressantes des Frères, Jean-Baptiste ne voulut point présider, afin de leur faire mieux sentir la liberté de leurs suffrages. Lorsqu'il apprit que les voix avaient désigné le frère Barthélemy pour lui succéder, il n'en manifesta aucun étonnement et se contenta de dire : « Il y a longtemps qu'il en fait les fonctions. » Ce choix, conforme à ses désirs, ne surprit d'ailleurs personne. Car le frère Barthélemy, par sa bonté, son dévouement, son esprit surnaturel, avait gagné toutes les sympathies ; et les Frères, formés par lui pour la plupart, trouveraient douce et facile l'obéissance à ses ordres.

Seul, l'élu protesta contre l'honneur qui lui était fait, et supplia les Frères d'accepter qu'il se retirât ; mais l'élection, faite dans l'esprit de Dieu, fut maintenue. Pour faciliter la tâche du nouveau supérieur, l'assemblée lui donna deux assistants : le frère Jean, directeur de la maison de Paris, et le frère Joseph, directeur des écoles de Reims.

Comment dire la joie que ressentit alors le Saint? Par cette nomination, l'avenir de sa chère œuvre était assuré, et le fardeau des affaires ne pesait plus sur ses épaules meurtries ; les projets de ses adversaires étaient déjoués, et il pourrait enfin, sans dommage pour l'Institut, suivre son attrait pour l'obéissance et pour la vie cachée. Des esprits chagrins censurèrent cette démission : les uns l'accusèrent d'avoir succombé au découragement ; d'autres le taxèrent d'imprudence pour avoir remis à un Frère le gouvernement de l'Institut ; d'autres enfin furent assez désobligeants pour voir dans sa retraite le secret désir de se faire remarquer et de se mettre en relief. Ces vaines critiques exercèrent sa patience et le rassasièrent d'humiliation ; mais aucun regret ne vint troubler sa paix.

Avec quel bonheur, dès lors, il prit son rang d'inférieur et se voua à la pratique de l'obéissance !

Rien, dans sa conduite, ne laissa soupçonner qu'il eût jamais commandé ; il ne lui resta pas même, dans l'attitude et dans le ton de la voix, ce je ne sais quoi qui demeure, comme une empreinte de l'autorité, dans la personne de ceux qui l'ont une fois exercée. Il effaçait, autant que cela se pouvait, sa dignité sacerdotale, pour être l'égal des Frères ; on eût dit, à le voir si humilié et si honteux de lui-même, un prêtre condamné à faire pénitence en quelque monastère. Il fit tous ses efforts pour se dessaisir de l'influence morale que lui assurait son titre de fondateur ; car aux Frères qui s'adressaient encore à lui avec confiance et lui demandaient des permissions, il disait simplement : « Allez au Frère supérieur, je ne suis rien... Je ne veux plus me mêler de rien, que de penser à la mort et pleurer mes péchés. » Il poussa si loin l'humilité, qu'il ne voulut point être compté parmi les supérieurs de l'Institut. et que le frère Barthélemy dut être inscrit le premier de la série, comme s'il eût tenté d'effacer son souvenir d'une œuvre qui portera toujours sa vigoureuse empreinte et qui vivra toujours de l'esprit apostolique dont il l'a pétrie.

Le frère Barthélemy rivalisait d'humilité avec son bien-aimé père ; non seulement il ne lui manqua jamais d'égards, mais il lui témoigna toujours la plus filiale déférence. Par cette conduite respectueuse, il se concilia si bien l'affection de tous les Frères, que le changement d'administration se fit sans secousse, et que, deux ans plus tard, à la mort du Saint, l'Institut ne subit aucun ébranlement.

Mais l'assemblée de 1717 devait, après avoir élu son supérieur, procéder à la revision des Règles.

Elle s'en occupa en effet pendant plusieurs séances. Le texte que Jean-Baptiste avait rédigé dès 1695, et qu'il n'avait cessé de retoucher depuis lors, fut soumis de la part des Frères directeurs à un minutieux examen. Le Saint voulait ce contrôle des principaux membres de l'Institut, afin que la Règle s'imposât avec plus d'autorité ; car elle aurait été discutée et fixée par ceux-là mêmes qui en avaient longtemps vécu.

Lorsque les Frères en eurent mûrement délibéré, leurs observations furent remises au fondateur, afin qu'il les revît lui-même et en fît ce qu'il jugerait à propos. Il y travailla avec beaucoup de soin. Plusieurs parties furent ajoutées à la rédaction antérieure, particulièrement ce qui concerne la modestie et la régularité : pour ces additions, Jean-Baptiste s'inspira longuement des constitutions de la Compagnie de Jésus. Une fois retouchée de la main même de son auteur, la Règle fut envoyée dans toutes les maisons, paraphée et signée du frère Barthélemy. A ce texte, expédié en 1718, les Chapitres généraux n'ont apporté que des modifications sans importance, de sorte que les Constitutions actuelles de l'Institut représentent fidèlement la première institution, et les Frères, en les observant, ne sont point animés d'un autre esprit que celui de leur père.

SÉJOUR DE JEAN-BAPTISTE A SAINT-NICOLAS DU CHARDONNET — SON RETOUR A SAINT-YON ET LA VIE SAINTE QU'IL Y MÈNE

1717-1718

Jean-Baptiste avait terminé ce travail de revision lorsque, à l'automne de 1717, il accompagna à Paris le frère Barthélemy. Il y était appelé pour recevoir un legs de deux cent soixante livres de rente, que Rogier, son ancien ami, venait de lui laisser en mourant. Rogier, à sa dernière heure, s'était souvenu de son infidélité à l'égard du serviteur de Dieu ; la conscience lui avait rappelé que, dans cette maison de Saint-Denis, à lui adjugée par le Châtelet en 1712, il y avait une somme de cinq mille deux cents livres appartenant à Jean-Baptiste de la Salle. Quant à notre Saint, il avait oublié ses droits. Les intérêts du monde le touchaient si peu, qu'à la nouvelle de cette réparation tardive, mais nécessaire, il s'était écrié : « A quoi pense-t-on de faire des testaments en ma faveur ? Ne sait-on pas que j'ai renoncé à tous les biens du monde, et qu'il ne m'est plus permis d'avoir rien en propre ? »

Son humilité faillit priver l'Institut de cette juste restitution. Comme il était nommé, dans l'article du testament qui le concernait, supérieur des Frères des Écoles chrétiennes, il refusa de signer le reçu jusqu'à ce qu'on eût supprimé, dans l'acte, un titre qui n'était plus le sien. Il se faisait un point d'honneur de ne tolérer aucune équivoque ; et sa délicatesse était si intransigeante, qu'elle eût sacrifié l'argent plutôt que de porter atteinte à la loyauté.

Cet argent arrivait d'ailleurs fort à propos ; car, l'enclos de Saint-Yon ayant été mis en vente, les Frères se trouvèrent en mesure d'en faire l'acquisition. Par égard pour leur pauvreté, la mise à prix n'avait été que de quinze mille livres. Déjà, en prévision de cet achat, Jean-Baptiste avait placé six mille livres sur les octrois de Rouen ; de charitables amis de l'Institut firent des dons importants ; mais le total du versement ne fut réalisé que par le legs Rogier, lorsque l'exécuteur testamentaire, apprenant l'embarras des Frères, leur compta le capital de cinq mille deux cents livres à la place de la rente annuelle qu'il devait leur servir.

Durant le séjour qu'il fit à Paris, le Saint ne voulut point habiter chez les Frères, à la barrière de Sèvres : mais la discrétion seule l'éloigna de ses enfants. Il n'était plus leur supérieur ; sa présence eût pu faire ombrage. Craignant d'être traité avec trop d'honneur, il tenait à se soustraire à des témoignages de respect et d'obéissance qui devaient aller désormais au frère Barthélemy. Enfin, les antipathies à son égard n'étaient sans doute pas encore entièrement dissipées ; pour éviter aux Frères de nouvelles tempêtes, ne valait-il pas mieux s'établir loin de chez eux ?

Plein de ces humbles pensées, il choisit pour demeure la fervente communauté de Saint-Nicolas du Chardonnet, où le Frère procureur paya sa pension. Là, pendant cinq mois entiers, donnant libre cours à son attrait pour la solitude et l'oraison, il fit sur tout le séminaire une impression de sainteté dont témoigne la lettre écrite trois ans plus tard par le supérieur : « Nous avons eu l'honneur et l'avantage, dit le supérieur de Saint-Nicolas, de posséder ce saint prêtre dans notre séminaire, depuis le 4 octobre 1717 jusqu'au 7 mars 1718. Ce temps a été court, comme vous voyez ; mais il n'en a pas fallu davantage pour reconnaître en lui les dons particuliers que Dieu y avait mis, et les grâces mêmes qu'il s'étudiait le plus à cacher aux hommes. Nous avons surtout remarqué en lui un zèle et une ferveur extraordinaires pour sa propre perfection, une humilité profonde et un grand amour pour la mortification et la pauvreté. Non content de se trouver tous les jours, sans en manquer un seul, à tous les exercices de piété, il m'a avoué qu'il donnait encore régulièrement chaque jour deux heures et demie ou trois heures à la méditation. Il se rendait toujours des premiers à tous les exercices, et il n'y avait pour lui aucun article qui ne fût important. Il ne faisait rien sans conseil, et l'avis des autres lui paraissait toujours meilleur que le sien. Dans la conversation, il écoutait toujours plus volontiers qu'il ne parlait : on ne l'entendait jamais rien dire à son avantage. Sa mortification nous confondait, en nous édifiant. Il ne voulut jamais accepter de chambre à feu, quand il entra au séminaire ; et, au lieu de se chauffer avec les autres, au moins pendant le temps de la récréation, il aimait mieux s'entretenir dans les salles ou dans le jardin, avec quelques séminaristes, pour avoir l'occasion de leur inspirer quelque sainte maxime et le détachement des choses de la terre ; et comme sa modestie, son air recueilli et l'onction de ses entretiens ne laissaient point douter qu'il n'en pratiquât encore beaucoup plus qu'il n'en inspirait, on ne saurait exprimer le fruit qu'il a fait dans ce séminaire. »

C'était la première fois, depuis quarante ans, que Jean-Baptiste jouissait d'un vrai repos. Volontiers il l'eût prolongé ; de bon cœur il eût fini ses jours dans cette communauté de Saint-Nicolas, d'autant plus que, par la prière, il continuait de vivre pour ses enfants et avec ses enfants : qu'avaient-ils désormais à attendre de lui, que des prières ? Mais les Frères ne l'entendaient pas de la sorte : il leur semblait que leur père, vivant hors de chez eux, n'était plus à eux. Il leur appartenait ; c'était donc à eux qu'il devait ses exemples de vertu et ses conseils de sagesse. Le monde ne leur adresserait-il pas de justes critiques, s'ils laissaient leur saint fondateur achever sa carrière dans une communauté qui n'était pas la sienne ? Pour apaiser ces filiales inquiétudes et répondre à de si légitimes désirs, le frère Barthélemy pria Jean-Baptiste de revenir à Saint-Yon ; et, comme il en coûtait au serviteur de Dieu de quitter une solitude où il vivait enfin ignoré, il fallut que les directeurs de Saint-Nicolas intervinssent pour lui rappeler que ce dernier sacrifice était pour lui un devoir d'obéissance. A ce mot d'obéissance, toutes les répugnances se dissipèrent, et le Saint se mit en route pour Saint-Yon.

Les treize mois qu'il y va passer ne seront plus pour lui qu'une lente préparation à la mort.

Il s'achemina doucement vers sa dernière heure, moins entraîné par le poids de la nature que par son désir du ciel. Pour se disposer au suprême départ, il se dégagea de toutes les entraves ; il acheva de se déprendre de la terre, de sa famille, de ses disciples eux-mêmes.

Avec l'esprit d'ordre que, toute sa vie, il avait porté dans les affaires, il régla en détail tout ce qui concernait les biens de communauté, afin que sa mort ne créât aux Frères aucun embarras temporel.

Il brisa les derniers liens qui l'attachaient encore à ses parents ; déjà il avait cessé de correspondre avec son frère Louis, dont l'appel de la bulle *Unigenitus* lui avait si profondément blessé le cœur ; et à une nièce, qui le sollicitait d'assister à sa profession religieuse, il répondit : « Je vous prie de vous contenter de la promesse de m'unir à vous dans cette sainte action. »

En dépit de l'amour qu'il gardait à son œuvre, il s'étudiait à n'y paraître que comme un étranger. A ceux qui lui écrivaient, il répondait qu'il n'était « qu'un pauvre prêtre de Saint-Yon ». Aux Frères qui le consultaient, il disait : « Adressez-vous au Frère supérieur ; pour moi, je ne suis rien. Si vous voulez que ce qui regarde Saint-Yon et notre Institut réussisse, il est important que je ne m'en mêle en aucune manière, parce que je suis plus capable de détruire que d'édifier. »

Pourtant son reste de vie se dépensait pour l'Institut et profitait aux Frères. C'était pour sa chère œuvre qu'il passait de longues heures en oraison, dans cet oratoire solitaire situé au fond de l'enclos, dont le sol fut tant de fois rougi par les disciplines sanglantes de l'humble pénitent. C'était pour les Frères aussi, qu'au sortir de ses ferventes prières il écrivait sa lumineuse *Explication de la méthode d'oraison*. C'était l'amour des âmes qui le portait à confesser les Frères et les novices, à les affermir dans leur vocation par des entretiens spirituels, à visiter et à calmer les détenus de la maison de force, à chercher la conversation des enfants du pensionnat, qui l'écoutaient avec avidité et lui prodiguaient les marques les plus touchantes de respectueuse affection.

Dieu, qui ne voulait pas qu'une parcelle de cette grande vie fût perdue, la rendait donc féconde jusqu'au bout.

DERNIERS COMBATS ET DERNIÈRE HEURE
1719

Les derniers jours de Jean-Baptiste présentent, en raccourci, la fidèle image de ses combats et de ses vertus : sa foi brille d'un pur éclat, il boit jusqu'à la lie le calice de l'humiliation, son corps est livré à la souffrance, et son âme s'envole enfin vers Dieu dans l'extase de la piété et l'exercice de la charité.

Les jansénistes de Boulogne, en inscrivant son nom sur la liste des appelants, lui donnèrent l'occasion de manifester hautement sa foi. Plutôt que de se rendre suspect au sujet de la croyance, il rompit le silence dont son humilité aimait à s'envelopper. « J'ai trop de respect pour notre saint Père le Pape, dit-il dans une lettre du 28 janvier 1719, et trop de soumission pour les décisions du Saint-Siège pour ne pas y acquiescer. Il me suffit que celui qui est assis aujourd'hui sur la chaire de saint Pierre se

soit déclaré par une bulle acceptée par presque tous
les évêques du monde, et ait condamné les cent et
une propositions extraites du livre de Quesnel.
Après une décision si authentique de l'Église, je dis
avec saint Augustin que la cause est finie. » Une si
ferme déclaration pouvait attirer sur les Frères de
vives animosités ; mais le Saint préférait s'exposer
à une persécution ouverte que de laisser planer le
moindre doute sur sa foi. Grande leçon, d'ailleurs
religieusement écoutée et pratiquée, qu'il donnait à
ses fils.

Sa foi vengée, il rentra dans la solitude et le
silence : l'humiliation l'y suivit. Les paroles déso-
bligeantes ne lui manquèrent point dans son entou-
rage, puisqu'un Frère servant alla jusqu'à lui dire
qu'il était « nourri dans la maison par charité, en
qualité de pauvre prêtre qui n'était plus bon à rien ».
De tels propos, moins méchants que dépourvus de
sens, dédommagèrent le Saint des témoignages de
vénération dont tout Saint-Yon l'entourait. Bien
plus blessants furent les procédés de l'archevêque à
son égard. Sévère pour tous les prêtres de son dio-
cèse, M. d'Aubigné fut particulièrement dur envers
Jean-Baptiste de la Salle. Non content des rebuts
qu'il lui fit subir dans plusieurs visites à l'arche-
vêché, il assombrit ses derniers jours en le frappant
d'une peine disciplinaire qui, sur une mémoire
moins pure, serait restée comme une note infamante.
Un différend avec le curé de Saint-Sever en fut l'oc-
casion.

En 1706, le curé de Saint-Sever, voyant fleurir
les œuvres de Saint-Yon, s'était préoccupé de rat-
tacher à la paroisse cet établissement, et avait fait

signer à Jean-Baptiste un contrat qui obligeait tout Saint-Yon à participer aux Offices de l'église paroissiale. Le contrat avait d'abord été fidèlement observé ; mais, en 1715, la création du pensionnat de force avait nécessité un changement. Comme il était impossible de conduire les détenus à travers les rues, on avait dû célébrer les Offices religieux à Saint-Yon, comme on le faisait, de droit, dans toutes les maisons de force du royaume. Mais le curé de Saint-Sever avait vivement protesté contre cet état de choses : il avait dénoncé à l'officialité cette prétendue rupture du concordat. Admis à donner des explications, Jean-Baptiste le fit avec modération ; l'official rejeta ses raisons et ne craignit pas de l'accuser de mensonge. Portée devant l'archevêque, cette invraisemblable accusation prit de la consistance ; et ce fut pour châtier ce prétendu mensonge et cette prétendue violation d'un contrat que le prélat fit savoir à Jean-Baptiste de la Salle, trois ou quatre jours avant sa mort, qu'il était privé du pouvoir de confesser. L'humble mourant reçut le coup sans se plaindre, et personne, dans son entourage, ne sut alors quel amer calice lui avait été présenté dans son agonie. Un tel fait n'est point inouï dans les annales des Saints ; mais Dieu ne permet de pareilles méprises que lorsqu'il veut achever un grand ouvrage de sanctification dans les plus fidèles de ses serviteurs.

Déjà la maladie avait opéré de grands ravages dans le corps de Jean-Baptiste, et l'âme, se dégageant par degrés de sa prison de chair, allait prendre enfin son libre essor vers le ciel.

Depuis plus d'un an, son rhumatisme le tourmentait de nouveau, sans qu'aucun remède pût en atténuer la douleur ; l'humble patient en prenait son parti, et jamais il ne paraissait plus gai que lorsqu'il souffrait davantage. Vers la fin de février, le mal se compliqua d'une violente crise d'asthme qui, à plusieurs reprises, menaça d'étouffer le saint malade. Ses disciples alarmés le conjurèrent alors d'interrompre ses grandes austérités du carême ; mais il leur répondit doucement que, « la victime étant prête d'être immolée, il fallait bien travailler à la purifier. » Il se soumit pourtant aux légers adoucissements que l'obéissance lui imposa. Mais, l'heure de la délivrance ayant sonné pour lui, d'autres infirmités vinrent déjouer la filiale sollicitude de ses disciples : deux accidents, survenus coup sur coup, produisirent à la tête un abcès qui s'envenima promptement, pendant que de vives douleurs se déclaraient au côté.

Lorsque le médecin, persuadé que le malade était assez courageux pour entendre la vérité, lui annonça que le mal était sans espoir, Jean-Baptiste, loin de manifester de l'étonnement ou de l'effroi, en accueillit la nouvelle avec bonheur. Une joie toute céleste rayonna sur son visage : il allait donc quitter la terre et s'unir à Jésus-Christ ! Tant que la volonté de Dieu l'avait tenu au travail, il s'était dépensé vaillamment ; mais maintenant que sa mission était accomplie, quel contentement de mourir ! « J'espère, disait-il, que je serai bientôt délivré de l'Egypte, pour être introduit dans la véritable Terre promise. » Tout en prenant les remèdes par obéissance, il suppliait les Frères de ne point faire des frais désormais inutiles ; il ne voulait plus, disait-il, que recourir au souverain médecin des âmes, seul capable de lui procurer le soulagement qu'il appelait de tous ses vœux.

Contre toute attente, il fut capable, le jour de saint Joseph, de monter à l'autel et d'immoler encore l'auguste Victime à laquelle il allait s'unir. Les Frères, ravis, crurent un instant qu'un miracle leur avait rendu leur père. Mais la déception n'en fut que plus amère, lorsqu'ils virent le saint malade retomber dans la faiblesse des jours passés. Ils n'avaient plus, en attendant le dénouement fatal, qu'à recueillir ses dernières leçons.

Le lundi saint, 3 avril, Jean-Baptiste, encore dans la pleine possession de ses facultés mentales, fit son testament, œuvre d'humilité et de foi, où le fondateur de l'Institut recommande aux Frères « d'avoir une entière soumission à l'Église, de s'acquitter de leur emploi avec zèle et avec un grand désintéressement, et d'avoir entre eux une union intime et une obéissance aveugle envers leurs supérieurs ».

Le lendemain, mardi saint, M. du Jarrier-Bresnard, curé de Saint-Sever, vint le visiter et l'exhorter. Et comme il l'avertissait que la fin était imminente : « Je le sais, répondit doucement le serviteur de Dieu, et je suis très soumis à ses ordres. Mon sort est entre ses mains ; sa volonté soit faite. » Le saint malade demanda le Viatique pour le mercredi saint. Sa foi lui inspira de se lever pour recevoir son Maître, et on le revêtit du surplis et de l'étole. Sitôt qu'il entendit la sonnette du saint Sacrement, il se jeta à genoux, à la grande surprise de tous, ramassant le reste de ses forces pour se prosterner devant son Dieu. Ce mouvement de ferveur fut si prompt, qu'il donna le change aux assistants, et que plusieurs s'étonnèrent qu'on fit communier en viatique un homme qui paraissait encore plein de vigueur.

Le Saint, qui ne se méprenait point sur son état, demanda l'Extrême-Onction pour le lendemain, jeudi saint : ce fut encore des mains du curé de Saint-Sever qu'il reçut le sacrement des malades. Il entra alors dans un profond recueillement et demeura silencieux durant sept heures, uniquement occupé des grâces que Dieu venait de lui prodiguer. Dans l'après-midi, pressé de questions par ceux de ses enfants qui entouraient son lit, il se prêta à tous leurs désirs, donna à chacun les avis dont il avait besoin. A plusieurs d'entre eux il révéla ce qu'ils avaient de plus secret dans le cœur.

Sur le soir, la voix s'affaiblit et la parole devint plus difficile. Voyant qu'il allait entrer en agonie, les Frères se jetèrent à genoux pour recevoir sa bénédiction. Le frère Barthélemy, au nom de tous, le pria de bénir non seulement les assistants, mais aussi tous les Frères de l'Institut. « Que Dieu vous bénisse tous, » dit-il. Puis il ajouta : « Si vous voulez vous conserver et mourir dans votre état, n'ayez jamais de commerce avec les gens du monde ; car, peu à peu, vous prendrez goût à leur manière d'agir, et vous entrerez si avant dans leurs conversations, que vous ne pourrez plus vous défendre, par politique, d'applaudir à leurs discours, quoique très pernicieux ; ce qui sera cause que vous tomberez dans l'infidélité, et n'étant plus fidèles à observer vos règles, vous vous dégoûterez de votre état, et enfin vous l'abandonnerez. »

Ces paroles, dites d'un ton ferme, coûtèrent au malade un tel effort, qu'une sueur froide l'interrompit, et il entra en agonie. De minuit à deux heures, il demeura en proie aux angoissantes douleurs du dernier combat. Vers deux heures, pendant un instant de relâche, le frère Barthélemy lui suggéra quelques pieuses pensées, et l'aida à réciter la prière qu'il aimait à dire chaque soir avec la communauté : *Maria, mater gratiæ.* Puis il lui demanda s'il n'acceptait avec joie les peines qu'il souffrait. « Oui, répondit-il, j'adore en toutes choses la conduite de Dieu à mon égard. »

Ce fut son dernier mot, et toute sa vie s'y trouvait résumée. A trois heures l'agonie recommença, et, malgré les secousses du dernier moment, son visage ne perdit pas un instant le rayonnement du calme et de la confiance. A quatre heures, le Saint fit un effort comme pour se lever et aller au-devant de quelqu'un. Il allait au-devant du Christ lui-même ; car, ayant joint les mains et levé les yeux au ciel, il expira. C'était le 7 avril 1719, le jour du vendredi saint. Il avait soixante-huit ans, moins vingt-trois jours.

Dès le matin, le bruit de sa mort se répandit dans Saint-Sever et à Rouen. La triste nouvelle, par les sentiments de vif regret qu'elle provoqua partout, révéla l'estime et l'amour qu'avait Rouen pour le vertueux fondateur des Frères. Il n'y eut qu'une voix pour faire son éloge : « C'était un saint, dit-on alors, le Saint est mort. » Le clergé et la noblesse, la bourgeoisie et le peuple, tout le monde voulut voir sa dépouille mortelle et déposer près de sa couche funèbre, avec une dernière prière, un témoignage de respect et de reconnaissance. Tandis que la foule, en rangs pressés, défilait dans la chapelle ardente, on se disputait, comme de précieuses reliques, les objets qui lui avaient appartenu. De toutes les villes où travaillaient les Frères, les plus consolants témoignages de sympathie vinrent adoucir l'amère douleur qu'éprouvaient les Frères de Saint-Yon.

Le corps du Saint, inhumé d'abord dans la chapelle Sainte-Susanne de l'église Saint-Sever, fut solennellement transporté dans la chapelle de Saint-Yon en 1734. Sur sa tombe, la gloire des miracles a manifesté la sainteté du serviteur de Dieu; et, depuis 1888, date de la Béatification, ces restes précieux, conservés à Rouen, reçoivent les honneurs qu'ils méritent dans la chapelle du pensionnat des Frères.

CHAPITRE X

L'HOMME

Après avoir suivi Jean-Baptiste de la Salle à travers les émouvantes péripéties de sa longue carrière, il nous sera doux de suspendre notre marche et d'arrêter nos regards sur cette noble et sympathique physionomie, afin de buriner les traits qui doivent en fixer en nous l'image. Pénétrant par degrés dans les dons de nature et de grâce qu'il avait reçus de Dieu, nous distinguerons en lui l'homme, le chrétien, le prêtre et le fondateur d'Ordre. Ce n'est pas qu'en sa personne ces éléments fussent séparés, ni qu'il ait agi tantôt comme homme et tantôt comme chrétien ; au contraire, les biens naturels et les grâces surnaturelles étaient si merveilleusement fondus en un seul être, que toutes ses paroles étaient également marquées au coin de la raison et de la foi, et que tous ses actes procédaient de l'esprit de Dieu sans perdre l'empreinte caractéristique de sa nature. Mais notre esprit, trop infirme pour embrasser les êtres entiers d'un seul regard, n'arrive à les connaitre que par des analyses qui les divisent.

Nous verrons d'abord quel homme fut Jean-Baptiste de la Salle ; car les qualités naturelles, auxquelles la grâce vint adapter ses dons, eurent une profonde influence sur toute sa vie. Si Dieu s'est plu parfois, pour mieux faire éclater sa puissance, à opérer de grandes choses par des sujets humainement sans valeur, il a plus souvent choisi les riches natures pour accomplir ses plus importants desseins. Ce choix n'est d'ailleurs, de sa part, qu'une œuvre de logique ; car concevrait-on qu'il comblât de ses plus beaux dons certaines natures, pour les réprouver ensuite ? N'est-il pas juste que, si elles sont fidèles, elles deviennent ses principaux instruments d'action sur le monde ? Quelles riches et puissantes natures que saint Paul, saint Augustin, saint François d'Assise, saint Dominique, saint Ignace, saint François de Sales, saint Vincent de Paul ! N'est-il pas vrai que ces grands saints furent aussi de grands hommes, et que Dieu avait proportionné les dons naturels à l'importance de leur mission surnaturelle ?

Jean-Baptiste de la Salle n'était pas seulement de la famille des grands saints, mais aussi de la famille des grands hommes. Dieu l'avait façonné, dans sa nature d'homme, pour qu'il menât à bien, sous l'action de la grâce, l'œuvre providentielle qui absorba toute sa vie. C'est pourquoi nous commencerons par considérer en lui les dons de nature, qui sont, non moins que les biens surnaturels, un bienfait de Dieu.

PORTRAIT PHYSIQUE

Jean-Baptiste de la Salle était d'une taille un peu au-dessus de la moyenne. Son tempérament, fort délicat dans la jeunesse, devint assez vigoureux, dans l'âge mûr, pour se prêter aux rudes macérations de la pénitence et supporter les plus douloureuses privations. Sa démarche, grave et aisée tout ensemble, annonçait l'homme de bonne maison. Il tenait la tête légèrement inclinée en avant. Son visage, d'abord clair et un peu coloré, puis basané par suite d'innombrables fatigues et de pénibles voyages, présentait des lignes délicates, prêtes à exprimer l'affabilité ; le front, large, était couronné d'une chevelure toujours abondante, qui fut blanchie par les soucis avant de l'être par la vieillesse ; le nez était régulier, les lèvres doucement saillantes, et les plis de la bouche esquissaient un aimable sourire. Des yeux vifs, presque bleus, au regard franc et profond, animaient cette physionomie, bien faite pour refléter au dehors la sainteté du dedans.

Devant le fidèle portrait que nous a laissé le peintre Pierre Léger, et que nous reproduisons exactement en tête de ce livre, on se sent épris pour le Saint d'une instinctive sympathie : il y a tant de finesse et de distinction dans ces lignes, tant de noblesse dans cette attitude, un charme si séduisant dans ce sourire à demi esquissé et dans cette douceur calme qui plane sur tout ce visage ! En même temps, ce regard si vivant, si ferme et si bon, qui parle si éloquemment quand les lèvres se taisent, vous pénètre comme un trait jusqu'au fond de l'âme, scrute paternellement vos pensées et vos désirs, et verse en vous, avec les tendresses de son cœur, l'expression des espérances ou des inquiétudes que vous lui faites concevoir.

De là ce puissant empire qu'il exerçait sur les âmes. Dans les écoles, les enfants avaient pour lui autant d'affection que de respect ; ils allaient à lui d'un mouvement tout naturel ; les plus timides osaient l'approcher, et, près de lui, les plus déshérités du côté de l'esprit ne se sentaient pas humiliés : chez tous, sa bienveillante image concourait à fixer ses leçons. Son ascendant n'était pas moindre sur les jeunes gens que la vocation amenait à l'Institut : son abord, toujours gracieux, tempérait pour eux les premières impressions d'une règle austère, et son regard, empreint d'une paternelle bonté, portait la lumière et la paix dans leurs âmes troublées. Cet air à la fois noble et doux saisissait aussi les esprits indociles que des parents alarmés lui confiaient ; combien d'âmes se laissèrent gagner par cette vertu sensible qui émanait de lui !

Ces dons extérieurs n'étaient toutefois que le rayonnement des qualités profondes qui donnaient à son esprit et à sa volonté leur valeur.

QUALITÉS DE L'ESPRIT

Si la valeur intellectuelle de Jean-Baptiste de la Salle paraît comme effacée par l'éclat de ses vertus morales, il n'en faut pas conclure qu'elle fut de portée médiocre et sans influence sur les grandes œuvres qu'il accomplit. Au contraire, les dons naturels de son esprit eurent une si large part dans ses entreprises et concoururent si puissamment à leur succès, que c'est justice de les mettre en évidence.

L'amour des livres manifesta de bonne heure l'activité de son esprit, et le besoin de savoir le porta dès l'enfance aux études sérieuses. A l'université de Reims, où il reçut une haute culture littéraire, il fut rangé parmi les plus brillants élèves, et les espérances qu'il faisait déjà concevoir inclinèrent le vieux chancelier Dozet à lui résigner son canonicat. Après de fortes humanités, telles que les concevait le XVIIe siècle, il vint à Paris pour suivre, en théologie, les leçons des meilleurs maîtres qu'eût alors la France : étant élève de Saint-Sulpice, il fut admis dans la troupe d'élite qui fréquentait les cours de Sorbonne. Lorsqu'il fut rappelé à Reims par d'impérieux devoirs de famille, il ne négligea point l'étude au milieu des affaires, et il subit avec succès les épreuves de la licence et du doctorat. Tout instruit qu'il fût, il ne se reposa jamais sur la science acquise, et jusqu'à la fin de sa vie le travail intellectuel fut pour lui plein d'attraits. Ses goûts et ses devoirs d'état l'inclinèrent alors vers les sciences purement religieuses : il vécut principalement avec les Pères, les théologiens et les mystiques ; dans ce commerce quotidien, son esprit cultivé garda cette activité féconde qui a produit tant d'œuvres utiles.

Par une disposition providentielle, la trempe de son esprit se trouva en harmonie avec sa vocation. Il n'avait pas l'exubérante imagination d'un poète, quoique son style ne soit pas dépourvu de couleur. Il n'avait pas non plus la fougue entraînante des orateurs, quoique ses discours, tels qu'ils nous ont été conservés par son biographe Blain, ne manquent ni de vie ni de chaleur. Ce qui le caractérise, c'est la pénétration et le bon sens : la pénétration, qui lui donne de si justes aperçus sur toutes choses et projette tant de clarté sur l'expression de ses idées ; un bon sens impeccable, qui le préserve de tout écart dans la pensée et de toute exagération dans les paroles, qui le guide avec sûreté dans ses entreprises, qui lui découvre le vice des méthodes pédagogiques alors existantes et lui révèle les moyens de remédier au désordre. Si ces qualités ne sont pas de celles qui jettent de l'éclat dans les lettres, elles ont du moins le privilège d'asseoir sur des bases solides des œuvres durables, et elles devraient être l'apanage de tous les hommes d'action. Et c'est parce que Jean-Baptiste posséda, à un degré éminent, cette pénétration et cet équilibre d'esprit, que les créations de son génie ont résisté au temps et que ses initiatives hardies ont été si fécondes.

La pondération, la justesse des idées avec la prudence qui en est la suite, éclaire et domine toute la vie du fondateur des Frères. Bien qu'il fût vif et pénétrant par nature, quoiqu'il eût vite fait de connaître à fond les hommes et les choses, il était trop avisé pour être précipité, trop sensé pour ignorer qu'une sage lenteur éclaire les décisions et permet de saisir les occasions les plus favorables au succès. S'il prenait le temps, avant d'agir, de réfléchir dans la méditation et de consulter les hommes compétents, ce n'était pas pour affermir son courage contre l'hésitation, mais pour faire subir à ses propres idées le contrôle des jugements étrangers. Conduite sage, où l'intelligence et l'humilité se disputent le prix. Les exemples se rencontrent à chaque pas dans sa longue carrière. Dès sa première entrevue avec Adrien Nyel, il voit clairement comment il faut procéder, pour se mettre à couvert des susceptibilités de l'écolâtre, des maîtres d'école et du Conseil de ville ; néanmoins il assemble dans sa maison les hommes les plus qualifiés pour lui donner conseil, il leur expose son sentiment, et il n'agit qu'après avoir reçu leur approbation. S'aperçoit-il que l'œuvre des écoles exige qu'il prenne les maîtres dans sa maison, qu'il résigne son canonicat, qu'il se dépouille même de son riche patrimoine ? Il consulte encore, tout prêt à sacrifier ses vues personnelles aux avis de gens qu'il estime plus éclairés que lui. Jusque dans la rédaction de sa Règle, il soumet à des religieux de divers Ordres les points auxquels il attache une importance capitale. Tandis qu'il était pour les autres un conseiller très sûr, il n'entreprenait rien de considérable sans recourir à son tour aux lumières d'autrui.

Grâce à cette méthode prudente, il portait dans le maniement des affaires une rare habileté. Tout jeune prêtre, il avait réglé de la façon la plus heureuse, par l'obtention de lettres patentes, la situation des religieuses du *Saint-Enfant Jésus*. Il ne commit jamais de ces imprudences qui froissent inutilement les hommes et compromettent les œuvres : c'est qu'il avait le don de condescendre sans être faible et de s'imposer sans être à charge. Jamais il ne creusa, par défaut de tact, d'infranchissable fossé entre ses adversaires et lui. Aux paroles blessantes, aux procédés injustes, il ne répondait que par la bienveillance et le dévouement : attitude raisonnable autant que chrétienne, qui n'est pas seulement le fruit d'une volonté qui se maîtrise, mais encore le fait d'un homme intelligent, qui sait prévenir les fâcheuses conséquences des répliques même les mieux justifiées. Ce coup d'œil juste du pilote qui connaît la mer lui permit de guider, parmi d'innombrables écueils et sous l'assaut des plus furieuses tempêtes, la frêle barque de son Institut.

Mais souvent des esprits si pondérés manquent de hardiesse dans les conceptions ; pour demeurer trop attachés aux formes traditionnelles de l'action, ils amoindrissent dans la routine des forces que l'initiative eût largement développées. Il n'en fut pas ainsi de Jean-Baptiste de la Salle ; car, tout en profitant des précieuses leçons d'un passé qu'il respectait, il garda assez d'indépendance de jugement pour être, au bon sens du mot, un novateur. La rare compétence qu'il acquit dans les questions dont il s'occupa plus de quarante ans fit de lui un éducateur émérite, et lui donna le droit de suivre, sur un terrain encore peu exploité, les inspirations de son génie. Il trouva si juste, dans les parties qu'il explora, que toutes ses créations ont reçu la sanction de la durée, et ont servi de règle aux entreprises les plus louables tentées depuis lors en faveur de la jeunesse.

S'il ne créa pas l'enseignement primaire, puisque les petites écoles existaient avant lui, il en fut incontestablement le législateur. Il établit franchement la gratuité des écoles destinées au peuple, et dès lors les écoles de charité, jusque-là si rares et si négligées, se multiplièrent et devinrent florissantes. Sitôt qu'il entre dans l'école, il y porte l'ordre et la méthode qui règnent dans son esprit. Avec lui, ces cohues d'enfants qui remplissaient les classes se disciplinent : il les divise en plusieurs groupes, et chaque groupe a son maître spécial ; chaque maître partage ses élèves en trois sections, suivant le dègré de leur petit savoir, et chaque section travaille séparément. Mais tous les élèves d'une même section travaillent à la fois, et ce mode nouveau d'enseignement simultané produit l'intérêt et l'entraînement. Au lieu de s'exercer dans la langue latine, qu'il n'apprendra jamais et dont il ne sait pas un mot, l'enfant du peuple lit avant tout la langue maternelle qu'il comprend. Par cette intelligente discipline, le silence se fait dans les classes, l'application devient possible, les progrès ne tardent pas à se faire sentir, et les enfants, mieux gouvernés, sont moins insolents dans la rue et plus obéissants à la maison : l'école bien tenue moralise ces petits êtres, dont le vagabondage eût fait des pervertis et peut-être des criminels.

Jean-Baptiste eut l'intuition des œuvres post-scolaires, et son école dominicale, où il recevait deux ou trois cents apprentis et jeunes ouvriers, préluda à nos patronages modernes. Mais, du premier coup, cette création originale prit avec lui le caractère utilitaire qui assura son succès, et sans lequel nos tentatives présentes n'auront que de médiocres résultats. L'école dominicale n'abritait pas seule-

ment les jeunes gens contre les dangers de la rue et
les mauvaises suggestions de l'oisiveté, elle complé-
tait leur éducation religieuse, intellectuelle et même
professionnelle. A une récréation moralisante et à
des exercices religieux sanctifiants, elle joignait des
études pratiques capables d'intéresser humainement
et de retenir le jeune ouvrier.

Les pensionnats d'enseignement moderne ne ré-
vèlent pas, dans Jean-Baptiste de la Salle, une
moindre sagacité. Il sut comprendre que, pour les
classes moyennes de la société, les langues an-
ciennes sont inutiles et les petites écoles cependant
insuffisantes. Pour les fils des commerçants et des
industriels, il ouvrit à Saint-Yon, près de Rouen,
un pensionnat où se donnait un enseignement théo-
rique et pratique, assez théorique pour assurer à
l'esprit et au cœur une bonne éducation libérale,
assez pratique pour préparer aux diverses carrières
les gens de travail. Les cadres de cet enseignement
moyen, aujourd'hui si recherché, ont été tracés de
la main même de saint Jean-Baptiste de la Salle.

La façon dont il organisa, sans se guider sur
aucun précédent, les séminaires de maîtres laïques,
peut servir de modèle à nos écoles normales. Non
seulement il instruisait les jeunes maîtres, non seu-
lement il leur donnait des conseils pédagogiques,
mais il avait soin, soit à Reims, soit à Paris, qu'une
école d'enfants servît aux débutants d'école d'appli-
cation. Les instituteurs apprenaient ainsi leur métier
en s'y exerçant sous les yeux d'un habile mentor :
idée féconde, qui était fort neuve au xviie siècle, et
qui, même aujourd'hui, n'est point devenue banale.

Son œuvre capitale fut la création de son Institut,

organisme puissant, admirablement construit, où la
vie circule, abondante et sans gêne, à travers près
de vingt mille membres dispersés dans toutes les
parties du monde. La Règle, fruit de ses longues
méditations et de quarante années d'expérience, si
prévoyante et si souple qu'elle n'a pas eu besoin
d'être retouchée, ne s'adapte pas moins aux néces-
sités de notre siècle qu'à celles du siècle de
Louis XIV.

Toutes ces œuvres, dont l'histoire de l'éducation
française doit se montrer justement fière, font hon-
neur au génie éducateur de Jean-Baptiste de la
Salle. Cette intelligence féconde, si heureuse dans
ses conceptions, a laissé son empreinte fidèle dans
les livres que son zèle pour les écoles lui dicta. Tous
ses écrits, faits à l'image de sa vie, sont consacrés
aux choses de l'éducation : maîtres ou écoliers, c'est
tout le public pour lequel il compose.

Il s'adresse principalement aux Frères, ces
hommes privilégiés que Dieu avait associés à son
œuvre et à sa vie. Non content de les instruire et
de les exhorter durant leur noviciat, dans les
retraites annuelles ou dans les visites qu'il leur fait,
il les accompagne jusque dans leurs fondations, et
devient, par ses lettres et ses livres, leur collabora-
teur. Ses lettres, dont on n'a sauvegardé qu'un petit
nombre, étaient brèves, précises, riches en conseils
pratiques et toujours animées de l'esprit de Dieu.
Persuadé que la piété est la gardienne de la vertu et
l'aliment du zèle, il multiplia les livres capables
d'entretenir la vie religieuse dans les Frères : instruc-
tions et prières pour la sainte messe, la confession

et la communion ; petits traités de perfection chrétienne groupés sous le titre de *Recueil;* explication de la méthode d'oraison ; méditations pour les dimanches et les fêtes, ainsi que pour le temps de la retraite, où les maîtres apprennent à faire l'alliance de leurs obligations de chrétiens et de leurs devoirs d'instituteurs.

Ce n'est pas tout ; cet esprit prévoyant suit ses chers disciples jusque dans leurs classes. Là, il ne laisse rien au caprice et à l'indécision ; par sa *Conduite des écoles,* si simple et si orginale tout ensemble, si pleine d'observations ingénieuses et de précieuses leçons, il guide le jeune maître comme par la main et l'initie à l'art si délicat de former des enfants. Il écrit pour les enfants eux-mêmes : des abécédaires et des syllabaires, où son esprit pratique se révèle dans les moindres détails ; un traité de politesse, où le savoir-vivre est enseigné comme une vertu chrétienne ; une théologie abrégée, intitulée *les Devoirs des chrétiens,* où les enfants s'exerçaient à la lecture en apprenant à fond leur religion.

Tous ces livres, d'un style très correct et rappelant la période latine, écrits sans recherche littéraire, se distinguent par la clarté des idées et par la sagacité des observations, par l'à-propos des conseils et par la parfaite sagesse des méthodes, de sorte que Jean-Baptiste de la Salle y apparaît, tel que dans ses actions, comme un esprit lucide, observateur, pratique, toujours pondéré, possédant à fond la théologie et la mystique, initiateur hardi et heureux en tout ce qui concerne l'éducation.

CARACTÈRE MORAL

Le caractère est la physionomie de l'homme moral, le signe qui révèle au dehors ce qu'il vaut au dedans, l'empreinte qui marque sa trace sur les hommes ou dans les œuvres. Il y a des caractères nuls, qui ne laissent aucun trait sur ce qu'ils touchent. Parmi les caractères bien dessinés, on en distingue de deux sortes, selon que les lignes en sont harmonieuses ou discordantes : les uns sont nobles et beaux, les autres bas et méprisables. Celui de Jean-Baptiste de la Salle n'était certes pas insignifiant, tant les traits en étaient fortement burinés : même il présentait, dans les paroles et dans les actes, un air de noblesse et d'élévation qui ne se démentit jamais. Il est vrai que la nature et la grâce avaient uni leurs ressources pour en préparer les éléments ; mais la volonté libre, qui donne au caractère son cachet définitif, sut merveilleusement exploiter chez lui les dons qu'il avait reçus de Dieu.

La loyauté, cette vertu primordiale sans laquelle aucun homme d'honneur n'oserait se produire, avait atteint, en Jean-Baptiste, un tel degré de délicatesse, qu'il n'aurait pas laissé planer une ombre, si légère fût-elle, sur son âme transparente comme le cristal. C'était trop peu pour lui d'éviter jusqu'à l'apparence du mensonge, de ne pas manquer à un engagement, de ne point pratiquer ces duplicités ou ces habiletés où trop souvent la sincérité fait d'inutiles efforts pour rester sauve ; il se faisait un impérieux devoir de mettre en parfait accord ses pensées, ses paroles et ses actes, s'exposant à de graves dommages plutôt que de mentir à sa conscience. Incapable de faire montre de sentiments qu'il n'avait pas, il n'eût jamais caché des idées que les circonstances lui demandaient d'exposer au grand jour. Malgré la prudente réserve qu'il portait en toutes choses, jamais le respect humain n'eut prise sur lui. Dès sa première éducation, la franchise était entrée comme une part constitutive dans sa nature morale : de là la confiance sans limites qu'il inspirait à tous ceux qui liaient commerce avec lui.

Ce fut surtout dans les luttes du jansénisme qu'on vit éclater cette parfaite loyauté. A Paris, il eût obtenu toutes les faveurs du cardinal de Noailles qui l'estimait, s'il eût voulu dissimuler sa franche opposition au parti des novateurs ; mais il se garda bien de donner le change sur ses sentiments : en s'abstenant de faire visite à l'archevêque, en 1715, il prit une attitude significative qui, sans être une provocation, équivalait à une déclaration. A Marseille, en 1713, il n'eut pas plus tôt découvert que ses bienfaiteurs se proposaient de l'attirer dans la révolte, qu'il rompit avec eux, quoiqu'il vît bien clairement que sa sincérité allait déchaîner contre sa personne et contre ses œuvres une furieuse tempête. Mais acheter la paix et la prospérité au prix d'une équivoque, toute sa nature y répugnait. Il ne fut pas moins catégorique, quelques mois avant sa mort, lorsqu'il apprit que son nom avait été inscrit sur la liste des appelants par l'évêque de Boulogne ; il protesta, en effet, avec énergie de son absolue soumission à la bulle *Unigenitus*, sortant, pour la circonstance, du silence où son humilité aimait à s'enfermer. Telle était sa passion pour la vérité et son horreur pour tout déguisement, qu'il aurait sacrifié sa vie et ses œuvres plutôt que de faillir à la sincérité. Aussi jamais humiliation plus injuste ni plus vivement sentie ne lui fut infligée que ce mot, reçu en plein visage, d'un prêtre qu'il honorait : « Monsieur, vous êtes un menteur. » Dieu, qui permit un tel affront, savait le profit qu'en tirerait son serviteur.

C'est la même délicatesse qui respecte la vérité sous le nom de sincérité et le bien d'autrui sous le nom de probité ; les déguisements du mensonge et les procédés indélicats qui frôlent l'injustice sont également des indices de basse éducation. Jean-Baptiste ne fut pas moins noble dans le maniement des affaires que dans la manifestation de ses sentiments.

Cet homme, qui avait si courageusement cédé sa riche prébende et distribué aux pauvres le prix de son patrimoine, pouvait-il être soupçonné d'aimer l'argent ? Et s'il était assez désintéressé pour renoncer aux droits les plus légitimes, et pour ne créer d'autres fonds à sa communauté qu'un parfait abandon à la Providence, ne devait-il pas donner, en toutes rencontres, des marques de complet dégagement des choses terrestres ? A peine osait-il parler de rétribution pour ses Frères. Certes, les impérieuses nécessités de la vie le forçaient bien de traiter la question pécuniaire. Mais la somme moyenne de trois cents livres qu'il avait adoptée pour chaque Frère n'était que suffisante pour l'entretien d'un pauvre. Encore se contentait-il souvent d'une plus maigre pension. « Pour ce qui est des conditions, écrivait-il à Rouen, vous savez que nous ne sommes pas difficiles. » Non, il n'était pas difficile ; et même, lorsque, en temps de détresse, la faim se faisait sentir, il n'allait que timidement réclamer les sommes qui lui étaient dues. Si une telle réserve trahit en certains pauvres honteux une fierté de gentilhomme, elle n'était en Jean-Baptiste qu'un effet de désintéressement.

Il montra bien, dans certaines contestations, que la pente de son cœur n'était pas vers l'argent ; car, plutôt que d'intenter procès, il aima mieux renoncer à des droits qu'il pouvait justement soutenir. A Rethel, il remit à des héritiers chicaneurs des titres que des mains charitables lui avaient confiés pour ses classes ; lorsque, en 1703, un legs important, sur lequel il comptait pour acheter la Grand'Maison, prit une direction différente, il ne s'en plaignit à personne ; et si l'infidélité de Nicolas Vuyart lui blessa cruellement le cœur, ce ne fut point à cause de l'argent dont il se trouvait frustré, mais parce qu'il perdait dans cette trahison l'un de ses plus chers disciples. Dieu permit néanmoins, — tant il est mystérieux dans sa conduite providentielle à l'égard des saints, — qu'un homme si délicat fût condamné par les tribunaux humains « pour avoir extorqué de l'argent et suborné un mineur » ! Jean-Baptiste, alors absent de Paris, garda le silence comme s'il eût été convaincu ; et lorsque, cinq ans plus tard, les cinq mille deux cents livres dont le Châtelet l'avait dépouillé par son étrange sentence lui furent restitués, loin de courir empressé au recouvrement de ses droits, il faillit tout perdre par un nouveau sentiment de délicatesse ; car étant appelé supérieur des Frères dans l'acte qu'il fallait signer, et n'ayant plus ce titre depuis six mois, il eût rejeté la somme offerte, plutôt que de la recevoir sous un titre qui n'était plus le sien.

A cette vertu de probité se rattache la discrétion, qui inspire, à l'égard des secrets et de la réputation du prochain, le même respect qu'à l'égard de ses biens temporels. On ne remarquait point en Jean-Baptiste de la Salle cette intempérance de langue, qui offense encore plus le bon ton que la charité proprement dite, et qui atteste, dans certaines personnes d'ailleurs surnaturelles, un assez grave défaut d'éducation. Il était si discret, que jamais, même par mégarde, il n'eût livré le moindre secret ; les nombreuses confidences dont il était dépositaire demeuraient éternellement enfouies dans son cœur : car autant il était fidèle à porter devant Dieu le souvenir des âmes qui s'étaient ouvertes à lui, autant il semblait les avoir oubliées lorsqu'il conversait avec les hommes. Aussi avec quelle facilité les consciences se dévoilaient à ses pieds ! avec quelle sécurité et quelle joie les timides allaient à lui ! « Il était si réservé dans ses discours, dit son biographe Blain, si circonspect dans ses paroles, si attentif à parler à propos, si exact à s'expliquer en peu de mots, et si modeste dans le ton et la manière de donner son avis, qu'on voyait bien qu'il pratiquait à la lettre cette maxime inspirée par les saints, « de limer toutes ses paroles, et de n'en laisser « échapper aucune qu'on voulût retenir après l'avoir

« prononcée. » La discrétion lui était si chère, que, par la Règle, il la fit entrer dans les mœurs des Frères. « Un Frère, dit-il, ne doit parler ni des affaires de la maison où il demeure, ni de la conduite d'aucun autre ; si quelqu'un lui parle des uns ou des autres, ou l'en interroge, il dira qu'il ne peut rien répondre là-dessus, et qu'il faut s'adresser au Frère directeur. »

Toutes ces vertus, sans qu'il en perdît le mérite devant Dieu, lui étaient pourtant comme naturelles ; grâce à l'excellente éducation reçue dans sa famille, elles ne lui coûtaient pas : elles faisaient partie de cette correction de tenue, de ce savoir-vivre auquel, de bonne heure, il avait été formé. En lui comme en saint François de Sales, les manières exquises, par l'ornement dont elles paraient l'homme, recommandaient le prêtre et lui gagnaient de respectueuses sympathies. Avec une grâce et une distinction du meilleur goût, il observait constamment ces règles de bienséance qu'il a consignées dans un livre très chrétien : jamais on ne vit mieux qu'en sa personne que la politesse est le pur rayonnement de la mortification et de la charité.

Il se faisait une loi de la plus inviolable modestie, afin de ne blesser personne, ni par sa tenue, ni par ses paroles, ni par ses procédés. Ses vêtements, si pauvres qu'ils fussent, n'étaient jamais déchirés, ni malpropres ; sa chevelure, conforme à la règle des clercs, ne présentait ni recherche ni négligence. Dans sa démarche, il évitait avec un soin égal la légèreté et l'affectation ; l'aisance et la gravité unies donnaient une grâce parfaite à tous ses mouvements.

Il exerçait une telle vigilance sur ses paroles, que, sans être ennuyeux et court dans la conversation, il ne fatiguait point par des discours longs et fastidieux, il ne froissait point par des propos blessants ni par d'indiscrètes allusions. S'il avait à faire une réprimande, il choisissait le moment le plus propice et il prenait le ton le plus insinuant, afin de ne pas envenimer par d'imprudentes observations le mal qu'il voulait guérir. Ce tact de l'homme bien élevé, il le gardait dans toutes ses relations : malgré son grand attrait pour la solitude, il n'omettait pas les visites de bienséance ou de reconnaissance ; même lorsqu'il savait qu'un accueil froid lui était réservé, il s'acquittait de son devoir. S'il rencontra sur son chemin tant d'adversaires et de persécuteurs, jamais il ne les provoqua par manque de déférence.

On ne gardait pas toujours à son égard la même délicatesse ; mais il poussait la mortification jusqu'à supporter sans amertume sinon sans émotion, avec une parfaite égalité d'humeur, les impolitesses et les grossièretés, pour ne pas dire les outrages, dont il eut à souffrir. Si, en pareil cas, la politesse mondaine impose une contenance qui sauve les apparences, l'humilité de Jean-Baptiste élevait alors son savoir-vivre à la hauteur d'une vertu chrétienne. Rappeler ici les mille occasions de froissement qui mirent sa patience à l'épreuve, ce serait reprendre toute l'histoire de sa vie.

La bonne éducation va plus loin encore. Pour elle, c'est trop peu de ne pas offenser les autres, trop peu de ne manifester aucun froissement ; elle invite l'âme à sortir d'elle-même et à faire au prochain des avances d'affabilité. Elle répand sur les traits du visage un air de bienveillance qui attire ; elle inspire aux paroles un charme qui gagne les cœurs ; elle est prévenante, attentive ; en un mot, elle porte la paix, le bien-être et la joie dans les âmes. La physionomie de Jean-Baptiste de la Salle reflète bien cette bonté, cette condescendance, cette inclination à donner du bonheur, qui est le doux parfum de la politesse chrétienne ; car ses traits bienveillants sont le rayonnement d'une âme qui aime et qui ne songe qu'à se livrer.

Ces qualités séduisantes n'avaient rien qui sentît la pose ni le fard, parce qu'elles plongeaient jusque dans le cœur de profondes racines. C'est à dessein que nous disons le cœur ; car Jean-Baptiste aurait pu dire avec saint Augustin : « L'amour est la force qui m'entraîne ; partout où je vais, je suis l'impulsion de l'amour. » Il est vrai que le cœur, en lui, ne se révèle pas au premier abord. Homme exact, réglé, tenace dans ses décisions, invincible dans l'adversité, organisateur habile et prévoyant, Jean-Baptiste semble avoir éteint toute sensibilité sous les préoccupations administratives. Au surplus, la sensibilité, telle que notre génération maladive la conçoit et la pratique, ne revenait pas plus à la nature de son tempérament qu'aux habitudes de son siècle. Mais pour peu que vous mettiez la main sur cette poitrine labourée par les crins de la haire et par les pointes des chaînes de fer, vous sentirez battre un cœur d'homme.

Voulez-vous connaître les fleurs qui, au fond de leur calice, recèlent le miel ? Suivez les abeilles aux champs, car elles vont tout droit, par instinct, à la source de leur bien. Ne cherchez pas d'autre signe pour discerner les hommes qui ont du cœur ; voyez comment s'orientent les sympathies, suivez-les, et croyez qu'elles vont à coup sûr au cœur qui aime. Si Jean-Baptiste avait manqué de cœur, les sympathies ne seraient pas venues à lui si nombreuses, si chaudes, si dévouées. Comme ils l'aimaient, ces petits Frères des premières années, Jean-François, Nicolas Bourlette et autres, qui s'épuisèrent en courant à sa suite dans les voies de l'amour divin et de la perfection chrétienne ! Comme ils l'aimaient, ces Frères de la Grand'Maison, qui se pressèrent autour de lui et le maintinrent dans la supériorité, sans prendre garde qu'ils faisaient échec à l'autorité même de l'archevêque ! Leur amour n'éclate-t-il pas dans ces protestations que résume avec tant d'émotion le curé de Villiers : « Et commencèrent à faire le dénombrement de ses qualités et dire entr'autres qu'il était doux et bénin aux autres, mais dur et sévère à luy-même ; qu'il ne leur commandait ny ordonnait rien qu'il n'eust fait et ne fît luy-même, et qu'on ne leur en pourrait donner aucuns qui pussent l'égaler, tant dans la conduitte à gouverner, que dans toutes ses excellentes vertus et qualités. » S'ils ne furent pas toujours délicats à son endroit, si quelques-uns même le trahirent, ils ne cessèrent pas de l'aimer ; les plus infidèles eux-mêmes, semblables à l'enfant prodigue, doutaient si peu de son affection, qu'ils revenaient à lui confiants et osaient solliciter de son bon cœur la grâce de rentrer dans l'Institut. Vers lui se portaient aussi les enfants de ses écoles, qui, dans la douceur enveloppante de son regard et de ses paroles, reconnaissaient un père. C'était par le cœur qu'il gagnait ces pécheurs ou ces jeunes gens indociles près desquels tant d'autres avaient épuisé leur dialectique ou leur sévérité ; il réussissait, parce qu'il agissait moins en dompteur qu'en séducteur. Ce courant de sympathie l'a suivi jusque dans la tombe ; l'amour de ses fils a veillé sur sa mémoire et a illuminé son front de l'auréole des Saints.

La vertu secrète qui émanait de lui et révélait son cœur, c'était la bonté. Cet homme austère, d'apparence un peu dure, était bon ; on le sentait bon, et à cause de cela on l'aimait. Il avait des pensées bienveillantes, et il croyait à la bonne foi et aux bonnes intentions du prochain. Aussi n'avait-il ni jalousie, ni susceptibilité : le bien que d'autres accomplissaient, loin d'attrister son amour-propre, réjouissait son cœur d'apôtre, et il était le premier à y applaudir; au lieu de s'offenser des paroles blessantes ou des procédés indélicats, il se rendait plus prévenant et plus courtois envers ceux qui lui manquaient d'égards. Mais, par-dessus tout, la bonté de son cœur éclata dans sa générosité. Que ne sacrifia-t-il pas pour l'amour des âmes ? Sa fortune, il s'en défit pour devenir l'égal de ses Frères ; son temps, il le livra tout entier, plus de quarante années, à l'œuvre des écoles ; ses forces, il les dépensa dans un travail sans relâche et par une mortification sans merci. A l'exemple de saint Paul, il a épuisé toutes ses ressources et il s'est immolé lui-même pour les âmes. Si les grandes conceptions sont l'apanage des esprits puissants, les dons généreux de soi et les héroïques sacrifices sont le propre des grands cœurs.

Toutefois, nous l'avouerons sans peine, c'est la force de volonté qui caractérise la physionomie morale de Jean-Baptiste de la Salle. Mais cette énergie, toute saillante qu'elle fût, ne masquait point en lui le cœur, d'autant plus qu'elle en procédait comme de son principe et y puisait son aliment. Comme il fallait aimer pour tant agir ! car, suivant un mot de l'Écriture, seul l'amour a la force de défier la mort.

Ce qui étonne le plus, ce qu'il y a de plus héroïque dans la vie du serviteur de Dieu, c'est la merveilleuse consistance de sa pensée et la persévérance invincible avec laquelle il en poursuit la réalisation. Un acte passager de courage est à la portée de tous les hommes généreux ; mais se tenir quarante ans sur une même voie semée d'écueils, et y avancer d'un pas toujours égal malgré des obstacles sans cesse renaissants, cela suppose une trempe de volonté peu commune. A plusieurs reprises, et avec une humilité touchante, Jean-Baptiste a confessé que s'il avait su, dans les commencements, jusqu'où il serait entraîné et à quel martyre il se vouait, il n'eût jamais consenti à donner les mains à l'entreprise des écoles. Mais la force qu'il n'avait pas tout d'abord, Dieu la développa en lui à mesure que les circonstances l'exigèrent, de sorte que sa magnanimité ne fut jamais au-dessous de son devoir.

Il semblait que chaque journée lui ménageât quelques nouvelles déceptions du côté de ses Frères : tantôt ils étaient décimés par la maladie, tantôt ils étaient abattus par le découragement ou lassés de leurs pratiques religieuses ; d'autres fois, ils abandonnaient leurs écoles au moment où leur présence était le plus nécessaire ; plusieurs de ceux sur lesquels il s'appuyait avec le plus de confiance le trahirent et se tournèrent contre lui. N'importe ! Il plaignit les fugitifs, et, avec les fidèles, il continua, sans défaillir, l'œuvre que Dieu lui avait donnée. Les puissances ecclésiastiques entravèrent parfois ses efforts, et il trouva des persécuteurs en ceux mêmes qu'il regardait comme ses protecteurs ; des maîtres rivaux s'acharnèrent à sa perte, mirent à sac ses écoles et obtinrent des pouvoirs publics sa condamnation. N'importe ! Il espéra contre toute espérance, et tant qu'il lui resta un souffle de vie, il travailla pour les enfants du peuple. Combien d'heures d'angoisse dans cette existence tourmentée ! Néanmoins, Jean-Baptiste ne s'écarta pas un instant de sa voie. Durant sa longue absence du Midi, que la calomnie représentait aux Frères du Nord comme une désertion, il ne vécut que pour les Frères et parmi les Frères. S'il eut un moment d'hésitation, après la violente persécution de Marseille, il retrouva promptement son pôle en priant dans la chère solitude de la Sainte-Baume.

Il apparut inexpugnable comme un mur d'airain devant tous ceux qui essayèrent d'entamer son œuvre et de modifier la Règle. Quoi de plus ferme et de plus logique que ce *Mémoire pour l'habit des Frères* destiné à M. Baudrand ! En vain l'évêque de Chartres, Godet des Marais, compte-t-il sur l'influence de son amitié pour transformer les constitutions de l'Institut ; le fondateur écoute avec respect, mais il maintient des pratiques dont l'expérience lui a démontré la nécessité. M. de la Chétardye, qui le croit faible parce qu'il le voit bon, juge à propos de s'immiscer dans le gouvernement des Frères ; le Saint, par une attitude calme, qui ne cède rien, préserve sa Communauté, sinon de tout malaise, du moins de tout changement dangereux. Tandis que sa charité le rend d'ordinaire si condescendant, il y a des principes sur lesquels il ne transige jamais : il ne consent point à donner un Frère seul, il n'admet pas que les Frères vaquent à des travaux étrangers à leur vocation, ni qu'ils remplissent dans les églises des fonctions de clercs ou de sacristains ; il exige que tout élève soit reçu gratuitement dans les écoles, il garantit aux Frères la vie de communauté par la solitude et les exercices pieux.

La Règle qu'il rédige porte l'empreinte de cette fermeté, et tout y est ordonné pour développer et conserver la force d'âme. En l'observant, non comme une discipline vide, mais comme un exercice de vie morale, les Frères façonneront leur caractère sur le modèle de leur père, et contracteront des habitudes de régularité, de mortification, d'application constante, dont bénéficiera leur ministère.

Si maintenant, au lieu de considérer le supérieur, nous arrêtions nos regards sur la vie privée de l'homme, nous serions témoins de la même force et de la même logique dans les actes de la volonté. Il fut sévère à ses sens, et cette austérité dura toute sa vie ; il eut la passion des oraisons prolongées, et il ne s'en départit jamais ; la pente qu'il avait pour la dernière place, il la garda jusqu'à la fin. Cette inviolable fidélité à Dieu et à sa conscience le préparait, dans le secret, à cette religieuse ténacité qu'il portait dans le gouvernement de ses œuvres.

CHAPITRE XI

LE CHRÉTIEN

L'homme n'est jamais plus homme que lorsqu'il est bon chrétien, et, nous aimons à le répéter, si Jean-Baptiste de la Salle présente des traits si réguliers et si nobles, c'est qu'en lui la grâce avait admirablement réparé et transfiguré la nature. S'il est vrai que toutes les vertus sont chrétiennes, parce qu'aucun acte bon ne s'opère en nous sans la grâce divine, il y en a pourtant qui sont plus proprement vertus chrétiennes, soit parce qu'elles ont un objet et un principe exclusivement surnaturels, soit parce qu'elles nous ont été particulièrement enseignées par Jésus-Christ. De ce nombre sont les vertus qui provoquent et soutiennent l'ascension de nos âmes vers Dieu, comme la foi, l'espérance, la charité et la religion, et celles qui facilitent notre marche en nous détachant des biens terrestres, des jouissances sensuelles et des caprices de la volonté propre. Ce fut en les pratiquant que notre Saint s'éleva à la hauteur de la perfection chrétienne.

FOI ET VIE DE FOI

La foi est une croyance et un principe de vie : une croyance, par laquelle notre esprit adhère à toutes les vérités révélées que l'Église nous propose ; un principe de vie, par lequel notre âme puise dans le sein de Dieu les grâces surnaturelles qui purifient nos intentions et sanctifient nos œuvres. La croyance doit être pure, l'esprit de foi doit être actif et pratique. Tel est bien le double point de vue sous lequel se présente à nous la foi de Jean-Baptiste de la Salle.

Il veillait avec un zèle jaloux sur l'intégrité de sa foi, et sa sollicitude écartait de sa communauté toutes les occasions capables de mettre la foi des Frères en péril. Il se tenait principalement en garde contre les erreurs qui passionnaient les esprits et divisaient les âmes à la fin du xviie siècle, le quiétisme et le jansénisme.

Un ecclésiastique lui fit remarquer un jour qu'il y avait, dans la prière journalière des Frères, une phrase qui paraissait tenir du quiétisme : « Je vous proteste, mon Dieu, que quand il n'y aurait pas de vie à espérer après celle-ci, je ne laisserais pas de vous aimer. » Quoique l'observation fût peu fondée, et que ces paroles n'eussent aucun rapport avec les propositions condamnées dans le livre des *Maximes des Saints*, Jean-Baptiste modifia la prière, tant il avait à cœur de n'être pas suspect dans la foi et de ne laisser aucune équivoque sur sa parfaite soumission à l'Église.

Ce fut surtout contre le jansénisme qu'il eut à se prémunir. Car cette hérésie subtile, qui s'infiltrait sournoisement dans les âmes sous le couvert d'une austère discipline, et recrutait, parmi les membres du clergé, de nombreux adeptes, essaya de pénétrer aussi dans l'âme de Jean-Baptiste et de conquérir au parti des novateurs un homme également recommandable par la sainteté de sa vie et la fécondité de son apostolat. Mais il ne se laissa jamais prendre aux pièges qu'on lui tendit ; il repoussa, indigné, les offres d'argent qui lui furent faites sous la condition de s'adjoindre au parti de Jansénius ; il laissa ruiner son noviciat de Marseille, plutôt que de le soutenir au prix d'un soupçon sur la pureté de sa foi. Devant les décisions de l'Église, un silence respectueux lui paraissait une soumission insuffisante ; aussi, lorsque parut la bulle *Unigenitus*, donna-t-il publiquement son adhésion à la parole du Pape. Et comme il eut la douleur de voir son frère, le chanoine Louis de la Salle, se ranger parmi les appelants, il rompit tout commerce avec un insoumis que ses fraternelles supplications n'avaient pu fléchir.

A ceux qui le consultaient sur le parti à prendre dans les discussions qui troublaient alors les esprits, il répondait simplement : « Si quelqu'un est uni à la chaire de Pierre, il est de mon parti. Par ces paroles, saint Jérôme fait entendre qu'il n'y a que ceux qui s'attachent à la chaire de saint Pierre qui sont du bon parti. » Il encourageait les défenseurs de la Bulle : « J'apprends avec bien de la joie, écrivit-il à M. Gense, le bienfaiteur des écoles de Calais, le zèle que vous avez pour maintenir la religion, qui est si troublée présentement dans ce royaume ; vous voulez bien, monsieur, que je m'unisse à vous pour la même fin, puisque Dieu m'a fait la grâce de m'y employer jusqu'à présent. Je ne manquerai pas de le prier très instamment qu'il donne à votre zèle sa bénédiction et un heureux succès, afin qu'il soit comme une barrière contre tout ce que le démon entreprend, dans le temps où nous sommes, pour ôter la paix à l'Église. »

En matière de foi, il n'avait d'autre règle que de se conformer à l'enseignement de l'Église, et c'est le principe qu'il inculquait à ses disciples pour les préserver de toute séduction doctrinale : « Attachez-vous universellement à ce qui est de la foi, leur disait-il ; fuyez la nouveauté, suivez la tradition de l'Église, ne recevez que ce qu'elle reçoit, condamnez ce qu'elle condamne, approuvez ce qu'elle approuve, soit par les conciles, soit par les souverains pontifes ; rendez-lui en tout une prompte obéissance. C'est à elle à nous faire connaître la vérité, et nous devons la recevoir de sa bouche sans aucun doute et sans examen. Tout ce que nous avons à dire à ce qu'elle nous propose est : *Je crois,* sans hésiter, bien loin d'en douter. Tout ce que vous avez à faire, répète-t-il en plusieurs ouvrages, c'est de ne vous appliquer qu'à devenir meilleurs, de mettre toute votre science à vous bien acquitter de vos devoirs, et à devenir vertueux ; et pour le reste, de dire : Je crois tout ce que l'Église enseigne, et je me soumets à ce qu'elle décide par la bouche du Pape et du plus grand nombre des évêques qui lui sont unis. »

Comme on le voit, l'Église n'était pas pour Jean-Baptiste une sorte d'abstraction ; mais elle se concrétisait dans la personne du Pape. C'est pourquoi il n'admettait pas ces subterfuges qui, du Pape, font appel à l'Église. « Le Pape, disait-il, étant le vicaire de Jésus-Christ, le chef de l'Église et le successeur de saint Pierre, a une autorité étendue par toute l'Église : c'est pourquoi tous les fidèles doivent le regarder comme leur père. Et vous particulièrement, dont la fonction est d'enseigner la doctrine chrétienne, devez honorer le Pape comme le saint pasteur du troupeau de l'Église, respecter toutes ses paroles, et il doit vous suffire que quelque chose vienne de lui pour y être soumis. »

Jusqu'à sa dernière heure, le Saint se préoccupa de cette fidélité à la foi romaine, et il dit aux Frères dans son testament : « Et leur recommande sur toutes choses d'avoir une entière soumission à l'Église, et surtout dans ces temps fâcheux, et pour en donner des marques, de ne se désunir en rien de l'Église de Rome, se souvenant que j'ai envoyé deux Frères à Rome pour demander à Dieu la grâce que leur Société y fût toujours soumise. »

Ce n'était pas assez pour Jean-Baptiste que la foi gouvernât ses pensées par la pureté de la croyance ; elle était encore le principe de vie qui l'animait, qui inspirait ses jugements et ses paroles, qui le soutenait dans ses œuvres, qui le rendait fort dans l'épreuve et courageux dans le travail.

Sa foi vive lui rendait Dieu sensible et présent, et il exprime bien les sentiments de son propre cœur, lorsqu'il dit à ses disciples : « Vous êtes-vous vivement représenté que Dieu est partout ; et vous êtes-vous anéantis intérieurement, par un sentiment d'adoration, dans la considération de sa présence ? Rien n'étant plus agréable à une âme qui aime Dieu que cette attention à sa sainte présence, avez-vous, comme David, fait vos délices de ce saint exercice ? Par respect pour la présence d'un Dieu infiniment grand, avez-vous eu soin de vous maintenir dans une modestie convenable et, en quelque sorte, proportionnée à sa grandeur ? Comme Dieu est présent partout, avez-vous eu soin de l'adorer, ainsi que le veulent vos Règles, dans tous les endroits où vous êtes retirés ?... Il est vrai que les saints voient Dieu clairement et en sa propre nature, et que nous n'en jouissons que par la foi ; mais cette vue de foi cause tant de plaisir et de joie à une âme qui aime son Dieu, qu'elle a, dès cette vie, un avant-goût des délices du ciel. Est-ce là l'avantage dont jouissent vos âmes ? »

C'est ainsi que Jean-Baptiste voyait Dieu, non comme un être abstrait, mais comme un ami réel, concret, toujours présent à côté de lui, toujours vivant en lui. Il ne le cherchait pas au loin ; pour le trouver, il se retirait par le recueillement au dedans de son propre cœur, selon ces paroles des saints Livres : « Le royaume de Dieu est en vous. Par la foi, le Christ habite en vos cœurs. » De même, il l'adorait dans toutes les personnes avec lesquelles il conversait ; le respect dont il les entourait s'adressait à Dieu présent en elles comme dans un tabernacle. Dans le plus humble de ses Frères comme dans les supérieurs ecclésiastiques les plus élevés, c'était Jésus-Christ qu'il vénérait : de là cette modestie, cette réserve, cette déférence, cet esprit religieux, comme s'il eût été partout dans un lieu sacré. De là aussi cette insistance avec laquelle, dans ses conférences et dans ses écrits, il invitait les Frères à se rendre familier le saint exercice de la présence de Dieu, pratique souveraine pour avancer dans la perfection.

Ainsi pénétré de Dieu, Jean-Baptiste jugeait de toutes choses par la lumière surnaturelle de la foi : il estimait ce qu'elle estime, il méprisait ce qu'elle méprise, il désirait ce qu'elle promet, il redoutait ce qu'elle ordonne de craindre. Il aima la pauvreté, parce que la foi en fait l'éloge ; il se réjouit dans la souffrance et dans l'humiliation, parce que la foi proclame bienheureux ceux qui pleurent et ceux que poursuit la calomnie. « Les persécutions sanctifiées par la patience, disait-il aux Frères, et acceptées avec joie et amour, deviennent chères et précieuses et sont les plus riches joyaux de la couronne de gloire : ceux qui veulent vous humilier sont ceux qui travaillent à l'enrichir. »

Ses instructions étaient imprégnées d'un tel parfum de foi, que les âmes en sortaient tout embaumées. Il vivifiait par la foi toutes ses idées ; et même celles qui lui étaient suggérées par son ferme bon sens paraissaient lui venir du ciel, tant il les éclairait de la lumière surnaturelle. La foi dirigeait ses entreprises. Avant de rien exécuter, il soumettait ses projets au contrôle de la foi, et il ne les adoptait qu'autant qu'ils devaient concourir à glorifier Dieu et à sauver des âmes. Il ne souffrait pas qu'aucune considération humaine vînt souiller les intentions de son cœur, et lorsque la charité lui faisait un devoir de condescendre aux désirs des hommes, il ne cédait que dans la vue de plaire à Dieu. De même qu'il ne voyait que Dieu dans les événements et recevait de sa main avec un égal amour les peines et les joies, de même il ne cherchait que Dieu dans tous ses travaux. C'est pourquoi sa vie était la vivante application de cette règle fondamentale qu'il donna aux Frères : « L'esprit de cet Institut est un esprit de foi qui doit engager ceux qui le forment à n'envisager rien que par les yeux de la foi ; à ne rien faire que dans la vue de Dieu ; à attribuer tout à Dieu, entrant toujours dans ces sentiments de Job : « Le « Seigneur m'avait tout donné, le Seigneur m'a tout « ôté ; il ne m'est rien arrivé que ce qu'il lui a « plu. »

ESPÉRANCE ET CONFIANCE EN DIEU

La foi vive de Jean-Baptiste, en attachant à Dieu ses regards, ouvrait son cœur à l'espérance. Elle lui donnait de la présence intime de Dieu un sentiment si profond, que son espérance était moins une aspiration vers un objet lointain et encore inaccessible, qu'une large respiration d'âme dans l'atmosphère divine qui l'enveloppait et le pénétrait. Cependant, comme il ne voyait et ne possédait Dieu que dans les ombres de la foi, il appelait de ses désirs le plein jour de la vision face à face et de l'union consommée. S'il n'avait trouvé dans la vie présente le moyen de travailler pour Dieu et pour les âmes, elle lui eût pesé comme un exil douloureux. Car, à part la cause de Dieu et le service du prochain, rien ne l'intéressait ici-bas, et le sacrifice de la vie, si dur à la plupart des hommes, semblait ne pas lui coûter.

C'est ce qui parut bien dans les diverses maladies qui le conduisirent à deux pas de la mort : il conserva alors un calme si parfait, un abandon à Dieu si complet, il éprouva même une joie si franche et si sereine, qu'on put se convaincre combien son âme était détachée de la terre et déjà fixée au ciel. Il parlait du ciel avec enthousiasme, comme de l'objet de ses plus ardentes aspirations : « Quel bonheur pour les saints, disait-il, d'être faits semblables à Dieu, par la participation de sa nature et de ses divines perfections!... Ah! quel tressaillement de joie n'aurez-vous pas, lorsque vous entendrez ceux que vous aurez conduits au ciel comme par la main dire de vous au jour du jugement, et dans le ciel durant l'éternité : Ces hommes sont des serviteurs du grand Dieu, qui nous ont annoncé la voie du salut. »

Mais ce n'est pas dans l'attente du ciel que l'espérance remporte ses plus beaux triomphes : car nous savons bien que dans l'au delà pleine justice sera faite. La pierre de touche d'une espérance sans restriction, c'est la confiance en Dieu même pour le temps présent, cet abandon à la Providence qui s'en remet à Dieu même pour les intérêts terrestres. Bien rare, en pratique, est cette persuasion que nous sommes dans la main de Dieu et non dans la main des hommes, que Dieu nous mène à travers les événements en apparence les plus contradictoires, et que la plus grande sagesse est de croire à sa paternelle sollicitude. Jean-Baptiste se reposait, avec une confiance sans limites, sur cette conduite de la Providence. Non pas qu'il se dispensât d'agir lui-même, sous prétexte que Dieu agissait pour lui ; car jamais son espérance ne favorisa en lui la paresse. Mais, à l'exemple de saint Ignace de Loyola, lorsqu'il avait épuisé pour le succès d'une affaire son effort personnel, c'était de Dieu seul qu'il attendait une heureuse issue.

De sa confiance en Dieu naissait cette tranquillité étonnante qu'il gardait au milieu des contradictions les plus étranges et des souffrances les plus cruelles. « Par qui, dit son biographe Blain, n'a-t-il point été raillé ou insulté, calomnié, persécuté, condamné, trahi ou abandonné ? Parents, amis, compatriotes, bienfaiteurs, protecteurs, supérieurs, directeurs même et ses propres enfants : qui n'a point pris la pierre en main pour la lui jeter, ou qui n'a point vu le faire sans venir à son secours, ou oser se déclarer en sa faveur ? » Sans un entier abandon à la volonté de Dieu, il eût cent fois lâché prise dans la périlleuse carrière où il était engagé.

Il semble que tout se déclare contre lui : parmi ses disciples, les uns l'abandonnent, d'autres le compromettent, d'autres enfin, et les meilleurs, lui sont enlevés par la mort ; sa famille, humiliée, lui fait la guerre et crée le vide autour de lui ; ses supérieurs ecclésiastiques ne le comprennent pas, critiquent ses règlements, s'efforcent de modifier les constitutions de son Institut, et en viennent jusqu'à le déposer de la supériorité ; des rivaux jaloux se ruent sur ses écoles, les mettent à sac et le dénoncent à l'autorité civile ; les tribunaux prennent parti pour ses adversaires, et le condamnent en faisant peser sur lui d'odieuses accusations ; les outrages ne lui sont point épargnés, depuis le peuple qui l'injurie dans la rue jusqu'à de malheureux disciples qui lui reprochent d'être plus propre à détruire qu'à édifier. Et dans ce torrent de maux qui se précipitent sur lui et sur ses œuvres, il demeure paisible, non dans cette froide passivité du stoïcisme ancien, mais dans cette résignation sublime qui caractérise le chrétien. A un Frère qui lui manifestait un jour des craintes et du découragement, il ne répondit que par ce mot : « Croyez-vous à l'Évangile ? » Et lorsqu'il apprit, à Grenoble, que des atteintes graves venaient d'être portées à son Institut, il se contenta de dire : « Dieu soit béni ! si c'est son œuvre, il en aura soin. » Son espérance n'a pas été déçue.

Elle ne le fut pas non plus pour tout ce qui regarde les besoins matériels. Avec quelle aveugle générosité, dès les débuts, il se jette, dépouillé de tout, entre les bras de la Providence ! Sur le conseil du P. Barré, il vend ses biens et les distribue aux pauvres. Quoi de plus contraire à la sagesse humaine ? Car, puisqu'il est riche, pourquoi n'emploierait-il pas sa fortune à fonder ses écoles ? Non, il ne s'appuiera pas sur des secours humains, il ne fondera rien que sur la pauvreté ! Est-il rien de plus hardi que cet acte de foi, qui semble élever sur le vide un édifice qui prétend à la durée ? Mais, aux yeux de Jean-Baptiste, là où les hommes ne sentent que le vide, il y a la toute-puissante main de Dieu, et il est assuré qu'on ne saurait donner aux œuvres une base plus solide.

Cette absolue dépendance de Dieu, dans laquelle il s'est placé dès le commencement, le met pour toujours à l'abri des inquiétudes temporelles. Il ne se demande point : Qui nous donnera du pain et qui nous vêtira ? Le Père céleste connaît ses besoins, cela suffit. Et cette confiance, cent fois mise à l'épreuve, et dans les circonstances les plus critiques, ne l'a jamais trompé. En temps de famine, alors que les plus riches communautés manquaient du nécessaire et épuisaient leurs réserves, la Providence se chargeait de pourvoir de tout sa communauté, et il sortait de la crise sans avoir fait de dettes, sans avoir perdu aucun Frère, sans avoir fermé la porte à aucun retraitant ni même à aucun pauvre.

Bien des fois, lorsqu'on se trouvait réduit à l'extrémité, la délivrance tenait du miracle. Entre des faits nombreux racontés par Blain, nous n'en citerons qu'un, qu'il emprunte au Mémoire écrit par un Frère économe : « Je me suis trouvé, dit ce Frère, dans la grande maison de Paris, souvent manquant de tout, quelquefois de pain, d'autres fois de viande ou n'en ayant pas suffisamment pour la communauté. Alors j'allais avertir le bon père, qui me répondait de servir ce que Dieu me donnait, et que sa bonté y pourvoirait. Elle y pourvoyait en effet, car à la fin du repas les restes étaient aussi abondants que les jours où les portions avaient été plus grandes ; le cuisinier et l'économe, qui n'avaient pas fait servir la moitié de ce qu'il fallait pour la nourriture de plus de soixante personnes, se regardaient alors avec admiration et se demandaient l'un à l'autre si quelqu'un avait en secret apporté les aliments nécessaires. Cette espèce de prodige est arrivée trois ou quatre fois ; on remarquait, en ces circonstances, que le bon père passait presque tout le jour en prière. »

La confiance du père, surtout lorsqu'elle était récompensée par de tels prodiges, entrait sans peine dans l'âme des enfants. Aucune leçon, du reste, ne revenait plus souvent sur ses lèvres : « Plus on s'abandonne aux soins de la Providence, disait-il, plus elle est attentive à ne laisser manquer de rien... Jésus-Christ se charge de faire subsister ceux qui se sont consacrés à lui... Ne craignez rien, mes Frères, Dieu ne manque jamais à ceux qui espèrent en lui. Tout est accordé à la foi et à la parfaite confiance, les miracles même, quand ils sont nécessaires. »

AMOUR DE DIEU

« Nous ne sommes en ce monde que pour aimer Dieu et pour lui plaire. Notre amour pour Dieu doit être si absolu, que nous n'aimions rien que Dieu ou que pour Dieu. » Ces paroles n'étaient point vaines sur les lèvres de Jean-Baptiste de la Salle, car l'amour de Dieu fut la règle suprême de sa vie et l'inspirateur de toutes ses œuvres de zèle : sa foi même s'éclairait au foyer de son cœur, et son filial abandon à la Providence naissait du sentiment très vif d'avoir Dieu pour Père. Et comme, en matière d'amour, les actes démontrent mieux que les paroles, nous devons moins chercher dans ses discours que dans sa vie les marques de cette inclination pleine d'amour qui le portait vers Dieu.

Un cœur est vraiment pris, lorsque l'objet aimé est toujours présent à la pensée, lorsque son commerce est doux et la séparation pénible, lorsque son nom vient spontanément aux lèvres, lorsqu'il gouverne toutes les actions, et surtout lorsqu'il fait affronter vaillamment le travail et la souffrance. Le cœur de Jean-Baptiste s'éprit de Dieu à tel point, que son amour revêtit tous les caractères d'une passion obsédante.

La pensée de Dieu le pénétrait constamment : il cherchait Dieu partout, dans les événements et dans les hommes ; il le trouvait partout, jusque dans ses ennemis. Il avait pour le commerce intime du cœur avec Dieu un tel attrait, qu'il fuyait, autant que ses occupations le lui permettaient, le bruit du monde et la conversation des hommes. Ce goût de la retraite n'avait rien qui sentît la misanthropie : car si Jean-Baptiste se plaisait dans la solitude, c'était moins pour éviter les hommes que pour posséder Dieu plus sûrement. Aussi comme il aimait la vie en communauté ! Avec quel soin il écartait les visites dissipantes et se dispensait des sorties inutiles ! Dans la maison, il lui fallait la chambre la plus solitaire et la plus incommode, celle où le bruit inévitable même dans les communautés les mieux réglées ne parvenait pas jusqu'à lui. Puis il imposait silence à son imagination et à ses sens, il rentrait au dedans de son cœur, et là, dans ce sanctuaire silencieux et fermé, il goûtait Dieu, il s'attachait à Dieu, il communiait à la vie de Dieu.

Il croyait à la puissante efficacité du silence, et il a laissé à ce sujet les plus précieuses instructions. « Soyez très exact au silence, écrit-il à un Frère ; c'est un des principaux points de régularité sans lequel une maison tombe dans le désordre. Le silence, dit-il dans le *Recueil,* est ce qu'il y a de plus estimable dans une communauté ; car il est le gardien de toutes les vertus et l'obstacle à tous les vices, puisqu'il empêche les médisances et toutes les paroles contre la charité, la vérité et la modestie. Un homme qui n'est pas retenu en paroles ne deviendra jamais spirituel ; et un moyen sûr d'être bientôt parfait, c'est de ne point pécher par la langue. » Il ajoute qu'on doit « tâcher de joindre toujours le silence intérieur avec l'extérieur, oubliant ce qui est créé, pour se souvenir de Dieu et de sa sainte présence. C'est cette sorte de silence, écrit-il à une personne de piété, qui doit être le partage d'une âme véritablement solitaire et séparée de l'amour du monde ; elle doit demeurer assise et se taire, parce que c'est un moyen de s'élever sans cesse au-dessus d'elle-même ; et il n'y a rien de plus dangereux pour elle, que de se laisser arracher de cette conversation divine, pour se rabaisser vers les hommes ».

Une conversation divine, c'était bien pour la tenir qu'il aimait à s'enfermer dans le silence. Son activité intérieure se déployait alors pleinement, car son oraison était tout à la fois un exercice d'esprit, de cœur et de volonté : il regardait, et avec quelle fixité ! il aimait, et avec quelle ardeur ! il orientait ses énergies vers l'action, et avec quelle générosité ! Il passait chaque jour plusieurs heures en oraison ; souvent des nuits entières y étaient consacrées ; en voyage, son oraison était continue. Un jour qu'il allait de Reims à Paris, il pria son compagnon de marcher quelques pas en avant pour lui permettre de réciter l'Office ; puis, s'étant mis en oraison, il tomba dans une sorte de ravissement et resta debout, le visage tourné vers le ciel, en extase. Son compagnon, qui ne l'entendait plus, revint sur ses pas, et, le tirant par la robe, l'arracha à son ravissement ; le Saint lui dit alors doucement : « Je vous avais dit d'aller toujours devant. »

Il serait incroyable qu'un homme qui consumait tant d'heures dans l'oraison ait pu réaliser tant d'œuvres importantes et diriger si minutieusement tant de maîtres et tant d'écoles, si on ne savait que, lorsque nous prions, Dieu travaille pour nous, que les lumières et les forces tirées du contact de Dieu avancent plus nos affaires que de fiévreuses agitations et de stériles tâtonnements.

Persuadé par sa propre expérience de l'efficacité de l'oraison, Jean-Baptiste en fit pour ses disciples l'organe central de leur vie religieuse. « Les Frères de cet Institut, dit-il dans sa Règle, doivent beaucoup aimer le saint exercice de l'oraison, et ils doivent le regarder comme le premier et le principal de leurs exercices journaliers, et celui qui est le plus capable d'attirer la bénédiction de Dieu sur tous les autres... Soyez d'autant plus fidèle à l'oraison, écrivait-il un jour, que d'un côté, dans l'intime de votre âme, vous sentez Dieu qui vous y attire, et de l'autre le démon qui fait tous ses efforts pour vous en détourner. »

Il aimait Dieu si purement, qu'il était prêt à renoncer aux jouissances de l'oraison pour travailler à sa gloire ; car son amour était aussi agissant que contemplatif. Il ressentait ce malaise qu'avait éprouvé le cœur de saint Paul au milieu d'une ville idolâtre, et s'il fonda tant d'écoles, et s'il forma tant de maîtres, et s'il inspira aux œuvres d'éducation un esprit si chrétien, c'est qu'il souffrait de voir les pauvres livrés à l'ignorance et au vice, c'est que des multitudes d'enfants grandissaient sans connaître et sans aimer Dieu, c'est qu'il voulait garder au Dieu qu'il aimait son empire sur le monde et sur les âmes. Pour que Dieu fût mieux servi par une seule âme, il aurait dépensé son temps, affronté des périls, sacrifié sa vie. Ce qui le soutint parmi tant de tribulations, ce qui le rendit inébranlable dans la voie que la Providence lui avait ouverte, ce fut la certitude d'y accomplir l'œuvre de Dieu, ce fut le désir d'imprimer le nom de Dieu dans ces cœurs encore tendres des enfants qui venaient à lui. Il ne s'oubliait lui-même, dans les épreuves, que pour mieux défendre la cause de son Dieu.

« Un des meilleurs moyens, disait-il, pour acquérir et pour conserver le divin amour, c'est de souffrir beaucoup et de souffrir avec joie. » Il a tant souffert, que sa vie n'est qu'une longue trame de souffrances. Quant à sa joie de souffrir, il l'exprima lui-même dans ce cri sorti de son cœur : « Qu'on est heureux, quand on a l'avantage de souffrir et de mourir pour avoir travaillé à gagner des âmes à Dieu ! »

Il aurait voulu entraîner tous ses disciples dans cette voie d'amour. A ceux qui lui semblaient manquer de courage, il disait seulement : « Dieu ne mérite-t-il pas bien que vous vous fassiez violence pour son amour ? » Quelquefois, les embrassant, il les sollicitait par ces mots : « Quoi ! ne voudriez-vous pas faire cela pour l'amour de Dieu ? » « Mes très chers Frères, leur disait-il souvent, ne désirez que Dieu, ne cherchez que Dieu, remplissez-vous de l'esprit de Dieu. Que son pur amour règne **dans** vos cœurs ; qu'il soit le principe de toutes vos intentions et le centre de vos désirs. »

AMOUR DE JÉSUS-CHRIST

« Personne ne va au Père que par moi. » Jean-Baptiste n'avait garde de mépriser cette parole de Notre-Seigneur, et, au lieu de suivre les errements des faux mystiques de son temps, il prenait résolument le Dieu fait homme comme l'unique voie tracée pour aller à Dieu pur esprit. Il était trop heureux de voir que Dieu, par un excès d'amour, s'était mis à notre portée et s'était rendu tangible dans la chair, pour négliger l'humanité sainte de Jésus-Christ. Ce Dieu concret que les hommes ont vu et entendu, vers lequel les anciens patriarches et les prophètes avaient poussé d'ardents soupirs, que les siècles chrétiens et les races humaines les plus cultivées avaient reconnu et adoré comme leur Sauveur, ce « Dieu avec nous » faisait battre son cœur d'un amour tout brûlant, et jamais il n'en parlait sans trahir une émotion d'âme qu'il n'avait au même degré dans aucun autre sujet. Il voulut que le nom de Jésus fût le premier qui, tous les matins, retentît dans sa Communauté, et qui servît de finale à tous les exercices : *Vive Jésus dans nos cœurs ! A jamais !*

Jésus était l'ami auquel il avait sinon sacrifié, du moins subordonné tous les autres ; car il ne voyait dans ses amis que Jésus, et il ne leur était attaché qu'à cause de Jésus ; et dans ce vide d'amitié qui se fait trop souvent autour des hommes qui gouvernent, et qui se fit particulièrement autour de Jean-Baptiste, Jésus fut pour lui l'ami fidèle, l'ami dans le cœur duquel il s'épanchait, l'ami qui verse dans les âmes broyées par la douleur cette goutte de joie, sans laquelle aucun homme ne peut vivre bon. Jésus était pour lui pleinement Sauveur, non seulement par cette Rédemption opérée au Calvaire pour tous les hommes, mais par ce relèvement personnel qui dissipe les angoisses d'esprit et remédie aux impuissances morales de chaque âme en particulier. Jésus était son souverain Seigneur par droit de conquête, et ses conseils aussi bien que ses ordres le trouvaient docile et dévoué. Jésus était son Maître, son unique Maître, et ses leçons le trouvaient disciple attentif, recevant comme une cire molle l'empreinte de ses idées et de ses sentiments.

C'est pourquoi il avait pour l'Évangile, qui contient les paroles de Jésus, un respect mêlé d'adoration. Quelque attrait qu'il eût pour les Pères et pour les grands mystiques, il faisait de l'Évangile sa lecture favorite ; il voulut même que les Frères eussent entre les mains une traduction du Nouveau Testament, pour en lire chaque jour au moins un chapitre. Et comme l'âme d'un livre, s'il y en a une, passe dans l'âme du lecteur, il espérait, et avec raison, que le commerce assidu de l'Évangile emplirait l'âme des Frères de l'âme même de Jésus. Car de ces pages divines émane une vertu souveraine, qui porte à la sainteté les cœurs qui s'en laissent pénétrer. Malgré leur simplicité, elles révèlent le

Christ dans une si radieuse beauté, dans une transcendance si surhumaine, que, subissant la séduction de sa grandeur, l'esprit se prosterne et s'écrie dans un élan de foi : « Vous êtes le Christ, le Fils du Dieu vivant. » Ces pages nous présentent encore en Jésus conversant parmi les hommes et accomplissant l'œuvre de son Père le modèle parfait de la vie chrétienne; sa manière de juger des choses doit être la nôtre, ses paroles donnent le ton et l'esprit de nos discours, ses actions tracent à nos efforts une direction.

Par-dessus tout, Jean-Baptiste avait une grande dévotion aux mystères sacrés du Sauveur. Fidèle à l'impulsion qu'il avait reçue en ce sens au séminaire de Saint-Sulpice, il considérait le chrétien, et plus encore le prêtre, comme le continuateur des œuvres et des vertus de Jésus-Christ. Suivant la belle parole de saint Paul, il achevait l'œuvre du Christ. Il lui prêtait son corps pour achever son œuvre de souffrance ; il lui prêtait son cœur pour achever son œuvre de religion et de charité ; il lui prêtait sa volonté pour achever son œuvre d'obéissance et d'humilité. De la sorte, Jésus vivait en lui, et sa grande application était de ne rien faire et de ne rien dire qui fût indigne de Jésus.

C'était particulièrement dans les mystères de l'enfance et de la Passion qu'il aimait à s'unir à Jésus.

Avec les personnages les plus célèbres et les plus pieux du XVIIe siècle, il eut une tendre dévotion à l'Enfant Jésus; et chaque jour il récitait les litanies du saint Nom de Jésus et les litanies de la divine

Enfance. Le jour de Noël, il était tout absorbé dans la contemplation de l'Enfant de Bethléhem, et, tant qu'il eut un petit noviciat, il aima à rassembler, ce jour-là, les plus jeunes âmes de sa famille religieuse pour les consacrer avec lui au saint Enfant Jésus.

Non moins grande était sa dévotion envers Jésus souffrant. Le crucifix était pour lui, comme pour saint François d'Assise, le livre divin où il apprenait la valeur des humiliations et où il puisait le goût des mépris et des rebuts du monde. Il récitait tous les jours les litanies de la Passion, se plaisant à savourer le récit des souffrances de Jésus ; il s'encourageait, par l'exemple du Sauveur, à supporter joyeusement les opprobres dont le monde l'abreuvait.

Mieux encore que l'Évangile et le crucifix, l'Eucharistie parlait à son cœur. C'est qu'il sentait, sous les fragiles espèces du pain et du vin, la présence personnelle de son Rédempteur et de son Dieu. Avec quel empressement il allait à la rencontre de son Maître ! Les heures qu'il passait devant le saint Sacrement lui paraissaient toujours trop courtes, et il prenait souvent sur la nuit pour les allonger. Devant ce foyer d'amour divin, son cœur s'enflammait, son visage s'illuminait du rayonnement de l'extase, et il poussait des soupirs et des gémissements capables d'éveiller à une vive piété les âmes les plus refroidies.

Jamais il ne manqua, tant que ses forces le lui permirent, de monter chaque matin au saint autel ; au temps de ses plus grandes infirmités, sa volonté maîtrisait à tel point ses membres, qu'ils semblaient devenir complaisants tous exprès pour lui permettre de célébrer la messe. Il ne commençait le saint sacrifice qu'après une longue préparation : aussi rien que de majestueux et de grave, rien que de pieux et de tendre, dans la récitation des prières, dans les gestes que le prêtre fait à l'autel, dans l'attitude par laquelle se trahissent les sentiments intérieurs. La sainte communion produisait en lui une sorte d'ivresse spirituelle, qui le mettait hors d'état de vaquer aux affaires avant un long temps d'actions de grâces. « Lorsque M. de la Salle sortait de l'autel où il venait de dire la messe, dit un témoin oculaire, je l'ai souvent vu rentrer dans la sacristie tout hors de lui-même et si transporté de l'amour de Dieu, qu'il ne pouvait se déshabiller qu'après s'être reposé au moins un quart d'heure. Je n'osais pendant ce temps l'interrompre, craignant de le troubler dans la satisfaction qu'il avait de s'entretenir avec Dieu. »

On comprend qu'il désirât initier les Frères à cette heureuse expérience du don divin, et que contrairement aux tendances jansénistes, qui éloignaient alors tant d'âmes de l'Eucharistie, il les exhortât à s'approcher fréquemment de la sainte communion. A ceux qui, pour de légères imperfections, voulaient s'abstenir, il répondait : « Allez, mon Frère, approchez-vous du médecin, et, après lui avoir fait connaître vos misères, demandez-lui votre guérison. » Lui disait-on qu'on manquait de ferveur pour communier, il répliquait : « Allez donc communier, pour en avoir. »

Il ne concevait pas cependant que l'on conduisît aveuglément les âmes à la table sainte, et il écartait avec autant de soin les présomptueux qui communiaient sans vivre plus saintement, qu'il encourageait les timides qui, par excès de délicatesse, se tenaient à distance. Pour entretenir dans ses disciples un amour mêlé de crainte, il leur donnait les plus salutaires avis.

« Ce serait, leur disait-il, un grand abus et un grand désordre dans votre âme, si la fréquence des communions en diminuait la ferveur ; au contraire, il n'y a rien qui dispose mieux à la communion suivante, que la précédente ; et si nous ne résistons pas à la grâce qui se reçoit dans ce sacrement, il nous rassasie sans nous ôter l'appétit de communier, comme la gloire contente tellement les bienheureux qu'ils ne perdent jamais le désir de voir Dieu, et qu'après l'avoir vu un million d'années, ils désireront autant de le voir que s'ils entraient seulement dans le ciel. Ressentez-vous de tels désirs à l'égard de la sainte communion ? C'est un bon conseil qu'au temps de la communion et de l'action de grâces on rappelle dans son esprit tout ce qu'on trouve d'ordinaire de plus difficile au service de Dieu, et que l'on se parle ainsi à soi-même : « Hé bien ! voilà ton « Dieu qui se donne tout à toi ; ne veux-tu pas te « donner tout à lui ? Et puisqu'il ne tient plus qu'à « cette difficulté, ne veux-tu pas te surmonter pour « son amour ? Et pour le respect que tu lui portes, « ne veux-tu pas lui donner cela ? Tu n'oserais sans « doute le lui refuser. » C'est ainsi qu'il faut s'exciter et se pousser à se vaincre. »

AMOUR POUR LA TRÈS SAINTE VIERGE, SAINT JOSEPH ET LES AUTRES SAINTS

L'amour que Jean-Baptiste avait pour Jésus suivait Jésus partout où il le reconnaissait présent et agissant. Or son esprit de foi lui découvrait Jésus dans les saints, puisqu'ils ne sont que les membres les plus nobles et les plus actifs de ce corps mystique de Jésus, qui embrasse à la fois l'Église du ciel et l'Église de la terre. Tel était le fondement de l'amour que Jean-Baptiste avait pour les saints.

La Reine de tous les saints tenait dans son cœur la première place. Il l'honorait « comme le tabernacle et le temple vivant que Dieu même s'est bâti et qu'il a orné de ses propres mains ». Il méditait avec bonheur tous ses mystères, et il prenait une complaisance filiale dans les richesses de grâces dont Dieu l'avait comblée : « N'est-ce pas être, disait-il, incomparablement élevée au-dessus de toutes les créatures, que d'être devenue le temple du Dieu vivant, en concevant le Fils de Dieu? C'est donc avec raison qu'on lui attribue ces paroles du psaume 131 : *Dieu l'a choisie pour en faire sa demeure;* et ces autres : *Votre temple est saint.* L'abbé Rupert enchérit encore, en disant que, dès l'instant que le Saint-Esprit est venu en la très sainte Vierge pour lui faire concevoir le Fils de Dieu, elle est devenue toute belle d'une beauté divine. C'est ce qui fait dire à saint Bernard que nous devons honorer la très sainte Vierge avec une très grande tendresse de dévotion, puisque Dieu a mis en elle la plénitude de tout bien, en renfermant dans son sein le Verbe divin lui-même. »

Sa tendresse de dévotion pour Marie le porta à lui confier son œuvre dès le commencement ; car, en 1684, au lendemain des premiers vœux, il conduisit lui-même les Frères en pèlerinage à Notre-Dame-de-Liesse, pour mettre l'Institut naissant comme un enfant dans les bras de sa Mère. Ce sanctuaire de Liesse lui était fort cher ; dans la visite de ses écoles, il aimait à s'y arrêter pour y consacrer de longues heures à l'oraison. Au reste, c'était à Marie qu'il avait recours dans toutes ses peines : persécuté et humilié, il allait se jeter à ses pieds : avant de commencer une affaire importante, il lui en confiait la direction : s'il avait quelque joie, il lui en faisait part avec une simplicité de fils. Il finissait chacune de ses actions par une prière à la très sainte Vierge, ordinairement le *Sub tuum præsidium ;* sa dernière prière de chaque jour était aussi pour Marie, *Maria Mater gratiæ.* Le chapelet était pour lui une dévotion d'autant plus chère, que les hérétiques l'avaient plus décriée ; sitôt qu'il était libre, il prenait le chapelet et le récitait ; il se faisait une gloire de le porter ostensiblement.

Son Institut garde l'empreinte du grand amour qu'il avait pour Marie : les prières à la très sainte Vierge y sont en honneur, le chapelet s'y récite fréquemment, les fêtes de la Vierge s'y célèbrent avec solennité ; mais surtout les âmes sont inclinées vers Marie avec une filiale confiance et recourent à leur Mère dans tous leurs pressants besoins.

Un mouvement tout particulier de dévotion portait vers saint Joseph le cœur de Jean-Baptiste. Saint Joseph, père nourricier et conducteur de la sainte Famille, était le chef et le protecteur qu'il voulait donner à l'humble famille de ses Frères ; puisque sa maison ressemblait à celle de Nazareth par la pauvreté, par la simplicité, par le travail, il espérait que ces ressemblances gagneraient les sympathies de saint Joseph. De plus, son esprit de foi, qui voyait dans les enfants la présence même de Jésus, lui faisait souhaiter que les Frères fussent dignes de les conduire comme Joseph avait été digne de conduire Jésus ; et, dans cette vue, il établit que chaque Frère honorerait saint Joseph comme son modèle et son inspirateur.

Mais, ce qui le touchait surtout, c'était le parfait abandon de saint Joseph à la Providence, sa prompte obéissance à la voix de Dieu, puis sa soumission en des circonstances si fâcheuses, son amour pour la vie obscure et cachée : autant de vertus dont Jean-Baptiste semblait former son idéal personnel, et sur lesquelles il eût désiré former tous ses Frères. Dans ces sentiments, non content des pratiques qu'il avait adoptées pour son usage et qu'il avait conseillées aux Frères, il décida que saint Joseph serait le patron et le protecteur de l'Institut, que sa fête y serait célébrée par une solennité extraordinaire, que les Frères auraient grand soin d'inspirer à leurs écoliers une particulière dévotion envers le chaste gardien de Jésus et de Marie. Ses disciples, fidèles à une si pressante recommandation, ont toujours mis saint Joseph à la place d'honneur dans les écoles et les pensionnats qu'ils dirigent.

Jean-Baptiste embrassait, dans son amour, tous les saints de la cour céleste. Il se plaisait à lire et à faire lire l'histoire de leur vie, et il établit même cet usage qu'après le repas la conversation s'engagerait d'abord sur la vie du saint dont on aurait lu l'histoire à table. « Ils s'entretiendront, dit-il en parlant des Frères, de la vie des saints, particulièrement de ceux en qui a le plus paru l'esprit de leur Institut, et de ceux qui ont eu particulièrement l'esprit de mortification et de zèle pour le salut du prochain. »

Parmi les saints qu'il chérissait spécialement, nous citerons : saint Jean-Baptiste, son patron, dont il admirait tant l'innocence et l'esprit de pénitence, l'amour de la retraite et de l'oraison ; les Apôtres, dont il souhaitait d'avoir le zèle et les saintes ardeurs ; saint Pierre et saint Paul, qu'il vénérait comme les colonnes inébranlables de la sainte Église ; saint Jean l'Évangéliste, dont l'âme aimante et forte le ravissait ; saint Ignace d'Antioche, dont les immortelles paroles : « Je suis le froment du Christ ; moulu par la dent des bêtes, je deviendrai un pain sans souillure, » excitaient son ardeur : saint Cassien, ce maître d'école martyr, qu'il aimait à proposer aux Frères pour modèle.

Il éprouvait un vif attrait pour les fondateurs d'Ordres, tels que saint François d'Assise, saint Dominique, saint Ignace de Loyola, saint Philippe de Néri, sainte Thérèse, et il implorait sur son Institut leurs grâces et leurs prières. Les missionnaires ardents comme saint François Xavier et saint Vincent Ferrier animaient son zèle pour le salut des âmes. La pensée des saints les plus modernes, saint

François de Sales et saint Charles Borromée, lui était particulièrement douce, comme si leur présence n'eût pas encore été tout à fait effacée, et comme s'il eût respiré dans une atmosphère toute pleine du parfum de leurs vertus.

Sa piété, toujours ouverte aux lumières et aux inspirations de la foi, se gardait bien d'oublier les anges. Il avait pour le chef de la milice céleste, saint Michel, une dévotion qui le portait à l'invoquer souvent dans les graves assauts qu'il eut à supporter pour la gloire de Dieu. Quant aux anges gardiens, il les respectait, il les invoquait, et il apprenait aux Frères l'art de se mettre en commerce intime avec eux. Les Frères ne sont-ils pas les anges visibles des enfants? Ne travaillent-ils pas, dans l'éducation, au même but que les anges gardiens, c'est-à-dire au salut éternel des âmes? Or n'est-il pas juste que des collaborateurs s'entendent, qu'ils s'entr'aident, que les uns n'entreprennent rien qui puisse anéantir l'influence des autres? Aussi les maîtres visibles doivent-ils, avant que de parler et d'agir, prier et consulter les maîtres invisibles, dont ils ne veulent, d'ailleurs, que faciliter la mission.

ESPRIT DE RELIGION

La vertu de religion est l'expression la plus authentique de notre amour pour Dieu et pour les saints. Sous son impulsion, au lieu de concentrer au dedans de nos âmes les sentiments de tendresse et de dévouement que nous éprouvons à leur égard, nous sommes entraînés à leur rendre les honneurs du culte extérieur et à publier par des cérémonies saintes qu'ils sont dignes de tout hommage et de toute louange.

Si grand que fût le goût qui, dans l'oraison, portait Jean-Baptiste à prier Dieu et les saints, son zèle ardent ne pouvait se passer des manifestations extérieures par lesquelles l'amour se plaît à s'exprimer et à s'entretenir. C'est pourquoi le culte répondait à un vif besoin de son cœur. Il ne s'en repaissait pas comme un enfant, dont les sens y trouvent un aliment noble et sacré ; mais il s'en réjouissait comme d'un honneur rendu à Dieu, comme d'une représentation, mise à la portée de notre faiblesse, des hommages infinis que Dieu reçoit au ciel des Anges et des Saints, comme d'une prédication efficace, qui gagne plus vite à Dieu les âmes que tous les raisonnements des prédicateurs.

Plein de ces idées sur la haute convenance du culte sacré, il s'appliquait dans un esprit tout religieux aux cérémonies liturgiques. Dès son enfance, une grâce spéciale de religion l'avait incliné vers les divins Offices ; car, nous l'avons dit, il n'avait point alors de plus douce joie que d'être présent à l'église et de servir à l'autel. Devenu chanoine à l'âge de seize ans, il avait paru, parmi ses collègues, comme un modèle de régularité, de modestie et de piété. Lorsqu'il fut ordonné prêtre, en dépit de la simplicité qu'il aimait en toutes choses, il n'estima point que sa chapelle pût être trop riche ni ses ornements trop précieux ; et, durant toute sa vie, ce pauvre de Dieu accepta la prodigalité, lorsqu'il s'agit de faire honneur au sacrement de l'Eucharistie.

Pour se rendre compte de son esprit de religion, il eût fallu le voir à l'autel. Son biographe Blain, qui était son ami et qui l'avait vu tant de fois célébrer la messe, n'a pas craint de dire : « Si Calvin, si Bèze et les autres hérétiques l'eussent vu dans l'action du sacrifice, ou s'ils n'eussent point vu dans le sanctuaire d'autres prêtres que lui, ils eussent brûlé leurs écrits faits contre la présence réelle de Jésus-Christ dans le très saint Sacrement, et ils se fussent condamnés comme coupables d'hérésie ; au moins ils n'auraient pu inspirer leurs erreurs à tant de peuples qui les ont crus, si la sainte messe eût été toujours célébrée à leurs yeux de la manière que le faisait M. de la Salle. Qui a vu un homme dans cette auguste action plus pénétré de la grandeur du redoutable sacrifice qui s'y offre, plus uni à Celui qui s'immole, plus petit en la présence de l'Être suprême à qui il est offert, plus attentif et plus présent aux mystères qui s'y opèrent, plus recueilli et plus concentré en Dieu, plus dévot dans le cours de la liturgie sacrée ? Je ne me lasse point de le répéter : là, il ne paraissait point un homme, mais un séraphin ; là, en quelque sorte revêtu de l'air que porteront toujours les Bienheureux dans le Ciel, il semblait participer par avance aux qualités glorieuses des corps ressuscités. Son visage, ordinairement, devenait enflammé, quelquefois lumineux, et répandant des rayons de dévotion, qu'il inspirait aux âmes les plus glacées. »

La présence de Dieu dans les églises lui inspirait pour ces lieux sacrés le plus grand respect. « Entrait-il dans l'église, dit encore son biographe, la modestie, la révérence, la sainte frayeur qu'il y

apportait, frappaient les yeux de ceux qui le voyaient.
et, en les avertissant du respect dû au saint lieu.
semblaient leur reprocher leur peu de foi et leur
irréligion envers le grand Dieu qu'ils venaient ado-
rer... Sa religion le trahissait et le révélait quand il
était dans l'église... : car on ne pouvait se lasser de
regarder ce prêtre qui montrait, dans la maison
de Dieu, la dévotion d'un saint et la modestie d'un
ange.

« Il semblait oublier sa douceur ordinaire, quand
il voyait manquer de respect à la Majesté devant
laquelle il tremblait, et il reprenait, sans ménage-
ment pour personne, ceux qui étaient volontaire-
ment distraits et dissipés. Quand il en voyait d'autres
blesser le silence, la modestie et le respect que
demande la présence du Fils de Dieu résidant sur
nos autels, il entrait dans une sainte indignation, et
montrant sa peine et sa douleur de voir des créa-
tures, sous les yeux de leur Créateur, sortir de la
révérence qui lui est due, il leur disait d'un air sévère
mais charitable, d'un ton humble mais vif : « Ne
« savez-vous pas que vous êtes dans la maison de
« Dieu ? » Il n'épargnait pas plus les Frères, quand
ils étaient répréhensibles sur ce point, et il leur fai-
sait des corrections publiques, s'il en était besoin,
pour rappeler en eux, pour peu qu'ils parussent les
oublier, les grands sentiments de religion qu'il leur
imprimait par ses paroles et par ses exemples. »

Il avait si bien réussi à communiquer son esprit
de religion, qu'à Chartres la bonne tenue des Frères
avait suffi à ramener la modestie dans les églises où
ils avaient suivi les Offices sacrés, et qu'à Paris les
écoliers marchaient par les rues et priaient à l'église

avec un air si profondément religieux, que les fidèles s'arrêtaient souvent pour les contempler et ranimer par ce spectacle leur propre esprit de foi.

D'ailleurs, Jean-Baptiste portait partout, parce qu'il voyait partout Dieu présent, ce recueillement profond, qui n'est que l'expression du respect religieux dû à Dieu. Il gardait en toutes rencontres cet air de piété qui caractérise les âmes intérieures, et qui annonçait en lui une âme toujours occupée de la Majesté divine. Jamais il n'entrait dans une maison sans rendre ses devoirs à la présence de Dieu dans ce lieu.

Il disait son bréviaire à genoux, rarement debout et en marchant, mais toujours tête nue, quelque rude que fût la saison : il paraissait alors tout absorbé par les beautés du divin Office, ravi d'être associé à Jésus-Christ et à l'Église pour louer la Majesté divine au nom des hommes, s'abandonnant à ces heureux transports qu'opère l'Esprit-Saint dans les âmes entièrement livrées à la grâce. S'il disait l'Office de la Vierge avec les jeunes novices, c'était toujours comme eux, tête nue, debout, sans jamais s'appuyer ; et s'il croyait avoir commis quelque faute, il allait, comme le moindre d'entre eux, se prosterner au milieu de l'oratoire.

« Il voulait, dit encore son biographe, que tous les lieux consacrés à la prière fussent propres, et qu'on n'y entrât qu'avec respect. Il aimait que les églises fussent ornées, les autels bien parés, et que la magnificence des sanctuaires soutînt l'idée de la grandeur du Dieu qui y est adoré et des mystères qui s'y opèrent. Il s'affligeait de voir des maisons de particuliers plus somptueuses que nos temples, et de viles créatures venir faire parade de leurs pompes au pied des autels, comme pour insulter, par leur luxe et leur magnificence, à la pauvreté de Celui qui règne dans les cieux. Le même esprit de religion lui inspirait une grande vénération pour toutes les choses saintes, pour les reliques, pour les vases sacrés, pour les images et pour tout ce qui est séparé du profane par quelque bénédiction particulière, surtout pour l'eau bénite, dont il faisait un usage continuel : usage qui s'est conservé aujourd'hui chez les Frères par une sainte coutume. »

CHARITÉ ENVERS LE PROCHAIN

Au dire des théologiens, c'est une même vertu, la charité, qui nous porte à aimer et à servir Dieu et le prochain. Aussi n'est-il pas étonnant que Jean-Baptiste, entraîné vers Dieu par un mouvement d'amour si ardent, fût en même temps incliné vers les hommes par une compassion très cordiale et par un dévouement très généreux. Une fois de plus se vérifia en sa personne ce fait d'observation, que plus un cœur se donne à Dieu, plus il appartient aux hommes ; que l'amour de Dieu, loin de développer l'égoïsme, en détruit les germes, et fait surgir à sa place l'altruisme chrétien ou charité.

Dans toutes ses relations, Jean-Baptiste n'avait aucun regard pour lui-même, il ne pensait qu'au prochain. Avec quelle sollicitude, par exemple, il veillait sur sa famille religieuse! Il prévoyait tous les besoins de ses Frères, et il leur préparait le secours en temps opportun. Compatissant, il comprenait leurs peines, et plusieurs fois il fit des voyages de nuit pour en consoler un qui souffrait : dans leurs maladies, il les soulageait avec une paternelle tendresse, jusqu'à céder son propre lit dans les maisons pauvres qui n'en pouvaient avoir de convenable. Il s'abaissait à leur rendre les plus humbles services, avec simplicité, parce qu'il les aimait comme ses enfants, et parce que leur santé lui était plus chère que la sienne. Quoiqu'il fût très humble, même en ce qui touchait à son Institut, il défendait la réputation de ses Frères contre toute insinuation désobligeante : du reste, c'était chez lui un principe général de couvrir les fautes d'autrui et de protéger les réputations en butte à la médisance ou à la calomnie, de sorte qu'il gagnait cette sympathie que nous avons instinctivement pour les personnes entre les mains desquelles nous sentons notre nom bien abrité.

Sa charité ne s'enfermait point dans d'étroites limites, et sa compassion embrassait tous ceux qu'il voyait souffrir. « Ceux qui s'adressaient à lui pour en recevoir du secours, dit son biographe, n'avaient à essuyer ni humeur, ni inégalités, ni rebuts, ni manières hautaines et dédaigneuses... ; ils se voyaient toujours reçus par lui charitablement, avec un visage ouvert et avec des marques d'une affection sincère... Instruire les pauvres, consoler les affligés, visiter les malades, soulager les misérables, c'étaient des exercices de vertu que la charité lui rendait agréables et qu'elle lui enseignait à rendre pleins de douceur pour ceux qui en étaient les objets. Nul genre de maladie ou de misère qui ne fût dépouillé à ses yeux de son caractère hideux. Il ne laissait jamais paraître qu'il ressentît de la répugnance pour la nature du mal ou pour la qualité du malade. Ce n'était pas qu'il fût insensible...; mais l'esprit de charité, joint à celui de mortification, ne lui laissait échapper aucun signe de fâcheuse impression. »

L'esprit de foi guidait toujours les généreuses inspirations de son bon cœur. « Car, dit encore son biographe, n'aimant le prochain que pour Dieu et en Dieu, sans aucun égard à ses belles qualités et à ses talents, à son esprit, à sa condition, à sa bonne grâce, à la sympathie et à la conformité d'humeur, à ce qu'il en pouvait attendre ou espérer, il l'aimait avec pureté, sans excès, sans attache, sans danger, sans inconstance, sans acception de personnes, en un mot d'une manière digne de Dieu, et capable d'honorer Jésus-Christ, qui nous a ainsi aimés. » Cette pureté de vue dans l'amour, loin de le rendre froid et banal, lui communiquait au contraire une force qui dépasse toutes les prétentions de la nature. Il est aisé du reste de s'en convaincre, sans sortir de la vie même de notre Saint.

Ce fut l'esprit de foi qui rendit sa charité généreuse : non content de secourir les pauvres, il les recherchait et les honorait ; il leur distribua, au temps de la famine, tout son riche patrimoine ; dans sa maison réduite à l'indigence, il y eut toujours un coin pour les hôtes et toujours un morceau de pain pour ceux qui tendaient la main. Il répandait ses prières et ses pénitences non moins largement que ses aumônes : de ces longues heures consacrées aux oraisons solitaires ou aux macérations impitoyables à la chair, combien avaient pour but la conversion de tels pécheurs ou la sanctification de tel religieux ou le progrès de telle œuvre! Il croyait à ces influences profondes de l'immolation personnelle unie à celle de Jésus-Christ, et en conséquence il se constituait la victime de sa propre charité.

Ce fut aussi l'esprit de foi qui trempa sa charité d'assez d'énergie pour lui faire pratiquer l'amour des ennemis, le pardon des injures et le support des défauts du prochain.

Dieu permit que cet homme, au cœur sans fiel, connût des ennemis, et que ces ennemis, acharnés à la perte de ses œuvres, eussent la hardiesse de n'épargner à sa personne ni l'outrage ni la calomnie. Depuis le duc de Mazarin qui, en 1682, lui retira brusquement son estime et ses faveurs, jusqu'à l'archevêque de Rouen, qui le frappa d'une peine disciplinaire sur son lit de mort, il se trouva constamment quelque main dure pour lui infliger l'humiliation. Mais, fidèle au précepte évangélique, il aima ses ennemis, il s'appliqua même à en dire du bien, il se rendit ingénieux pour leur rendre service, mais surtout il pria pour eux. Aux efforts les mieux concertés de ses adversaires, ou bien il n'opposa que le silence, ou bien il répondit par les plus touchants témoignages de charité. « Jamais homme ne sut mieux pardonner, dit son biographe ; on était sûr d'obtenir son amitié quand on lui avait fait quelque injure. On eût dit que les outrages étaient le chemin le plus court pour aller à son cœur, et toute sa tendresse semblait réservée pour ceux qui les proféraient. »

De tous les affronts qu'il reçut, aucun ne fut plus humiliant que cette sentence du Châtelet où il était

condamné pour avoir extorqué de l'argent et suborné
un mineur. Cependant il la souffrit avec une pa-
tience inaltérable. Il ne se plaignit pas, il ne mur-
mura point ; on ne l'entendit ni blâmer ses juges,
ni décrier ses avocats, ni déplorer la trahison de son
ami Rogier, ni dénoncer les infâmes démarches des
deux Clément. On eût dit qu'il se tenait comme
convaincu. C'est qu'il était comme insensible aux
injures qui s'adressaient à lui, et ne montrait de zèle
que pour venger les outrages faits à son Dieu.

Il n'avait pas moins de mérite dans le support
continuel des défauts du prochain, qui, au dire de
saint Paul, est le parfait « accomplissement de la loi
du Christ ». Quoiqu'il fût naturellement aimable et
d'un commerce aisé, il lui en coûta fort de s'accou-
tumer à la conversation de gens sans culture et sans
naissance. Mais, ayant sous les yeux Jésus-Christ
appliqué à faire l'éducation apostolique des pauvres
pêcheurs de Galilée, il prit à cœur de porter, dans
une tâche semblable, la même douceur et la même
condescendance. Il y réussit à tel point qu'il ne
donnait aucun signe d'aversion ou d'inclination natu-
relles. Il aimait tous ses disciples d'un amour égal,
sans acception de personnes, s'accommodait à toutes
sortes d'humeurs, s'étudiant seulement à n'en mani-
fester lui-même aucune. « Il souffrait, dit son bio-
graphe, les importunités des scrupuleux, essuyait le
chagrin des malades, écoutait les plaintes des affli-
gés, supportait la faiblesse des pusillanimes, forti-
fiait leur courage et soulageait les peines de tous. »

Avec une grande sagesse, il regardait la concorde
des esprits et l'union des cœurs comme le bien par
excellence des communautés ; aussi en faisait-il,

pour sa charité, un objet de constante application. Ennemi des disputes, il se conformait autant que possible à la pensée des autres ; il évitait de rien régler seul, de peur d'exciter des contradictions ; il consultait les autres, et se faisait une loi de se ranger à leur avis, lorsqu'il était juste. Personne ne suivait mieux que lui cette recommandation, qu'il faisait un jour : « Tâchez d'avoir des manières engageantes, et faites en sorte qu'une de vos principales occupations soit de procurer l'union entre vos Frères. »

LE DÉTACHEMENT DES BIENS DU MONDE

Pour qu'une âme chrétienne, sous le souffle de la grâce, s'élève à ces hauteurs, pour qu'elle s'y maintienne de longues années, pour qu'elle se meuve avec aisance dans la pratique de vertus si fort au-dessus de la nature, il faut que, par un détachement universel, elle se soit dégagée de toute entrave terrestre : car, seules, les âmes libres peuvent prendre un pareil essor. Par une mortification infatigable, Jean-Baptiste avait conquis cette liberté en brisant les liens qui, d'ordinaire, tiennent les âmes captives du monde, des sens et de la volonté propre. L'amour de la pauvreté l'arracha aux sollicitations absorbantes des biens de la terre ; la chasteté et l'empire qu'il exerça sur tous ses sens le rendirent vainqueur de la chair ; enfin il échappa à la tyrannie du propre jugement et de la volonté propre par sa profonde humilité et par sa parfaite obéissance. En le suivant dans la pratique de ces austères vertus, nous verrons sur quelles bases solides reposait en lui le bel édifice de la perfection chrétienne.

Quoiqu'il fût l'aîné d'une famille opulente, et pourvu, dès l'âge de seize ans, d'une prébende avantageuse, il n'ouvrit jamais son cœur aux séductions de la richesse ; à plusieurs reprises, il montra qu'il observait à la lettre cet avis du Sage : « Si vous avez de la fortune, gardez-vous d'y attacher votre cœur ! » Il y était si peu attaché qu'en 1677, étant seulement diacre, il essaya d'échanger sa riche prébende pour une cure qui eût été une charge plutôt qu'une ressource. Mais son détachement éclata au grand jour lorsque, coup sur coup, il résigna son canonicat et vendit son riche patrimoine, afin de mener avec les Frères une vie de pauvreté et de travail. S'il avait eu la moindre attache aux biens terrestres, quels prétextes n'eût-il pas trouvés pour ne point les sacrifier? Son zèle même pour les écoles ne lui eût-il pas inspiré l'idée de les conserver pour bâtir des classes, nourrir les maîtres, assurer l'avenir des fondations ? Il se délivre de tout, il vend tout, parce qu'il est poussé intérieurement par cette parole de l'Évangile : « Si tu veux être parfait, va, vends tes biens, donne le prix aux pauvres, et suis-moi. »

Une fois devenu pauvre, il aima sincèrement la pauvreté. Elle était sa conquête, et elle ne lui avait pas coûté moins d'efforts qu'à bien d'autres l'acquisition de la richesse : elle apparaissait à sa foi vive comme le plus sûr moyen de ressembler à Jésus-Christ et de rendre aisé le travail de la perfection. Aussi n'en parlait-il qu'avec enthousiasme. « Vous

êtes pauvre, dites-vous ! Que cette parole me plaît !
Car, dire que vous êtes pauvre, c'est dire que vous
êtes heureux. Vous n'avez, dites-vous, jamais été si
pauvre ! tant mieux ; vous n'aviez jamais eu tant de
moyen de pratiquer la vertu que vous en avez main-
tenant. » Et le sage fondateur ajoute ce mot, qui
révèle si bien sa pensée : « Les richesses corrom-
pent ordinairement les cœurs des bons religieux, et
l'étroite observance du vœu de pauvreté est un des
plus grands biens qu'on puisse procurer aux maisons
religieuses. » Et comme la pauvreté tire sa valeur
aux yeux de Dieu de l'esprit surnaturel qui l'anime,
il prenait grand soin de diriger l'intention de ses
disciples : « Chérissons la pauvreté, dit-il dans le
Recueil, comme Jésus-Christ l'a aimée, et comme le
moyen le plus propre que nous puissions prendre
pour avancer dans la perfection. Tenons-nous tou-
jours dans la disposition de mendier, si la Provi-
dence le veut, et de mourir dans la dernière misère.
N'ayons rien, et ne disposons de rien, non plus que
de nous-mêmes ; et enfin tendons toujours au dénue-
ment et au dépouillement de toutes choses, afin de
nous rendre semblables à Jésus-Christ, qui a manqué
de tout pendant sa vie, pour l'amour de nous. »

Jean-Baptiste avait d'autant plus le droit de
parler de la sorte, qu'il avait plus douloureusement
senti les atteintes de la pauvreté. Pour lui, la
pauvreté n'avait point seulement consisté dans un
dégagement de cœur ; elle avait fondu sur lui avec
tout ce cortège d'humiliations, de privations, d'in-
commodités, qu'elle entraîne à sa suite. Il connut
les abaissements et les misères des pauvres, et il
les aima.

Tant qu'il avait été riche, il avait été comblé de prévenances et d'honneurs, car la fortune garde ou fait le rang. Mais, du moment qu'il devint pauvre, il fut en butte à ces dédains, à ces délaissements, qui sont le patrimoine des indigents ; car, lors même qu'on les assiste et qu'on se penche vers eux avec un certain amour, on ne laisse pas de leur faire sentir qu'ils sont d'une autre condition et comme d'une essence inférieure. Rien de ce que la pauvreté a d'humiliant ne rebuta notre Saint : il se plut à paraître pauvre, il se nourrit du pain de l'aumône, il ne craignit pas de mendier jusque dans Reims, il revêtit la capote des Frères, précisément parce qu'elle passa d'abord pour un costume de gens miséreux.

La pauvreté ne lui épargna pas plus les privations que les mépris. Que de fois le pain manqua dans la maison de Jean-Baptiste ! Durant la famine, il fallait bien participer aux jeûnes forcés que la disette imposait à tous ; mais en temps ordinaire, alors que même les tables des pauvres sont abondamment fournies, celle de Jean-Baptiste manqua souvent de tout. Pendant qu'il avait son noviciat à Vaugirard, la subsistance de la communauté reposait chaque jour sur la collecte que le Frère servant allait faire dans les maisons bourgeoises ou religieuses du faubourg Saint-Germain. Toujours mal assuré des vivres du lendemain, puisqu'il ne les attendait que de l'aumône, le Saint prenait une certaine complaisance à demeurer ainsi sous l'entière dépendance de la Providence. Il se confiait tellement en ses soins, que, lorsqu'il créait une nouvelle école, il n'exigeait pas toujours les fonds suffisants pour la faire subsister ; il aimait à inspirer aux Frères cet abandon à Dieu, qui attend de sa main libérale le pain de chaque jour. Jamais cette disposition de pauvreté ne parut mieux que dans la création des écoles de Rouen.

S'il dépendait ainsi de Dieu pour la nourriture de chaque jour, à plus forte raison ne se mettait-il pas en frais pour orner et meubler les maisons qu'il habitait. L'ameublement de Vaugirard était si pauvre, en 1698, que Mme des Voisins, prise de compassion, se chargea de préparer les meubles essentiels pour recevoir les Frères dans leur nouvelle demeure de la Grand'Maison. D'après le biographe Blain, si les habits, les meubles et tous les ustensiles à l'usage des Frères eussent été déposés sur la rue, il ne se fût pas rencontré de pauvre assez indigent pour y porter la main : ils eussent moins excité l'envie que la pitié. On comprend que Jean-Baptiste ne se soit pas pressé de faire émettre aux Frères le vœu de pauvreté, et qu'il se soit contenté, pour assurer provisoirement la marche de l'Institut, des vœux d'obéissance et de stabilité : n'étaient-ils pas, à cet âge héroïque, dans la pratique de la plus exacte pauvreté ?

D'ailleurs, le saint fondateur avait le secret de la leur faire aimer. Car, non content de participer à toutes leurs privations, il vivait plus pauvrement qu'eux tous. Il n'acceptait pour ses habits que les étoffes les plus communes, et il les portait usés et rapiécés, aussi longtemps que la décence le lui permettait ; à table, il prenait les portions les plus grossières ; la chambre la plus incommode et la plus nue était de droit la sienne ; il raccommodait lui-même ses vêtements, faisait son lit, balayait sa chambre. Quand, à force d'industrie, des amis réussissaient à lui enlever ses vieux habits pour en substituer de neufs, il les cédait comme à contre-cœur, disant qu'ils étaient « encore assez bons pour un pauvre prêtre ».

Dieu, qui a promis dès ce monde le centuple à ceux qui sacrifient tout pour le suivre, ne manqua point de parole à son serviteur; car il combla Jean-Baptiste de ces consolations spirituelles que, seules, les âmes détachées goûtent dans le commerce de Dieu, et il veilla sur tous les besoins temporels de sa communauté avec une si constante sollicitude, que l'Institut traversa, non sans souffrir, mais sans subir aucun déchet, les épreuves des plus terribles années.

CHASTETÉ ET MORTIFICATION DES SENS

Ce n'était pas assez pour Jean-Baptiste de la liberté conquise sur le monde extérieur par le détachement des richesses et le parfait abandon à la Providence. Il savait que, pour s'appartenir pleinement et se donner à Dieu, une âme doit encore se dégager des sens et se déprendre de la chair. Les leçons qu'il donna aux Frères à ce sujet montrent bien qu'il en avait saisi toute l'importance : « Les sens, dit-il dans le *Recueil*, sont les portes par où entre plus ordinairement le péché dans notre âme ; ç'a été pour ce motif que les saints se sont si fort appliqués à les mortifier, afin d'avoir moins de facilité à tomber dans le péché. Ce qui doit vous porter à la mortification des sens est que, plus vous les mortifierez, plus vous jouirez de la paix intérieure, et plus vous posséderez la présence de Dieu. »

Son premier soin était de brider tellement sa sensibilité, que sa pureté demeurât toujours inviolable. Dès son enfance, son amour de la chasteté faisait de lui un ange dans la chair, et sa délicatesse avait de bonne heure permis de présager qu'il se destinerait au sacerdoce. Une fois entré dans les Ordres, il manifesta une extrême horreur pour les moindres fautes capables d'altérer la pureté; il ne souffrait même pas ce qui eût pu jeter l'ombre la plus légère sur cette vertu. C'était par esprit de vigilance qu'il cherchait la solitude, où rien ne trouble les sens; qu'il faisait un pacte avec ses yeux, de peur que des images dangereuses ne fissent entrée dans son âme; qu'il évitait la fréquentation des femmes, ne les voyant que par nécessité, ne demeurant jamais seul à seul avec elles, se gardant de toute familiarité. S'il fut sévère lorsque, malade à Reims, il ne permit pas que sa vénérable aïeule le visitât dans sa chambre, il donna à sa communauté une de ces leçons inoubliables que justifiait assez l'exemple des saints.

Mais il n'ignorait pas que les grands ennemis de la chasteté ne sont pas au dehors, qu'ils résident dans les suggestions de la chair elle-même, et que, pour les vaincre, il faut vaincre la chair. « Faites, disait-il, la guerre à votre corps, mortifiez votre chair, et vous demeurerez victorieux de l'esprit immonde, et vous vous affranchirez, avec le temps et la persévérance, de ses assauts et de tous les instincts de la nature qui lui fournissent des armes pour nous attaquer. Entre une chair sensuelle et immortifiée et ce vice, la liaison est infaillible. L'attrait du plaisir s'émousse par le sentiment de la douleur, et un corps qui gémit sous le poids des austérités perd jusqu'à l'idée de la volupté. « Croyez-moi, « disait le grand saint Antoine à ses disciples, l'esprit « immonde craint les veilles, les jeûnes, la pauvreté « volontaire et la vie austère. » Quand il trouve une chair engraissée, soignée, la moitié de sa besogne est faite : c'est du bois, de l'étoupe et de la paille préparée, où il lui est aisé d'allumer l'incendie par des traits enflammés et les étincelles du feu d'enfer, que les pensées obscènes portent avec elles. »

Ces fortes convictions expliquent comment notre Saint se livra à de si grandes austérités, et comment il imprima à ses Frères une si généreuse ardeur pour la mortification. Il connaissait tout le prix de la pénitence ; il savait qu'elle est la gardienne sûre, et la seule gardienne, de la chasteté ; il savait aussi que seule elle rend l'âme libre de s'appliquer à Dieu. De là l'application qu'il mettait à châtier sa chair et à la réduire en servitude.

Très différent de ces chrétiens inconséquents qui se dérobent aux croix de providence pour livrer leur corps à des macérations de leur choix, il commençait la mortification de ses sens par l'acceptation joyeuse des souffrances et des maladies qui lui venaient de la main de Dieu. Certes, le fardeau était déjà très pesant ; jamais il ne fit effort pour le rejeter. De ses veilles et de ses oraisons prolongées lui vinrent certaines infirmités fort douloureuses, dont il ne se plaignit jamais. Sur le sol humide de

Vaugirard, il contracta des rhumatismes dont les élancements aigus ne furent jamais tempérés que par des remèdes plus violents que le mal ; en priant à genoux de trop longues heures, il fut atteint d'une loupe qu'on n'extirpa qu'au prix d'une douloureuse opération. Encore ce ne sont là que des accidents dans une vie dont toutes les heures, surtout dans les trente dernières années, semblaient vouées à un martyre incessant. Quelque vives que fussent ses souffrances, lors même qu'il manquait des soins les plus essentiels, jamais il ne poussa un gémissement qui ressemblât à une plainte ; tout au plus élevait-il la voix pour dire : « Dieu soit béni ! » N'était-il pas trop heureux d'être crucifié comme son Maître, et avait-il une plus haute ambition que d'immoler son corps à Dieu, avec Jésus-Christ ?

D'ailleurs il ne s'épargnait point lui-même, et pour maintenir plus sûrement ses sens dans le devoir, il leur refusait jusqu'aux plus innocentes satisfactions, il leur imposait même parfois d'impitoyables rigueurs.

Par exemple, il ne se contentait pas d'éloigner ses regards de ce qui flatte la sensualité et la curiosité ; pour mieux garder la présence de Dieu, il tenait les yeux habituellement baissés, et s'interdisait la vue des objets qui n'eussent laissé dans son âme que des images inutiles. Loin de rechercher les nouvelles du siècle et ces récits de choses vaines dont se repaissent les gens du monde, il aimait à s'enfermer dans le silence et la solitude, et il n'écoutait qu'avec répugnance et froideur les conversations facétieuses auxquelles il n'avait pu se soustraire : la charité y était-elle engagée, que son air délibérément froid avait promptement mis fin au discours.

Il eut d'abord quelque peine à triompher du sens du goût ; car, élevé à une table servie de mets délicats, il s'accoutumait difficilement à la nourriture commune de ses pauvres disciples. Mais un jeûne prolongé finit par vaincre la nature, et dès lors, dit le biographe Blain, « la chair s'accoutuma si bien aux abstinences et aux jeûnes les plus rigoureux, aux aliments vils, insipides et répugnants, qu'elle n'y parut plus sensible. » À partir de 1684, Jean-Baptiste ne souffrit jamais qu'on lui servît des portions plus délicates ; partageant le régime de ses Frères, il ne se distingua plus que par son application à choisir les parts les plus rebutantes. De peur d'y trouver quelque plaisir, il mêlait à ses aliments quelque poudre amère, et sur la petite quantité qu'on lui servait, il trouvait encore matière à sacrifice en réservant aux pauvres la meilleure part. Il semblait ne prendre la nourriture qu'à regret, et jamais il n'était plus joyeux qu'au temps de jeûne ou de famine : tant il prenait à la lettre ce mot de l'Écriture, que « trop bien nourrir son esclave, c'est le préparer à la révolte ». C'était le condamner au supplice que de l'inviter à une table bien servie ; si, en voyage, il se trouvait obligé de subir quelque festin, il s'en châtiait lui-même ensuite par un redoublement de privations.

Contre ce corps, ainsi exténué par les jeûnes, il s'armait des plus rudes instruments de pénitence. Il maniait avec une impitoyable sévérité la discipline aux rosettes d'acier ; tantôt il accablait sa chair innocente sous le poids des haires et des cilices, tantôt il la déchirait par des chaînes de fer aux pointes aiguës. Avec les instruments échappés à sa vigilante humilité, on a pu constituer tout un vestiaire de mortification, qui prêche plus éloquemment que tous les discours la pratique de la pénitence. Son exemple excitait parmi ses disciples une telle émulation, que la discipline était en honneur et qu'aucune permission n'était plus ardemment sollicitée que celle de châtier le corps. Le Saint se prêtait avec joie à ces généreux désirs, persuadé qu'il était qu'un édifice, dont les premières assises étaient cimentées par le sang de la mortification, ne fléchirait ni sous l'usure du temps ni sous l'assaut des tempêtes. Et de même que tous les chrétiens doivent se souvenir qu'ils vivent du crucifiement de l'auguste victime du Calvaire, de même les Frères de l'Institut ne peuvent oublier que leur fécondité présente est le fruit du crucifiement volontaire du fondateur et de ses premiers disciples.

LA MORTIFICATION INTÉRIEURE PAR L'OBÉISSANCE ET PAR L'HUMILITÉ

Toutefois Jean-Baptiste ne s'en tenait pas à la mortification des sens ; il ne la pratiquait et il n'y poussait les Frères que pour atteindre la mortification intérieure. « J'aime mieux, disait-il, une once de mortification d'esprit qu'une livre de pénitence extérieure. » Il avait raison. Car, étant avéré que le but de la mortification est de rendre à l'âme sa pleine liberté, il ne lui servirait de rien de s'être dégagée des biens de la terre et même d'avoir rompu les entraves de la chair, si elle devait rester captive de la volonté propre et de l'orgueil. Cet écueil funeste, où viennent échouer tant de vertus religieuses, Jean-Baptiste n'eut garde d'y faire naufrage : il entra dans la pleine liberté chrétienne en achevant de s'affranchir par l'obéissance et par l'humilité.

L'obéissance, en effet, n'était point à ses yeux un état de servage, où la volonté s'amoindrit et s'efface dans une soumission purement passive aux ordres du supérieur ; il la considérait, au contraire, comme l'expression la plus haute d'une volonté libérée, victorieuse des caprices et des inconstances de la nature, accomplissant d'une façon réfléchie des règles qu'elle accepte de la main même de Dieu. Ainsi conçue, l'obéissance apparaissait à Jean-Baptiste comme un profit, non comme une perte, pour le religieux ; outre la valeur qu'elle donne à l'individu, elle est une condition essentielle à l'ordre d'une Communauté. Aussi la recommandait-il aux Frères comme le fondement de tout l'Institut : « Il n'y a point de vertu, disait-il, qui vous soit aussi nécessaire que l'obéissance, puisqu'elle est essentielle à votre état, qu'il n'y a qu'elle qui puisse vous y soutenir, et que quand vous auriez toutes les autres vertus, elles n'auraient en vous qu'une apparence purement extérieure, parce que c'est l'obéissance qui, dans une personne de communauté, donne aux autres vertus la forme qui leur est propre. »

Pour que l'obéissance fût active et féconde, il la voulait chrétienne et surnaturelle. Il proposait Notre-Seigneur lui-même comme modèle : « Jésus-

Christ, disait-il, s'est disposé par la soumission et par l'obéissance à accomplir le grand ouvrage de la rédemption des hommes et de la conversion des âmes. » Tandis qu'un homme commande, c'est à Dieu seul qu'on obéit. « Les Frères, disait-il encore, regarderont toujours Dieu dans la personne de leur directeur, et auront égard de ne s'adresser à lui que comme revêtu de l'autorité de Dieu ; ils se mettront dans cette disposition avant de se présenter devant lui. Ils lui parleront avec un profond respect, toujours à voix basse et avec des termes qui marquent la vénération qu'ils ont pour lui comme tenant la place de Dieu, qu'ils doivent reconnaître et respecter en sa personne. »

C'était le cœur tout plein de cet esprit de foi qu'il se vouait lui-même à la pratique de l'obéissance. Partout où il découvrait la moindre parcelle d'autorité divine, il se soumettait avec empressement et humilité. Au séminaire de Saint-Sulpice, durant son éducation, et au séminaire de Saint-Nicolas, deux ans avant sa mort, il donna l'exemple de la plus scrupuleuse fidélité à tous les règlements. Ses directeurs de conscience le trouvaient soumis à leur moindre décision : sur le conseil de Nicolas Roland, il est prêt à échanger son canonicat pour une cure ; lorsqu'il s'agit de se dépouiller de ses biens, il ne tarde que parce qu'il attend le dernier mot de M. Callou ; M. Callou le retient à Reims, lorsqu'on le sollicite d'aller à Paris, etc. Les évêques n'ont point de sujet plus soumis ; dans tous les diocèses où il a des Frères, il fait profession de n'être que l'humble serviteur des prélats ; même s'il en est rebuté, il leur demeure obéissant ; sa volonté ne se dresse devant eux, sans se départir du respect qu'il leur doit, que lorsqu'ils tentent de porter une atteinte grave aux règles essentielles de son Institut. A l'égard du Souverain Pontife, il professe la plus filiale déférence ; c'est pour en donner un plus authentique témoignage qu'il envoie des Frères à Rome ; et lorsque paraît la bulle *Unigenitus*, elle ne trouve aucun prêtre plus promptement soumis à ses décisions.

Mais nulle part son esprit d'obéissance ne parut mieux que dans sa communauté. Il n'y manifesta jamais qu'une ambition, celle d'être au dernier rang pour obéir ; et le plus gros chagrin de sa vie fut d'être si longtemps maintenu, malgré ses répugnances, à la supériorité. Lorsque, à deux reprises différentes, il réussit à se démettre du gouvernement de l'Institut, quelle joie ce fut pour lui de dépendre d'un supérieur, de demander des permissions, de faire sa coulpe avec les Frères ! Avec quelle simplicité, alors, il cherchait le dernier rang, il accomplissait son devoir de religieux ! D'ailleurs, même supérieur, il savait satisfaire son goût pour l'obéissance, tant il se montrait exact observateur des règles de la communauté.

L'obéissance ne lui était si chère et si aisée, que parce qu'elle reposait sur le fondement d'une sincère et profonde humilité ; car, sans la vraie humilité qui abaisse l'esprit avec la volonté, l'obéissance n'est qu'un masque qui couvre la faiblesse ou peut-être l'ambition. L'humilité donnait à l'obéissance de Jean-Baptiste sa sincérité avec sa force féconde.

Il n'aimait point à parler de lui-même, et il craignait jusqu'à cet amour-propre subtil qui se glisse dans les âmes qui parlent de leurs défauts et de leurs péchés. A plus forte raison ne tolérait-il pas que les Frères s'entretinssent de sa personne ; et son humilité leur imposa un bien dur sacrifice, lorsqu'il porta cette règle qu'ils ne parleraient entre eux d'aucune personne vivante. Il avait une telle horreur des louanges et des marques de distinction que, dans ses voyages, il faisait de grands détours pour éviter les presbytères où il craignait d'être reçu avec trop d'honneur. Étant à Calais, en 1716, dans la maison de M. Gense, il éprouva un vif mécontentement lorsqu'il s'aperçut qu'un peintre, caché derrière une tapisserie, prenait son portrait.

Loin de courir après le bruit du monde et l'estime des hommes, il n'ambitionnait que d'être inconnu, de vivre caché, de n'avoir de commerce qu'avec Dieu seul. C'est dans ce but qu'il recherchait la cellule la plus solitaire, qu'il s'abstenait des visites non nécessaires, qu'il se bornait aux relations essentielles. Quand il visitait ses communautés, il ne se plaisait qu'au milieu de ses Frères ; il s'y enveloppait d'un tel silence, qu'il passait inaperçu ; on le prenait pour un pauvre prêtre, occupé des petites gens, sans naissance et sans situation. Cette obscurité volontaire comblait ses vœux ; mais il ne s'en prévalait point intérieurement, car il était trop humble pour goûter cette joie secrète « d'être ignoré et d'être tenu pour rien ».

Il prenait plaisir à converser avec les humbles : s'il faisait la classe, il choisissait de préférence les élèves les moins avancés et les plus déshérités ; en communauté, il recherchait plutôt les Frères capables de le mortifier ; il leur parlait la tête découverte et évitait de leur demander aucun service. Pendant le temps de ses infirmités, il eût souhaité d'être transporté à l'hôpital, afin de n'être à charge à personne ; il se lamentait un jour que sa maladie ruinât la maison, et il demandait qu'on le laissât mourir, plutôt que de faire tant de dépenses. On conçoit qu'avec d'aussi bas sentiments de lui-même, il ait tant de fois travaillé à descendre du premier rang ; lorsqu'il eut cessé d'être supérieur, son bonheur fut de prendre place au-dessous des Frères servants.

La grâce de Dieu produisait en son âme ces dispositions d'humilité, pour le préparer aux affronts sans nombre dont il fut l'objet durant quarante ans : ni les injures, ni les outrages, ni les trahisons, ni les paroles blessantes, ni les procédés humiliants ne lui furent épargnés. De tous les côtés à la fois, de la part des autorités civiles et des autorités ecclésiastiques, de la part de sa famille naturelle et de sa famille adoptive, de la part des enfants qu'il élevait et des disciples qu'il associait à son œuvre, de tous les coins de l'horizon fondirent sur lui tous les genres d'humiliations, à tel point que l'histoire de sa vie n'est qu'une longue chaîne de peines et de persécutions. Sous ce torrent de contradictions et de mépris, il courba la tête sans se plaindre, sans se défendre, sans s'excuser, sans détromper le public, se tenant pour convaincu devant les hommes, n'attendant que de Dieu seul sa justification.

Un homme si humble avait grâce pour parler d'humilité. Comme il se peint bien lui-même dans les conseils qu'il donne : « Vous devez entrer, dit-il, dans de bas sentiments de vous-mêmes, ne vous croire utiles à rien et admirer que Dieu se serve de vous comme d'un vil instrument qui n'est propre qu'à attirer sa malédiction. Ne dites jamais rien de vous-mêmes qui puisse laisser la moindre estime dans l'esprit du monde. Fuyez les louanges et les approbations des hommes, et, lorsque quelqu'un dira quelque chose à votre avantage, pensez que l'honneur n'est dû qu'à Dieu, et à vous la confusion; tenez-vous dans le silence et humiliez-vous devant Dieu, dans la vue que vous n'êtes que néant et que péché. Que votre joie, au contraire, soit de souffrir humblement les mépris et les rebuts que l'on fera de vous, comme une chose très juste; prenez toujours le pire, quand il sera à votre choix; dans les entretiens et les récréations, ne vous empressez pas de parler, et parlez-y avec simplicité, sans user de paroles recherchées et affectées, et sans improuver ce que les autres disent ni les interrompre. Enfin, lorsque vous serez repris et avertis, ne vous justifiez point, à moins que votre supérieur ne vous ordonne de dire la vérité... »

CHAPITRE XII

LE PRÊTRE

Quand un homme porte à un si haut degré la pratique des vertus chrétiennes, il ne saurait être médiocre et banal dans le sacerdoce. Aussi notre dessein n'est-il point de montrer ici que Jean-Baptiste fut un saint prêtre, mais seulement de rechercher quelle orientation prit en lui la grâce sacerdotale. Il avait en telle estime sa vocation que, se dérobant aux influences de l'esprit du monde, il s'abandonna entièrement à la conduite de l'Esprit de Dieu qui habitait en lui. Or cet Esprit divin toucha son cœur du zèle des âmes, et lui ouvrit, dans l'éducation, une carrière apostolique encore peu explorée, où le Saint avança en hardi pionnier et marqua ses pas par les plus heureuses initiatives. En un mot, il comprit que le sacerdoce doit être un apostolat, et le champ que défricha son zèle d'apôtre fut celui de l'éducation.

QUELLE ESTIME JEAN-BAPTISTE AVAIT DE SA VOCATION SACERDOTALE

Jean-Baptiste parut, dès sa première enfance, marqué pour l'autel. Car, au lieu des inclinations ordinaires à son âge et à son rang, il ne manifesta de goût que pour les choses d'église : à la maison, il ne se plaisait qu'aux cérémonies saintes et à la lecture de l'histoire des saints ; sa joie était de se rendre à l'église, de suivre les divins Offices, de prendre part aux chants sacrés et de servir le prêtre durant l'auguste sacrifice. Quoiqu'il fût l'aîné d'une famille noble et opulente, il ne se laissa jamais séduire par l'éclat des carrières du monde ; mais, entraîné par l'appel intérieur de Dieu, il entra, dès l'âge de onze ans, dans la cléricature. Il accepta, à seize ans, la prébende que lui offrait son parent Dozet dans le Chapitre de Notre-Dame, et, ses humanités achevées, il s'appliqua sans hésitation et sans retard aux études de théologie. Il n'avait que vingt et un ans lorsqu'il contracta les engagements solennels et définitifs du sous-diaconat ; si, une fois entraîné au service de Dieu, il ne monta que lentement les derniers degrés du sacerdoce, ce fut par un respect souverain de la dignité du prêtre et en vue d'acquérir par de plus longs efforts la sainteté qu'elle suppose ; mais à aucun moment, dans cette âme ferme et décidée, il n'y eut un regard en arrière.

Devenu prêtre, il demeura sous l'impression de la

sublimité de sa vocation; son esprit de foi lui rappelait que le prêtre doit être le sel de la terre, la lumière du monde, l'exemple des fidèles; il estimait au-dessus des anges cet homme que ses fonctions retiennent constamment dans les églises et autour des saints autels, qui porte Jésus-Christ dans ses mains, qui dispense les augustes mystères de Dieu, que sa qualité de médiateur élève au-dessus de la terre jusqu'au trône de la miséricorde divine. Mais plus il se sentait grand par sa vocation, plus il était pressé de vivre saintement. Prenant au sérieux cette obligation de la sainteté, il avait en horreur les moindres fautes. Il évitait jusqu'à l'ombre du péché et n'avait d'autre souci que de plaire à Dieu. Malgré ses efforts, il gardait un sentiment profond de son indignité, et il ne pouvait se voir si intimement associé aux mystères de Jésus-Christ sans être saisi d'une sainte frayeur. Surtout il ne concevait pas que des prêtres vécussent négligents et relâchés parmi les choses sacrées qu'ils traitaient tous les jours; les moindres légèretés le choquaient dans les ministres de Dieu, et, si c'eût été sa vocation, il eût travaillé avec un zèle égal à celui des Bourdoise, des Boudon, des Vincent de Paul et des Olier, à la réforme du clergé.

Du moins il entrait pleinement, pour lui-même, dans l'esprit de son état. Il n'y cherchait point ses aises, ni ses avantages, ni son repos : il avait livré sa vie à l'Église et aux âmes, il n'avait qu'à sacrifier ses biens, son temps et ses forces, pour l'Église et pour les âmes. Il montra bien, n'étant encore que diacre, qu'il était prêt à tout détachement, lorsque son directeur lui proposa d'échanger sa riche prébende pour une cure pauvre et très laborieuse. Telle était du reste sa disposition constante, qu'après avoir immolé son Dieu le matin sur l'autel, il ne songeait qu'à s'immoler lui-même tout le reste du jour. « Sa qualité de prêtre, dit son biographe, semblait l'avertir sans cesse que puisqu'il était ordonné pour perpétuer le mystère de la croix, il devait s'y attacher et pouvoir dire avec saint Paul : « Avec le Christ, j'ai « été cloué à la croix. » Les péchés du peuple dont les prêtres sont chargés, ceux qu'ils commettent eux-mêmes, l'état de la victime qu'ils offrent, la mémoire de sa passion qu'ils représentent, l'obligation de participer à ses peines : voilà les raisons qui tenaient notre saint prêtre dans un perpétuel esprit de sacrifice. Que n'a-t-il point, en effet, sacrifié à Dieu! Biens, commodités, aises, repos, santé, réputation ; il a tout offert, il n'a rien épargné, il n'a rien ménagé. L'holocauste a été entier et parfait. La charité jalouse en a été contente, car elle n'y a trouvé ni partage ni réserve. »

Il accomplissait avec un respect toujours nouveau les fonctions saintes du sacerdoce, sans que l'habitude engendrât la routine et la familiarité. Ses sentiments de vénération ne changeaient pas plus que les mystères de l'autel, et la vivacité de sa foi ne cessa de croître d'année en année. Ce qu'il dit, dans le *Recueil,* au sujet de la communion n'est que l'histoire de sa propre piété : la fréquence de ses communions n'en diminuait point la ferveur; comme il ne résistait point à la grâce de l'Eucharistie, ce sacrement le rassasiait sans lui ôter l'appétit et le désir de la communion.

Il n'était pas moins discipliné que pieux; car il se

conformait avec une scrupuleuse fidélité aux canons et aux décisions de l'Église. La logique et l'esprit de foi lui faisaient un impérieux devoir d'observer toutes les règles de l'état qu'il avait embrassé. Il avait pour l'habit ecclésiastique un tel respect et une telle dévotion, que jamais, pour quelque raison que ce fût, il ne se dispensa du port de la soutane : une seule fois, pour échapper aux Camisards qui infestaient les Cévennes, il revêtit la soutanelle. Même en temps de maladie, et devant ses plus familiers, il ne parut jamais sans soutane. Sa tonsure était toujours bien marquée. Fidèle à garder les cheveux courts, il s'indignait de voir les perruques et les parures s'introduire dans le clergé de son temps.

L'esprit de son état paraissait enfin dans son respect pour les supérieurs ecclésiastiques. « Personne plus que lui, dit son biographe, n'avait l'esprit hiérarchique et plus de goût pour la soumission et la subordination qui doit maintenir en paix le corps de l'Église, en y maintenant la dépendance des membres à l'égard des chefs établis pour la gouverner... Cet esprit de soumission entière était celui qu'il inspirait à ses disciples, et il cessait de reconnaître pour ses enfants ceux qui commençaient à le perdre. Aussi a-t-il été singulièrement honoré, chéri et aimé de tous les évêques qui l'ont connu. »

SON ZÈLE POUR LE SALUT DES AMES

Toutefois, ni l'esprit de religion ni l'amour de la discipline ne constituent la note caractéristique du prêtre. Suivant le mot de saint Paul, « tout pontife est établi pour les hommes, » et quand Notre-Seigneur a donné aux Apôtres leur mission, il leur a dit : « Allez à travers le monde, enseignez tous les peuples, et baptisez-les au nom du Père, du Fils et du Saint-Esprit. » Choisi par Dieu pour sauver les âmes, le prêtre a pour trait spécifique le zèle. Un prêtre sans zèle serait comme un organisme incomplet auquel manquerait le cœur : dépourvu de cœur, par le fait il manquerait de vie.

La grâce sacerdotale avait trop profondément pénétré l'âme de Jean-Baptiste pour ne pas y allumer la flamme du zèle. Notre Saint était entraîné vers les âmes de tout l'amour qui le portait vers Dieu, vers Jésus-Christ et vers l'Église. Ces chères âmes, créées à l'image de Dieu, faites pour être l'héritage de Dieu, pouvait-il les laisser périr, et ne devait-il pas les arracher à l'empire de Satan ? Si Jésus-Christ les avait aimées jusqu'à se faire crucifier pour elles, ne devait-il pas, lui prêtre, embrasser le travail et la peine pour que les souffrances du Sauveur ne fussent pas vaines ? Et voyant dans l'Église une Mère, dont les chrétiens sont les fils, il souhaitait qu'elle fût féconde par le nombre des fidèles, comblée d'honneurs par leur conduite morale, rendue puissante par l'influence de leurs vertus. Une seule âme avait à ses yeux une valeur infinie : voir une seule âme livrée au péché, exposée à la damnation éternelle, c'en était assez pour remuer son cœur de prêtre, et rien ne lui coûtait alors pour sauver un pécheur.

Cette façon d'envisager le sacerdoce, il l'avait eue dès l'enfance; mais elle s'était principalement développée en lui au séminaire de Saint-Sulpice, puis sous l'action du zélé Nicolas Roland, à tel point que son canonicat lui parut une sinécure et qu'il se proposa de l'échanger pour un bénéfice à charge d'âmes. S'il ne réussit pas à s'en démettre en 1677, il le fit généreusement en 1683 : en sacrifiant sa prébende, il avait moins en vue de devenir pauvre, que de se rendre libre pour mieux appartenir aux âmes. Depuis le jour de son ordination sacerdotale jusqu'à la fin de sa longue carrière, il ne chercha Dieu qu'en travaillant pour les âmes : s'il consacra de si longues heures à la prière, ce fut pour les âmes; dans les rudes travaux où il se trouva engagé par la Providence, il n'eut jamais que les âmes en vue. Sa mission d'éducateur n'absorbait point toute sa vie; sans priver de ses soins les enfants et les Frères, il savait se trouver des loisirs pour vaquer encore à des œuvres accessoires.

Il se livra peu à la prédication; son biographe note seulement une mission qu'il donna dans les environs de Reims vers 1682. Quoique à plusieurs reprises il ait accepté la direction des religieuses et de quelques personnes du monde, il avait peu d'inclination pour ce genre de ministère; non seulement il tendait à restreindre ses relations avec les femmes, mais il avait de la répugnance pour tout emploi qui l'éloignait, si peu que ce fût, de sa communauté. Au contraire, s'agissait-il d'œuvres compatibles avec sa vie de retraite, d'œuvres qui ne le tiraient pas du milieu de ses Frères, il ouvrait largement les bras et le cœur à toutes les âmes qui venaient à lui. Et certes, elles venaient nombreuses et fort avides de ses paroles et de son influence morale. Tantôt c'étaient des ecclésiastiques qui cherchaient, près de lui, à renouveler leur ferveur ou peut-être à sortir d'une vie relâchée : à Reims et à Paris, il en eut constamment dans sa maison, et il les recevait même aux temps les plus durs de la famine et durant les périodes agitées de la persécution. Tantôt c'étaient des laïques, ordinairement grands pécheurs, qui avaient mené une vie scandaleuse, sur lesquels d'autres prêtres avaient en vain essayé leur zèle, et que la grâce lui amenait pour opérer une transformation complète. D'autres fois, c'étaient de jeunes libertins, indociles ou perdus de mœurs, près desquels avaient échoué tous les efforts, qu'on amenait pour les soumettre au prestige souverain qu'il exerçait sur les âmes.

Il avait, en effet, un don particulier qui lui permettait de gagner les cœurs. Rarement les pécheurs, même les plus endurcis, échappaient à son influence, et il savait ouvrir des âmes à la porte desquelles des prêtres zélés avaient inutilement frappé. Ce précieux talent était à la fois un effet de nature et de grâce. Uni à Dieu par une oraison presque continuelle, il était comme pénétré d'une vertu divine qui émanait de lui et enveloppait doucement les âmes; par la vie surnaturelle qui l'animait, il était comme un instrument docile entre les mains de Dieu.

Cette présence sensible de Dieu en lui, communiquait à ses qualités naturelles une irrésistible puissance d'action. Sa douceur naturelle devenait une onction calmante pour les âmes aigries ; son affectueuse bonté gagnait les sympathies des cœurs les plus indifférents et subjuguait les âmes les plus rebelles ; sa fermeté paternelle retenait dans la voie droite les pécheurs dont il avait une fois pris possession ; par sa prudence consommée et par sa connaissance des voies spirituelles, il faisait naître la confiance dans sa direction ; d'ailleurs rien de hautain, rien de précipité, rien d'intéressé, dans ses paroles et ses manières, qui pût choquer les âmes et les fermer. Nous citerons ici les paroles mêmes de Blain, son biographe et son ami : « On pouvait dire du disciple ce qu'on avait dit de son divin Maître, qu'il aimait les pécheurs et qu'il s'était déclaré leur ami. Ils trouvaient en lui un père tendre, un médecin charitable, un guide éclairé, un avocat et un médiateur zélé auprès de Dieu, et un ange vraiment tutélaire. Sa vue les attirait à ses pieds, ses manières gracieuses les charmaient, et ils n'avaient plus rien de caché pour un homme qui semblait les porter dans son cœur. En le voyant touché de leur état, attendri sur leurs misères, pleurant des péchés qu'ils ne pleuraient pas, ils apprenaient à déplorer leurs égarements, à gémir et à chercher dans sa charité le remède à leurs maux... Ce qu'il avait commencé par une parole vive et efficace, dans un cœur insensible, la prière, armée de ses austérités et de ses mortifications, l'achevait ; et, pour l'ordinaire, nuls pécheurs, quelque invétérés qu'ils fussent dans leurs crimes, ne résistaient aux grâces qu'il leur attirait et aux exemples des vertus par lesquels il les édifiait. Chacun d'eux, persuadé que le saint prêtre faisait pour sa conversion plus qu'il ne faisait lui-même, et que son salut lui coûtait bien des larmes et bien du sang, demeurait honteux de sa lâcheté et s'animait, sur son exemple, à en faire lui-même les frais et à l'acheter à ses propres dépens. »

Quand un pécheur venait à lui, il semblait n'avoir plus d'autres affaires à traiter que celles de cette âme : il le conduisait dans la chapelle de la maison, et consacrait plusieurs heures à entendre sa confession. Quelque précieux que le temps fût pour lui, il l'accordait aussi largement que les circonstances l'exigeaient pour assurer la conversion. Il s'attachait à ces prodigues revenus, et il gardait avec eux, pour assurer leur persévérance, des relations suivies. « En les engageant à le venir voir, dit Blain, il tâchait de les affermir dans le bien et de leur inspirer le goût de la vertu. Comme ils lui avaient donné la clef de leurs cœurs, il n'épargnait rien pour les ouvrir à la grâce et y faire entrer l'amour de Dieu. La seule distinction qu'il mettait entre eux, c'est que les plus criminels et les plus scélérats paraissaient recevoir de sa charité des marques de distinction... Ils étaient charmés de voir leur confesseur, confident de leurs crimes, les traiter avec honneur et estime, loin de les rebuter ou de paraître les mépriser. »

Quelques-uns de ces pécheurs endurcis exerçaient longtemps sa patience et son zèle. Pendant qu'il était à Vaugirard, il voyait fréquemment un homme au cœur insensible, qui ne savait ni s'humilier ni se repentir des fautes les plus monstrueuses. Après lui avoir inculqué avec force les motifs les plus capables de briser un cœur, « il l'envoyait dans la chapelle entendre la sainte messe, tandis que, de son côté, il se retirait dans la sacristie derrière l'autel, où il était en liberté de se prosterner la face contre terre, et demeurait dans cette humiliante posture tout le temps que durait le saint sacrifice, afin d'obtenir pour ce pénitent endurci un cœur contrit et humilié. »

Si parfois, ayant épuisé toutes les ressources de la prière, de la mortification et des exhortations, il n'avait encore rien gagné, il cherchait en Dieu sa consolation et disait : « Nous avons fait tout ce qu'il dépendait de nous, c'est à Dieu de faire le reste. La conversion est son ouvrage : il faut attendre ses moments. Il exige de nous le soin et non la guérison. »

Il avait d'ordinaire un tel succès, que les curés et les confesseurs le consultaient fréquemment sur les cas les plus embarrassants, ou bien lui adressaient les pénitents dont la conversion demandait un miracle de grâce. Voici le témoignage qu'a rendu l'un d'entre eux : « Le saint homme M. de la Salle m'a autrefois grandement aidé dans la conduite de quelques âmes peinées, de la guérison desquelles je désespérais. »

L'empressement avec lequel il recevait les pécheurs étonnait ses disciples. Il fut trompé parfois ; mais fallait-il, de peur d'être joué une fois par quelque fourbe, repousser cent pèlerins qui venaient sincèrement chercher la grâce et la paix dans sa maison ? On lui fit remarquer un jour, au temps de la détresse, que peut-être la faim tenait lieu de contrition à certains hôtes de la maison : « Qu'importe, répondit le Saint, pourvu qu'ils fassent une bonne retraite. »

Si tel était l'amour de Jean-Baptiste pour ces brebis errantes que la grâce lui amenait comme par surcroît, quelle tendre charité n'aura-t-il pas pour le troupeau que Dieu lui avait confié et pour lequel il lui avait donné la vocation spéciale d'apôtre éducateur?

COMMENT JEAN-BAPTISTE FUT APPELÉ A EXERCER SON ZÈLE SACERDOTAL DANS L'ÉDUCATION

S'il est permis au zèle d'embrasser tout l'univers dans son ambition, les forces humaines, trop courtes pour le satisfaire, doivent limiter leur travail. L'expérience montre que le rendement d'un homme est d'autant plus considérable qu'il s'enferme dans un champ mieux déterminé, et qu'il l'exploite plus exclusivement. C'est en grande partie cette division du travail qui produisit la renaissance religieuse du XVIIe siècle ; car des vocations bien marquées suscitèrent des hommes de valeur, sur tous les points où l'Église avait besoin d'être relevée et soutenue : des controversistes de génie, comme Duperron, Pétau et Bossuet, confondirent les hérétiques ; d'ardents missionnaires, comme Vincent de Paul et les prêtres de Saint-Lazare, réveillèrent la foi dans les campagnes ; de vertueux réformateurs, comme Vincent de Paul, Bourdoise et Olier, marchant sur les traces de saint Charles Borromée, rétablirent la discipline ecclésiastique et rendirent au clergé son antique splendeur.

A côté des plus grands hommes du grand siècle

prend place Jean-Baptiste de la Salle, non seulement par l'héroïque sainteté de sa vie, mais par l'importance de l'œuvre à laquelle il se consacra, et plus encore par l'extraordinaire impulsion qu'il lui imprima. D'autres que lui, assurément, s'occupèrent d'éducation : Bourdoise, Démia, le P. Barré, etc., eurent avant lui la sollicitude des enfants pauvres et organisèrent des écoles pour les recevoir. Mais lui seul voua son existence à cette œuvre capitale, lui seul osa partager la vie et les travaux de ses humbles maîtres d'école, lui seul fut assez tenace pour n'être démonté par aucune persécution, lui seul enfin eut la grâce du succès.

Dieu avait si nettement tracé la voie de son serviteur, qu'il l'y engage et l'y pousse dès le lendemain de son ordination, et qu'il l'y retient toute sa vie. Jeune prêtre, il commence par assurer l'existence légale des religieuses enseignantes fondées par Nicolas Roland. L'année suivante, il préside à la création dans Reims de deux écoles gratuites de garçons. Il n'avait nullement la pensée d'être fondateur, mais sa charité l'attache aux jeunes maîtres ; il les attire d'abord dans sa maison, pour les assister de plus près ; bientôt, entraîné par la logique même de son zèle, il quitte sa riche demeure et va partager leur vie dans une pauvre maison de faubourg. Son ancienne condition jure avec sa situation nouvelle ; il sacrifie le premier état pour le second ; il résigne son canonicat et vend ses biens, afin d'être petit suivant le monde et indigent comme ses compagnons. Il aurait pu, du dehors, aider de ses conseils et soutenir de sa fortune les maîtres d'école ; mais il serait resté personnellement étranger à l'œuvre, il n'aurait pas été le fondement de l'édifice que la Providence voulait élever. Aussi Dieu ne permet pas qu'il ne s'occupe qu'accessoirement et pour un temps des écoles et des maîtres : il veut qu'il s'y jette tout entier, qu'il brise tous ses liens pour y entrer, qu'il y consume sa vie et qu'il y dépense toutes ses forces.

Éducateur par vocation, Jean-Baptiste ne travaille point sur un plan préconçu, mais il se tient dépendant des indications providentielles ; sous la conduite de Dieu, il suit une voie parfaitement droite, et il crée les institutions dont son siècle avait précisément besoin en fait d'éducation.

Les enfants pauvres, dans les villes surtout, manquaient de maîtres, et faute d'instruction ils croupissaient dans le vice et l'ignorance, et grandissaient aussi incapables de se faire une situation dans la vie que de pratiquer la vertu. C'est à ce mal social que Jean-Baptiste se proposa principalement de remédier : pour ces enfants délaissés, il ouvrit des écoles gratuites, des écoles bien disciplinées, où la bonne tenue et la piété étaient également de rigueur, où l'instruction religieuse et l'instruction humaine allaient de pair et se compénétraient, où des méthodes rationnelles assuraient le progrès intellectuel et moral des enfants : de la sorte, il faisait de ces enfants ramassés dans la rue des hommes et des chrétiens, il assainissait la société en même temps qu'il sauvait des âmes. Pour diriger ces écoles, il fallait des maîtres ; le principal souci de Jean-Baptiste fut d'en former. Par la création d'un Institut de Frères, il prépara des maîtres religieux qu'il destinait aux villes et aux gros bourgs; par des écoles normales, qu'il appelait des séminaires de maîtres d'écoles, il façonna des instituteurs pour les villages où il ne consentait pas à placer des Frères isolés.

Son zèle infatigable ne reculait devant aucune entreprise. Il résolut de suivre les élèves au delà de l'école, et, pour leur donner un complément d'instruction et d'éducation religieuse, il ouvrit ces cours du dimanche où des centaines d'apprentis et de jeunes ouvriers trouvaient, avec un abri contre les dangers de la rue, une alimentation saine à leur esprit et à leur cœur. Il commença de même à combler une lacune profonde dans l'éducation des classes moyennes ; car, aux fils de commerçants et d'industriels, qui n'avaient que faire des langues anciennes, et auxquels l'instruction des petites écoles ne suffisait pas, il offrit, dans des pensionnats bien réglés, cette formation professionnelle qui, depuis lors, a pris tant d'extension sous les noms d'enseignement primaire supérieur ou d'enseignement secondaire moderne. Confiné par vocation dans les œuvres d'éducation, il y devint un initiateur heureux et il en fut le législateur autorisé. Son nom marqua, dans l'histoire de l'éducation, la transition du mode ancien au mode moderne ; de cette transformation, il ne fut pas seulement le témoin, mais le principal agent.

Les succès qui signalèrent sa mission d'éducateur furent assurément le fruit de la grâce, car Dieu se plut à bénir les travaux de son humble serviteur ; mais ils furent aussi le résultat de l'amour qu'il portait à ses œuvres, car l'amour, au degré où il le poussa, ne saurait manquer de fécondité. Voulez-vous savoir combien il aima ses écoles, ses élèves et ses Frères, voyez ce qu'il a sacrifié pour eux, ce qu'il a souffert pour eux. Il a sacrifié ses dignités, ses richesses, la douceur de la vie et sa réputation; il a embrassé une vie pauvre, austère et mortifiée, abjecte et méprisée; il a triomphé des répugnances de la nature, des préjugés de milieu et d'éducation, des délicatesses mêmes de son tempérament. Loin d'être porté par penchant naturel à l'entreprise des écoles, tout en lui se révoltait contre un pareil dessein, ainsi qu'il en a fait l'humble aveu: seul, le zèle des âmes arma son courage en face du sacrifice et le soutint dans les contradictions. Moins constant et moins persévérant, il eût lâché prise devant les difficultés sans nombre qu'il eut à subir. Nous citerons ici le saisissant tableau où son biographe a résumé ses peines.

« Tantôt, dit-il, c'était contre la famine qu'il avait à se défendre; tantôt c'était contre l'envie, qui lui suscitait des procès; tantôt c'était contre l'injustice, qui détournait les legs faits en sa faveur ou qui mettait le ravage ou le trouble dans les écoles; tantôt c'était contre la calomnie, qui le diffamait en sa réputation ou qui noircissait celle de ses enfants; tantôt c'était contre le zèle de la fausse doctrine, qui s'étudiait à le surprendre ou à le séduire; tantôt c'était contre l'imprudence, ou la rébellion, ou la perfidie de ses propres disciples; tantôt c'était contre ses protecteurs eux-mêmes, qu'il devait combattre pour soutenir une œuvre contre laquelle l'esprit du mal armait toutes sortes de mains. Jusqu'à la mort, la persécution l'a poursuivi, et jusqu'à la mort son zèle a été invincible; enfin il a remporté la victoire sur tous les efforts de l'enfer par sa persévérance à tout souffrir et à se faire victime. » Sur un chemin où les barrières se dressaient à chaque pas devant lui, il ne s'est jamais arrêté, il n'a jamais dévié : l'amour de son œuvre l'a rendu si patient, qu'il a vaincu tous les obstacles.

Cet amour était d'autant plus fort qu'il était plus calme et plus clairvoyant : le zèle de Jean-Baptiste ne fut jamais fougueux ni emporté, et c'est pourquoi il ne fut jamais découragé ; jamais non plus il ne manqua de prudence, et parce qu'il ne commettait point de fautes, il restait dans la lutte finalement vainqueur. Rien de plus sagement combiné que ses procédés tant à l'égard des écoliers qu'à l'égard de leurs maîtres.

Il ouvrait aux écoliers la porte de ses classes par la gratuité ; sans heurter de front le monopole des maîtres des écoles payantes, il mettait en principe la gratuité pour tous, pour les fils d'ouvriers à l'aise aussi bien que pour les indigents. Une fois entrés dans ses écoles, les enfants étaient retenus par une exacte discipline, instruits par des méthodes rapides et fécondes, moralisés par l'action puissante du silence et par l'influence pénétrante de l'esprit religieux ; il passait lui-même fréquemment au milieu de leurs rangs, encourageant les uns et réprimant les autres, élevant toutes leurs âmes à Dieu par le rayonnement de sa vertu.

Sa vigilance sur les maîtres était plus attentive encore ; il les visitait souvent dans leurs classes, pour s'assurer de la fidélité à observer les règles pédagogiques qu'il leur avait données. Car, durant leur période de formation, il leur avait enseigné la

méthode qui fait les maîtres utiles ; il leur avait
appris en particulier l'art de ménager leurs forces
et de produire la bonne tenue des enfants par leur
propre silence. Pour les fixer dans leur état et les
abriter contre la tentation d'inconstance, il les lia
par des vœux ; et comme il ne voulait point les
engager témérairement, il se contenta d'abord des
vœux d'obéissance et de stabilité qui suffisaient à
ses desseins. Soucieux d'assurer le désintéressement
des maîtres, il leur ordonna de n'attendre et de ne
recevoir des hommes aucune récompense ; toute
rétribution venant des écoliers ou de leurs parents
fut interdite. Il les tenait en haleine par l'usage des
visites et des inspections. Enfin il les mettait à
couvert de l'ambition, et en particulier il leur enle-
vait toute tentation d'échanger la vie de Frères pour
l'état ecclésiastique, en leur interdisant toute étude
qui les mettrait sur la voie qui conduit au sanc-
tuaire. Qu'on ne le blâme point d'avoir ainsi muré
la demeure où vivaient ses maîtres d'école ; il les
faisait prisonniers d'une œuvre aussi sainte aux
yeux de Dieu que grande devant les hommes ; et
s'il a pu fonder l'éducation populaire en France,
c'est qu'il eut la sagesse, en formant des maîtres,
de les retenir dans leurs humbles fonctions.

COMMENT, AUX YEUX DE JEAN-BAPTISTE, L'ÉDUCATION
ÉTAIT UNE FONCTION APOSTOLIQUE

Ce fut comme prêtre, et non comme pédagogue,
que Jean-Baptiste aima sa vocation d'éducateur. Il

vit dans ses écoles un beau champ d'apostolat, et dans ses élèves des âmes nobles qu'il devait gagner à Dieu. Volontiers il eût dit, avec saint Ignace de Loyola, qu'il n'enseignait les lettres humaines que pour avoir le droit d'enseigner la doctrine chrétienne.

Qu'on ne se méprenne point toutefois sur ses vues ; car elles n'étaient point étroites, et nous devons à la justice de remarquer ici qu'il n'était point porté à amoindrir l'homme pour mieux former le chrétien. Il n'oubliait pas que le chrétien, s'il est sur la terre pour gagner la vie éternelle, ne peut atteindre son but qu'en creusant son sillon et en faisant sa carrière à travers les choses d'ici-bas ; qu'en conséquence, le maître qui se désintéresserait de ce que l'enfant doit faire ici-bas et ne le préparerait pas à remplir sa mission d'homme sur la terre, l'exposerait par le fait à manquer le terme final où le chrétien doit aboutir. Il était trop réfléchi pour ne pas voir combien la religion est intéressée à ce que les plus fidèles de ses enfants soient aussi les plus capables dans les choses humaines ; car la cause de Dieu serait vite compromise, si ce qu'on appelle aujourd'hui les *forces sociales* restait étranger à l'Église, et si l'Église ne comptait dans son sein que des gens dévots, mais sans valeur sociale.

Ces idées hantaient assurément l'âme de Jean-Baptiste, lorsqu'il rédigeait si sagement les programmes de ses écoles et de ses pensionnats ; aux chrétiens qu'il voulait former, rien d'humain ne devait être étranger, et l'enseignement de la science humaine ne lui paraissait point tirer le maître de son rôle d'apôtre. Dès les débuts, à Reims, il se pro-

posa de tirer les enfants de l'ignorance autant que
du vice. A Paris, il économisa les heures consacrées
à l'étude, tant par la discipline qui fixa l'attention
des élèves, que par la réduction du temps consacré
au travail manuel. Lorsqu'on lui confia, à Saint-
Laurent de Marseille, l'école des jeunes matelots,
il recommanda aux Frères d'être très appliqués à
l'instruction des écoliers, afin que ces enfants ne
fussent pas incapables, plus tard, de se créer une
situation sortable. Dans l'école dominicale qu'il
ouvrit à Paris pour les jeunes ouvriers, les trois
quarts du temps étaient consacrés à l'étude du des-
sin et des mathématiques, afin que ces apprentis
devinssent plus habiles dans leur métier; s'il appli-
quait ainsi ces jeunes gens à l'étude, durant les
après-midis du dimanche, c'est qu'il ne voyait rien
qui soit profane dans tout ce qui développe la valeur
de l'esprit humain. Pour avoir des maîtres aptes à
donner cet enseignement supérieur, il ne reculait
devant aucune dépense, et ce fut un gros chagrin
pour son cœur d'apôtre, lorsqu'un Frère, imbu
d'idées étroites, refusa de se livrer à des études
qu'il estimait, bien à tort, incompatibles avec sa
vocation. La même largeur de vues lui fit concevoir
ces beaux programmes du pensionnat Saint-Yon,
sur lesquels l'enseignement de nos plus florissantes
écoles semble avoir été calqué.

Mais, quelque zèle qu'il ait eu pour la science,
on sent bien que la grande préoccupation de sa vie
a été de former des chrétiens fidèles et de sauver
des âmes. C'est la pensée dominante qui inspire
toutes ses œuvres, qui lui fait ouvrir tant d'écoles,
qui dirige toutes les instructions qu'il donne aux

Frères. Qu'on parcoure tous ses livres, ses *Méditations*, le *Recueil*, la *Règle*, la *Conduite des écoles*, on se convaincra sans peine qu'il est constamment **guidé** par l'idée apostolique. « Votre emploi serait peu utile, dit-il aux Frères, si vous n'y aviez pour fin le salut des âmes... Vous devez honorer votre ministère, en vous efforçant de faire parvenir au salut les enfants qui vous sont confiés... Dieu, en vous mettant dans l'emploi où vous êtes, vous a destinés à être les pères spirituels des enfants que vous instruisez. » Il relève, aux yeux des maîtres, leurs fonctions par les considérations les plus hautes : « Remerciez Dieu de la grâce qu'il vous a faite de participer, par votre état, au ministère des saints apôtres et des principaux évêques et pasteurs de l'Église. Ce qui doit vous engager à avoir un grand zèle dans votre état, c'est que vous y êtes les ministres de Dieu, de Jésus-Christ et de l'Église. »

D'ailleurs, il déclare nettement aux Frères que l'apostolat est l'unique fin de leur vocation : « Ce n'est que pour cette fin, leur dit-il, que vous vous êtes engagés à prendre soin de la conduite des enfants. Faites en sorte de pouvoir dire ce que Jésus-Christ disait touchant les brebis dont il est le pasteur, et qui doivent être sauvées par lui : « Je suis « venu afin qu'elles aient la vie, et qu'elles l'aient « avec plus d'abondance ; » parce que c'est le zèle ardent que vous avez pour le salut des âmes de ceux que vous avez à instruire, qui a dû vous faire entreprendre de vous dévouer sans réserve à l'œuvre de leur éducation chrétienne, et d'y consacrer toute votre existence, afin de leur procurer la vie de la grâce en ce monde, et en l'autre la vie éternelle. »

Dans sa *Règle*, le Saint trace aux Frères la voie à suivre pour atteindre leur but; par-dessus tout, ils veilleront sur la vertu des enfants. « L'esprit de leur Institut, dit-il, consiste dans un zèle ardent d'instruire les enfants et de les élever dans la crainte de Dieu, de les porter à conserver leur innocence s'ils ne l'ont pas perdue, et de leur donner beaucoup d'éloignement et une très grande horreur pour le péché et pour tout ce qui pourrait leur faire perdre la pureté. Pour entrer dans cet esprit, les Frères de la Société s'efforceront par la prière, par les instructions, par leur vigilance et leur bonne conduite dans l'école, de procurer le salut des enfants qui leur sont confiés, en les élevant dans la piété et dans un véritable esprit chrétien, c'est-à-dire selon les règles et les maximes de l'Évangile. »

Il rappelle aux Frères la grande responsabilité qui pèse sur eux à cet égard : « L'un des principaux motifs, leur dit-il, qui doivent animer votre zèle à reprendre et à corriger les fautes de vos disciples, c'est que, si vous y manquiez, vous seriez vous-mêmes responsables de ces fautes devant Dieu, qui vous punirait de votre lâcheté et négligence à l'égard de vos élèves; parce qu'étant substitués à leurs père et mère, et à leurs pasteurs, vous devez veiller sur eux, comme devant rendre compte de leurs âmes. »

Pour former des chrétiens, une solide instruction religieuse n'a pas moins d'importance que la préservation morale; car, tôt ou tard, même après les plus graves écarts, l'homme revient à la voie que lui tracent ses convictions. L'homme qui a la foi éclairée et robuste reste chrétien dans le fond de son cœur, même lorsqu'il pèche; dans une âme où la foi n'est pas enracinée par une profonde connaissance de la religion, le naufrage dans la vertu entraîne une ruine souvent irréparable. Aussi notre Saint exigeait-il que les Frères donnassent à leurs écoliers une science sérieuse de leur foi. « Vous êtes obligés par votre emploi, leur dit-il, d'enseigner les vérités de la foi à vos disciples, et de leur apprendre leur religion. Vous devez même vous y consacrer entièrement, et donner votre vie, s'il le fallait, pour vous bien acquitter de ce devoir. »

Ce fut pour les mettre en état de donner cet enseignement religieux avec compétence, qu'il leur fit un devoir d'étudier eux-mêmes tous les jours le catéchisme. Ainsi rompu avec la doctrine chrétienne, ils devaient tous les jours, en classe, la distribuer à leurs écoliers. « Vous qui avez succédé aux apôtres, leur dit le Saint, dans l'emploi de catéchiser et d'instruire les pauvres, si vous voulez rendre votre ministère utile à l'Église, vous devez tous les jours leur faire le catéchisme, pour leur apprendre les vérités fondamentales de leur religion. » Il ne veut pas que cet enseignement soit donné « avec des paroles étudiées », mais dans des termes très clairs et faciles à comprendre. Outre l'enseignement quotidien du catéchisme, le maître fera goûter la vérité religieuse en s'en inspirant dans toutes ses conversations et même dans l'enseignement des sciences humaines.

Et pour fixer plus avant la foi dans l'âme, le maître la fortifiera par les pratiques religieuses, prières, fréquentation des Sacrements, etc., qu'il aura grand soin de conseiller à ses écoliers. Et au

Frère qui aura rempli ce programme d'éducateur apôtre avec fidélité, le Saint promet les plus glorieuses récompenses : « Oh! dit-il, quelle gloire ne sera-ce pas pour les personnes qui auront instruit la jeunesse, quand leur zèle et leur application à procurer le salut des enfants seront publiés devant tous les hommes, et que le ciel retentira des actions de grâces que ces enfants bienheureux rendront à ceux qui leur auront appris le chemin du ciel! »

CHAPITRE XIII

LE FONDATEUR

Si noblement ambitieux que fût le zèle de Jean-Baptiste de la Salle, la Providence, nous l'avons déjà remarqué, en limita l'exercice, afin de le rendre plus fécond. Non seulement elle l'enferma dans le champ de l'éducation, mais là elle lui assigna encore une tâche spéciale, celle de former des maîtres. La tâche était d'autant plus importante et plus ardue, que ces maîtres devaient être des religieux ; de sorte qu'à la mission d'un directeur d'école normale, qui forme des instituteurs capables de tenir une classe, s'ajoutait pour notre Saint la mission d'un fondateur d'Ordre, chargé d'initier des âmes aux vertus chrétiennes et à la perfection religieuse, et d'assurer, par l'organisation d'un Institut, la perpétuité de son œuvre apostolique. En tant que fondateur, il donna à sa vie d'apôtre et d'éducateur la portée la plus haute et la plus durable ; car il fit plus pour la gloire de Dieu, en peuplant des centaines de classes populaires de Frères et d'instituteurs chrétiens, que s'il eût tenu par lui-même une école de charité dans quelque faubourg de ville. C'est ainsi que Jésus-Christ, venu pour sauver tous les hommes, évangélisa quelques âmes seulement durant ses trois années d'apostolat, mais prépara la conversion du monde entier par la formation de ses disciples et par la création d'une Église enseignante.

COMMENT LE FONDATEUR SE LAISSA CONDUIRE
PAR LA PROVIDENCE

Jean-Baptiste n'avait point recherché le titre de fondateur ; la Providence se servit de lui, à son insu et comme malgré lui, pour accomplir ses desseins. A l'exemple de saint Vincent de Paul, il n'a fait que se prêter aux grandes œuvres qu'il a plu à Dieu d'opérer par ses mains. Ses humbles aveux, ainsi que toute l'histoire de sa vie, en sont un éclatant témoignage.

« Je n'y pensais nullement, a-t-il écrit. Si même j'avais cru que le soin de pure charité que je prenais des maîtres d'école eût dû jamais me faire un devoir de demeurer avec eux, je l'aurais abandonné. » Vers la fin de sa longue carrière, il disait à MM. Gense et de la Cocherie : « Si Dieu, en me montrant le bien que pouvait procurer cet Institut, m'eût aussi découvert les peines et les croix qui devaient l'accompagner, le courage m'eût manqué, et je n'aurais osé le toucher du bout des doigts, loin de m'en charger. »

Il ne songeait qu'à remplir obscurément ses

devoirs de chanoine, lorsque Mme Maillefer lui envoya Nyel en 1679, et à peine eut-il procuré l'établissement de l'école Saint-Maurice, qu'il s'en éloigna discrètement comme d'une œuvre qui ne lui appartenait pas. Si la fondation de l'école Saint-Jacques vint, bientôt après, le tirer de sa réserve, il n'en sortit que dans la mesure du nécessaire, pour y rentrer encore promptement. Qu'il était différent de ces hommes agités et présomptueux, qui se donnent la mission de mettre la main dans toutes les entreprises ! Mais Dieu se plaît à poursuivre les âmes qui s'effacent par humilité. Jean-Baptiste a beau fuir, Dieu l'atteindra, et il le ramènera aux écoles et aux maîtres par les irrésistibles inclinations de la charité.

Ce fut en effet la charité qui livra notre Saint aux jeunes maîtres de Reims ; il les vit abandonnés comme des brebis sans pasteur, et il s'occupa de les grouper dans la pratique des mêmes exercices de piété. Pour les avoir plus aisément sous les yeux, il les logea d'abord près de son hôtel, puis il les admit à sa table, et il en vint à les abriter sous son toit. Ainsi, par degrés insensibles, il contractait des liens d'intimité, nous dirions presque de parenté, avec les instituteurs des pauvres. Lorsque ses frères selon la chair lui eurent été enlevés, il comprit que les maîtres d'école devaient être désormais toute sa famille : famille d'un rang nouveau, à laquelle le riche hôtel de la rue Sainte-Marguerite ne convenait plus, et qu'il fallait établir dans une demeure plus humble et plus silencieuse de faubourg. Jean-Baptiste n'avait point encore une idée nette de l'avenir, quand, le 24 juin 1682, il transporta sa petite communauté dans l'immeuble de la rue Neuve ; il était seulement prêt à suivre docilement les indications providentielles. En résignant son canonicat et en distribuant aux pauvres son riche patrimoine, il montra bien, l'année suivante, qu'il ne reculerait devant aucun sacrifice.

La naissance de l'Institut parut être la récompense de ce double renoncement ; car de la retraite et de l'assemblée de 1684 date la première organisation : douze maîtres font vœu d'obéissance, les grands traits de la Règle sont arrêtés, la société prend le nom de Frères des Écoles chrétiennes, et bientôt le choix d'un habit religieux signale extérieurement l'existence du nouvel Institut.

Cette fondation, toutefois, est loin d'être définitive : de 1684 à 1717, l'Institut est ballotté comme une frêle barque sur une mer féconde en tempêtes, favorisé parfois d'un souffle bienfaisant qui le pousse dans la voie du progrès, mais plus souvent battu d'orages violents qui le mettent à deux doigts de sa perte. Il semble même que les épreuves croissent en intensité à mesure que l'œuvre se développe. En 1692, l'Institut est si affaibli par la mort ou la défection de ses membres, que Jean-Baptiste trouve à peine deux Frères pour jurer avec lui qu'ils soutiendront les écoles charitables jusqu'à mendier leur pain. En 1702 commence une longue période de défiance, pour ne pas dire de persécution, de la part de l'autorité ecclésiastique : le fondateur est déposé, et un article essentiel de sa Règle est violé par la nomination d'un supérieur qui n'est pas Frère. En 1712, le Châtelet rend des sentences qui diffament Jean-Baptiste ; l'humble condamné se tient pour bien jugé, et, persuadé que les Frères du Nord se sont détachés de lui, il s'en va errant à travers ses écoles du Midi : après trente-cinq ans de durs labeurs, toute son œuvre lui apparaît alors disloquée et comme ruinée. Il n'en fallait pas tant pour lui faire sentir que l'Institut était dans la main de Dieu, que Dieu en était plus que lui-même le fondateur et le gardien. Aussi mettait-il en Dieu seul toutes ses espérances ; mais une fois attachée à Dieu, sa confiance était inébranlable, à tel point qu'il n'eut jamais une heure de vrai découragement.

Si Dieu conduisait l'Institut par des voies sûres à travers tant d'épreuves, son existence était, humainement, toujours incertaine et menacée. C'est pourquoi Jean-Baptiste, malgré sa confiance en Dieu, ne se hâta point de présenter sa congrégation à l'approbation de Rome, ni de solliciter pour elle les lettres patentes du roi. Une œuvre si combattue, en apparence si mal assise, était-elle digne de fixer même l'attention des pouvoirs constitués ? En 1700, il prépara néanmoins une tentative à Rome par l'envoi de deux Frères ; mais l'inexpérience du frère Gabriel Drolin, et les secousses qui ébranlèrent bientôt l'Institut à Paris n'étaient point de nature à pousser avantageusement les intérêts des Frères ; aussi Jean-Baptiste n'eut-il point la consolation d'obtenir pour son œuvre des bulles d'érection.

Cependant il eut la joie de constater, deux ans avant sa mort, que les orages avaient enraciné l'Institut ; car les quatre-vingt-dix-neuf Frères profès des vingt-deux établissements qu'il comptait alors étaient animés des mêmes sentiments et vivaient des mêmes aspirations, entouraient d'un même amour leur cher fondateur, et adhéraient d'une voix unanime aux décisions qu'allait prendre, à Saint-Yon, l'assemblée chargée d'élire le premier Frère Supérieur Général. Vraiment, en 1717, l'Institut était fondé ; au sortir de la plus violente tempête qu'il eût jamais essuyée, il apparaissait bâti sur un roc solide. Jean-Baptiste, en rentrant dans le silence et la modestie d'un simple religieux, reconnaissait avec admiration que Dieu avait tout conduit et tout fait aboutir.

Bien qu'il se prêtât généreusement à l'action divine par le travail et par le sacrifice, notre Saint s'estima toujours indigne d'être l'instrument d'une si noble entreprise. Durant toute sa vie, il fit effort pour se soustraire, non pas à la peine, mais à l'honneur. La supériorité pesait tellement à son humilité, qu'à partir de 1686 il ne cessa d'aspirer au dernier rang. Ses vœux ne furent exaucés que deux ans avant sa mort ; mais, comme pour se venger d'un si long exercice de l'autorité, il essaya d'ensevelir son nom dans l'oubli, en réglant qu'il ne serait point compté parmi les supérieurs de l'Institut, et que l'élu de 1717 en serait dit le premier supérieur. Par cette pieuse exigence, qui n'a du reste pas enlevé un seul rayon à sa gloire, il voulait sans doute exprimer qu'il n'avait rien fait que sous l'impulsion et la direction de la Providence.

COMMENT JEAN-BAPTISTE S'OCCUPA DES RELIGIEUX
DE SON INSTITUT

Si Jean-Baptiste confessait humblement n'avoir été que l'instrument de Dieu dans la fondation de l'Institut, il y avait cependant collaboré de toute l'activité de sa riche nature et de toutes les ressources de grâce dont son âme était remplie. Loin de rester passif entre les mains de Dieu, il avait travaillé à la sanctification des Frères aussi ardemment que si leur progrès spirituel eût dépendu de ses seuls efforts.

Il leur donna tout son temps et tout son cœur. Depuis sa première entrevue avec Nyel, en 1679, jusqu'à son dernier soupir, il appartint aux Frères exclusivement, vivant avec eux, se dépensant pour eux ; jamais il ne sortit, pour se livrer à d'autres œuvres, de ce milieu qu'il aimait ; si d'autres âmes bénéficièrent de son zèle, c'est qu'elles vinrent là puiser les grâces dont il était l'heureux dépositaire. Dès les débuts, son cœur se lia aux humbles maîtres que Dieu lui avait amenés, et rien ne l'en détacha. Avec quelle tendresse il les recevait, jeunes, aussi charmants dans leur naïveté que prompts au sacrifice ! Avec quelle sollicitude il les formait, corrigeant leurs défauts avec une bonté de père, appelant leurs âmes aux plus hautes vertus, les façonnant d'une main sûre pour la tâche délicate d'instituteurs ! Avec quelle fidélité il les suivait dans leurs écoles, relevant leur courage, ranimant leur ferveur, les consolant des désenchantements inévitables de la vie ! Jusque dans leur défection, les faibles emportaient encore ses sympathies, tant il se séparait difficilement de ceux qu'il avait une fois aimés. Il avait l'âme d'un vrai pasteur.

Ses chers disciples étaient toujours présents à sa pensée, et c'était pour eux qu'il prolongeait son oraison. Elles n'étaient point perdues pour l'Institut, ces heures que sans compter il donnait à la prière ; car, dans ces réduits incommodes mais silencieux où il s'enfermait, il trouvait Dieu lui-même et traitait avec lui les intérêts de ses enfants. Pour eux aussi ces longues veilles, ces jeûnes rigoureux, ces disciplines sanglantes, ces souffrances corporelles, ces calices d'humiliation qu'il boit jusqu'à la lie. Suivant le mot de son Maître, « il se sanctifie pour eux. » Si la sève vitale coule à flots dans l'arbre naissant de l'Institut, s'il pousse ses racines bien avant dans le sol et ses branches bien haut dans les airs, s'il résiste aux tempêtes et si sa vigueur va toujours croissant, ne vous en étonnez pas : c'est que le fondateur, qui en est le tronc puissant, possède et distribue d'abondantes réserves de vie, qu'il a puisées en Dieu par la prière et par la pénitence.

Aussi comme il agissait efficacement sur ses disciples !

Il avait, mais sans trouble, la préoccupation d'en augmenter le nombre. S'il ne courait pas, comme Adrien Nyel, au-devant des sujets, il recevait à bras ouverts tous ceux qui se présentaient. Tous ne demeuraient pas ; mais il veillait avec un soin jaloux pour qu'aucune vocation ne se perdît par sa faute.

Il faisait bon accueil même aux enfants qu'amenaient de pieux désirs, et s'ils étaient trop jeunes pour le noviciat proprement dit, il les recevait dans une sorte de petit noviciat, vraie pépinière où il surveillait paternellement leur croissance. Vers l'âge de quinze ou seize ans, il leur donnait l'habit et les admettait au noviciat : là, ils étaient l'objet, de sa part, des soins les plus assidus.

Quoiqu'il fût très persuadé de la nécessité d'un vrai noviciat, Jean-Baptiste ne le constitua que lentement, à mesure que les circonstances s'y prêtèrent. Avant 1682, les jeunes maîtres recrutés par Nyel n'avaient aucun dessein de se faire religieux ; Jean-Baptiste se contenta de les préparer à leurs fonctions par une bonne retraite spirituelle et par quelques avis sur la manière de diriger une classe. A partir de 1682, époque de son arrivée à la rue Neuve, il imposa aux maîtres une plus longue période de formation, durant laquelle ils se livraient tout ensemble à la piété et au travail intellectuel. En 1684, lorsque les douze premiers Frères eurent fait vœu d'obéissance et que l'Institut eut commencé à prendre corps, le Saint tenta d'établir un noviciat religieux ; les exercices de piété et les actes de pénitence y acquirent une prépondérance marquée, et les études furent reléguées au second plan ; toutefois, les besoins des écoles ne permirent peut-être pas à un seul novice de passer l'année entière, sans occupation extérieure, dans les exercices propres à un noviciat. On tendait du moins vers la stricte observation de la règle canonique sur ce point capital. Si imparfait qu'il fût encore, le noviciat rendait à l'Institut d'éminents services, lorsque, vers 1690, il tomba par l'inexpérience du frère Jean-Henry qui en avait la garde.

Jean-Baptiste eut hâte de le remettre sur pied; mais il n'y réussit qu'au mois de septembre 1692. La maison de Vaugirard, ouverte depuis un an aux Frères comme un lieu de récollection et de juste repos, devint alors le noviciat de l'Institut. A partir de cette date, Jean-Baptiste ne négligea rien pour que son noviciat fût conforme aux règles et animé du plus pur esprit religieux. Pour le diriger, il s'inspira d'abord des saints canons, puis il consulta les maîtres de la vie spirituelle, depuis Cassien et les Pères du désert jusqu'aux plus modernes fondateurs ou réformateurs, comme saint Ignace et sainte Thérèse. Les heures de la journée furent partagées entre l'oraison et l'Office divin, la lecture et les conférences spirituelles, le travail manuel et quelques exercices préparatoires à la mission d'instituteur. Grâce à ces dispositions, le noviciat devint réellement un lieu de formation morale et religieuse, où la prière et la mortification tinrent le premier rang.

Le noviciat fut toujours pour notre Saint la portion la plus chère et la plus sacrée de l'Institut. Aussi prit-il à tâche d'y former lui-même ses jeunes religieux. Même lorsqu'il mit à leur tête un maître des novices, il continua de vivre au milieu d'eux; dès qu'aucune affaire ne le retenait ailleurs, il revenait à son cher troupeau. Heureuses brebis qui vivaient sous la houlette d'un tel pasteur! Par ses exemples et par ses exhortations, il produisit un tel entraînement à la piété et à la vertu, que son noviciat n'eut rien à envier aux plus ferventes communautés : l'oraison n'y était pas moins assidue qu'au Carmel, ni la pénitence moins rigoureuse qu'à la Trappe. De ce désert sanctifiant sortaient des âmes fortement trempées, dévouées à la cause de Dieu et bien armées pour les combats de la vie.

Cette force morale permettait aux jeunes maîtres d'affronter les difficultés d'une mission aussi ingrate qu'importante, et de ne point plier, à la longue, sous le faix d'une charge fort pesante. Mais le fondateur, en homme avisé, savait trop bien quelles désillusions et quelles lassitudes attendent le Frère dans ses premières années de ministère, pour ne point parer aux dangers d'une période si critique : tiédeur dans la piété, relâchement dans la mortification, découragements dans le dur emploi des écoles, frottements douloureux des caractères, il avait tout prévu.

Si le noviciat est un champ clos où le soldat se prépare, la bataille ne commence que le jour où le noviciat finit. Jean-Baptiste aimait trop ses enfants pour s'en désintéresser à l'heure du vrai péril. C'est pourquoi il était avec eux dans leurs écoles : il les y visitait souvent en personne, et alors, dans l'intimité, il versait dans leur cœur le baume si réconfortant d'une parole à la fois surnaturelle et aimante ; il les appelait près de lui, et une retraite de huit jours, faite sous sa direction, fermait bien des blessures et réchauffait bien des ardeurs tombées ; par la correspondance, enfin, il se tenait constamment à côté de chacun de ses fils, prêt à les entendre, prompt à les consoler et à les remettre dans la bonne voie.

Cette correspondance, si incomplète qu'elle soit,

est la plus vivante expression qui nous reste de l'âme du Saint. Elle mérite de ne point périr, parce qu'elle contient des réponses toujours neuves à des doutes et à des difficultés qui sont de tous les temps. « Vous avez raison, écrit-il à un Frère, de dire que la réflexion que vous faites, de temps en temps, sur les peines de votre état, n'est qu'une tromperie du démon, qui ne cherche qu'à vous décourager et à vous empêcher de souffrir avec amour les peines qui y sont attachées... Je ne sais, dit-il à un autre, comment vous ne m'avez pas découvert plus tôt la tentation que vous avez eue ; ne savez-vous pas que le mal est à moitié guéri quand on l'a fait connaître au médecin ?... J'ai bien de la joie, dit-il encore, de ce que vous êtes revenu du misérable état dans lequel vous avez été pendant si longtemps, et que vous connaissez le changement que Dieu a fait en vous ; je vous assure que je n'ai point de plus grande joie que lorsque j'apprends que ceux dont j'ai la conduite marchent avec courage dans les sentiers de la justice. »

N'y a-t-il pas toujours des âmes éprouvées pour qui de telles paroles sont d'une saisissante actualité? De la sorte, le fondateur vit encore parmi ses fils, et la sollicitude dont il entourait ses religieux s'exerce même au delà du tombeau.

DE QUELS ÉLÉMENTS RELIGIEUX JEAN-BAPTISTE
FIT L'AME DE SON INSTITUT

Par cette action incessante sur les Frères, Jean-Baptiste infusait à tous l'esprit et la grâce dont lui-même était plein. Car, prédestiné à la vocation de fondateur, il avait reçu en plénitude la vie qui devait animer tous les membres de l'Institut. Dans les desseins de Dieu, le fondateur d'un Ordre religieux est et demeure l'âme de sa congrégation : sont à lui tous ceux qui reçoivent de lui le mouvement et la vie ; échapper à son influence, ce serait se vouer à la stérilité et à la mort.

Ce qu'on peut appeler l'âme d'un fondateur est une chose fort complexe ; elle se compose des éléments de vie religieuse auxquels il a donné, dans son œuvre, une importance prépondérante, et qui constituent, par le fait, la physionomie morale de la congrégation. Jean-Baptiste de la Salle avait trop de netteté dans l'intelligence et de décision dans la volonté, pour ne pas donner à son Institut un caractère bien tranché, non seulement dans le but qu'il poursuit, l'éducation chrétienne des enfants par l'école, mais aussi dans l'esprit qui l'anime, esprit de foi, de piété, de mortification et d'obéissance.

Il déclare lui-même, dans sa Règle, que l'esprit de foi est le premier élément constitutif de son Institut. Les Frères auront une doctrine pure ; ils s'inspireront en toutes choses, non des principes de la fausse sagesse du monde, mais des lumières et des sentiments de la foi. Ils n'envisageront rien que par les yeux de la foi, et ils ne feront rien que dans la vue de Dieu et pour Dieu. Ils adoreront Dieu dans les hommes et dans les événements : ils écouteront Dieu dans les supérieurs qui les dirigent, et ils serviront Dieu dans les enfants qu'ils instruisent ; ils attribueront à Dieu tout ce qui leur arrive d'heureux ou de fâcheux, disant avec Job : « Le Seigneur m'avait tout donné, le Seigneur m'a tout ôté. » Jean-Baptiste n'ignorait pas qu'une âme ainsi gouvernée par la foi est capable de tous les sacrifices et des plus généreux élans. L'âme portée sur les ailes de la foi échappe aux suggestions de la chair et aux attraits du monde, triomphe des lassitudes intérieures et ne se laisse abattre par aucune contradiction. A des religieux que le travail ingrat et monotone des écoles doit absorber toute leur vie, pouvait-on infuser un plus puissant élément de vie ?

Mais la foi s'alanguit promptement et devient inactive, si elle ne s'alimente aux sources vives de la piété. C'est pourquoi, dans la vie du Frère, les exercices de piété tiennent le premier rang. L'expérience avait, en effet, instruit Jean-Baptiste sur les heureux fruits de la piété. Le Frère, tant qu'il est profondément pieux, aime son état, prend goût à son travail, résiste aux tentations, vit dans l'union d'esprit et de cœur à Dieu, est épris d'amour pour les âmes. Vient-il à se relâcher dans la piété, aussitôt il est sans ardeur, il se déprime, il s'affaisse ; peut-être tombera-t-il et perdra-t-il sa vocation. Ne vous étonnez pas, ne regrettez pas que le Frère ait principalement pour tâche de prier et de méditer durant les loisirs que lui laissent ses austères occupations : il se repose et il refait son âme dans la prière, et, lorsqu'il se relève, il va plus courageux à son travail. L'étude, sans doute, élargirait son intelligence et le rendrait plus instruit ; mais s'il omettait de renouveler dans la prière ses forces morales, la science n'allégerait point son fardeau, et, goûtant moins ses humbles fonctions, il serait un éducateur moins utile. C'est le chef-d'œuvre de Jean-Baptiste d'avoir su, sans supprimer l'étude, nourrir abondamment de prières vocales et d'oraisons l'âme de son instituteur religieux.

Mais on ne se plaît aux sources vives de la grâce d'en haut, que dans la mesure où l'on est sevré des joies et des plaisirs de la terre ; autant la prière est prompte à jaillir de nos cœurs quand nous souffrons, autant elle se fait paresseuse sur nos lèvres quand nous jouissons. Aussi, Jean-Baptiste avait-il raison de tenir ses religieux dans les pratiques austères de la mortification ; il était assuré de leur rendre, par là, facile et doux le commerce de Dieu dans la piété. Un autre motif l'engageait encore à les pousser dans les voies rigoureuses de la pénitence. Habitués à châtier leur corps et à dompter leur volonté, les Frères étaient prêts aux durs labeurs, aux besognes austères, aux devoirs si pénibles, dans leur monotonie, d'humbles maîtres de l'enfance. A des hommes qui savent se vaincre, le joug du Seigneur est doux ; mais qu'il est pesant et insupportable à ceux qui suivent leurs caprices et ménagent leur sensualité ! Il est vrai que les macérations ou pénitences corporelles ne sont pas obligatoires pour les Frères ; mais leur vie réglée, à tout instant prisonnière d'un devoir précis, n'en est pas moins austère. Austérité féconde, qui les maintient dans leur vocation en les maintenant dans le sacrifice.

De toutes les pratiques de mortification, l'obéissance est la plus dure, parce qu'elle assujettit la volonté ; mais elle est aussi la plus efficace, précisément parce que, par la volonté, elle s'empare de tout l'être. Condition essentielle de toute vie religieuse, elle est imposée dans toute congrégation. Jean-Baptiste la considérait tellement comme l'indispensable lien d'une communauté, qu'il permit aux Frères d'en faire le vœu dès 1684. Par prudence, et vu l'état précaire de son Institut, il s'en contenta et ne permit pas aux Frères les deux autres vœux de religion : de son vivant, ils n'ajoutèrent au vœu d'obéissance que le vœu de stabilité, qui en est du reste le corollaire.

L'obéissance saisit le Frère pour le soumettre, comme tout religieux, à la volonté de son Supérieur général et de son Directeur local ; mais elle offre ce trait particulier dans l'Institut, qu'elle tient constamment les Frères en état de communauté. Un Frère n'est jamais seul : dans ses voyages, il a d'ordinaire un compagnon ; on n'en met jamais moins de deux dans chaque école ; en classe, son travail se fait en collaboration constante avec ses Frères ; les prières se font à l'oratoire commun ; la récréation se prend en commun. Un religieux de l'Institut trouve ainsi dans ses égaux autant de soutiens vigilants, et passe sa vie dans une perpétuelle soumission. Mais quel abri pour la vertu que cette communauté ! quel soutien pour les volontés ordinaires que cette universelle dépendance ! Les riches natures n'y sont point comprimées, et les âmes moyennes, les plus nombreuses dans l'humanité, y trouvent d'excellentes conditions pour se développer.

Tels sont les éléments dont est formé l'esprit du fondateur ; telle doit être la vie des Frères des Écoles chrétiennes. Celui qui, par une foi vive, une piété ardente, une constante mortification et une parfaite obéissance, aura réalisé en sa personne cet idéal du religieux fervent, sera infailliblement, dans son école, un éducateur zélé et béni de Dieu.

ORGANISATION DE L'INSTITUT

Jean-Baptiste de la Salle, homme de foi et de zèle, était aussi un homme de gouvernement. S'il avait le don d'allumer l'amour de Dieu dans les âmes, et de les entraîner au dévouement, il n'avait pas moins d'habileté pour organiser une société religieuse et présider à son développement. Calme, réfléchi, prévoyant, méthodique dans ses projets et ferme dans ses décisions, il était né pour fonder et diriger une congrégation. Son Institut, d'ailleurs, porte l'empreinte visible d'un esprit clair et d'une volonté résolue. Sa règle est rédigée avec tant de sagesse, et elle garde si peu la trace du temps où elle fut écrite, qu'elle gouverne les Frères de l'âge présent avec non moins de précision que les Frères d'il y a deux cents ans.

Ce n'est point son moindre mérite d'avoir nettement marqué le rôle de l'Institut. Les Frères s'occuperont d'éducation, et uniquement d'éducation. En même temps qu'ils donnent aux enfants le savoir humain qui convient à leur milieu, ils les instruiront des vérités religieuses et ils veilleront sur leur vertu : en un mot, ils en feront de bons chrétiens. Ils s'adresseront avant tout aux enfants pauvres ; et pour que leurs écoles n'en rejettent aucun, elles seront gratuites, c'est-à-dire sans rétribution payée ni par les enfants ni par leurs parents. Les enfants de la classe ouvrière y seront aussi reçus, pourvu que la gratuité de l'école n'en souffre pas ; déjà le Saint élargit le cercle de sa population scolaire. Il l'élargit plus encore, par la création de l'école dominicale et par la fondation du pensionnat Saint-Yon : dans l'école dominicale, il inaugure les œuvres post-scolaires et les classes d'adultes ; à Saint-Yon, il pose les fondements, en faveur des commerçants et des industriels, d'un enseignement nouveau où domine le caractère pratique. Le pensionnat, par les ressources qu'il procure, soutiendra en partie les œuvres du noviciat. De ce champ d'action, circonscrit par le fondateur lui-même, les Frères ne sont jamais sortis ; et cette exacte délimitation, en facilitant leur fidélité aux traditions, a fait leur force.

La même précision règne dans la discipline générale, c'est-à-dire dans les règles fondamentales destinées à établir le bon ordre dans l'Institut.

Aucun principe ne fut plus cher au fondateur que celui de la gratuité des écoles. Les circonstances l'expliquent aisément. Comme la première fin de l'Institut était d'arracher les indigents à l'ignorance et au vice, en leur ouvrant des écoles, le caractère même de l'œuvre imposait la gratuité.

C'est un article non moins formel que tout membre de l'Institut ne sera ni prêtre ni clerc. Un Frère ne pouvait recevoir les saints Ordres qu'après être sorti de la congrégation ; et pour mettre à l'abri d'une tentation fort spécieuse les volontés inconstantes dans leur vocation, il est interdit aux Frères de se livrer aux études, comme celles des langues anciennes, qui mettraient sur la voie du sacerdoce. Le fondateur, prêtre lui-même, n'exclut pas tout d'abord l'idée d'admettre des prêtres dans l'Institut ; son humilité le poussa même à préparer un frère, Henri L'Heureux, aux Ordres sacrés, espérant se décharger sur lui de la supériorité. Mais la mort prématurée du Frère, en 1690, lui parut être un signe de la volonté divine, et depuis lors il rendit absolu le principe qui écartait de l'Institut les prêtres et les clercs. Il ne cessa de se considérer lui-même comme une anomalie ; c'est pourquoi il fit de si grands efforts pour qu'un Frère devînt, même de son vivant, supérieur de l'Institut.

Il ne fut pas moins catégorique sur l'article de la vie commune. Il tenait pour un fait d'expérience que les religieux en communauté se protègent et s'excitent au bien les uns les autres. Dans cette persuasion, il ne permit pas qu'un Frère fût jamais isolé : dans chaque école, il plaçait au moins deux Frères ; il préférait même les villes aux gros bourgs, parce que, les classes y étant plus nombreuses, les membres de la communauté augmentaient en proportion. Même dans la communauté, le Frère n'a jamais un instant de complète solitude. Cette vie en commun est un heureux préservatif contre toute surprise de la faiblesse humaine.

L'autorité s'exerce avec efficacité et sans complication. Chaque Frère dépend du Directeur de la maison qu'il habite et du Supérieur général ; à toute heure, il peut se pourvoir près du Supérieur ; au moins deux fois par an, il doit lui communiquer ses dispositions et ses difficultés. Si, en raison du grand nombre de sujets, le Supérieur se fait suppléer, dans les cas ordinaires, par des Assistants, il n'en reste pas moins le père toujours disposé à recevoir les communications de ses enfants.

Sur tous les membres de l'Institut la Règle règne en souveraine. Telle aujourd'hui que lorsqu'elle sortit des mains du fondateur, elle n'impose point un joug tyrannique, elle pourvoit plutôt en mère aux divers besoins des religieux qu'elle conduit.

Elle protège leur santé, car c'est pour éviter un surmenage désastreux que, non contente de prescrire des récréations journalières et des promenades hebdomadaires, elle défend aux Frères les occupations étrangères à leurs devoirs d'état. Elle distingue soigneusement l'austérité de vie, qui est salutaire, de l'excès de travail, qui est un abus des forces physiques.

Elle assure l'entretien de la vie religieuse par la piété. Elle place, pour tous les jours, le Frère dans une atmosphère de recueillement, d'union à Dieu, d'élévation morale : toutes les heures sont enveloppées dans un réseau de prières vocales et mentales ; et lorsque la prière se tait, la lecture vient rendre l'âme féconde pour de nouvelles oraisons.

Elle exerce sur la vertu morale une vigilance ininterrompue, car elle tient la communauté dans une solitude sévèrement gardée contre le monde, et elle préserve chaque Frère des grands périls de l'isolement et de l'abandon. Grâce à la Règle, chaque individu ignore le monde et est ignoré du monde ; mais en même temps, la vie commune le tire de ce vide affreux qui risque de déprimer la volonté. Dans ce juste équilibre de solitude et de relations, le religieux s'appartient, et la vertu est à sa portée.

Cependant la lassitude reste possible, et elle est prévue. Pour en écarter les funestes effets, le Frère aura plusieurs soutiens : sans parler du secours que lui offre l'influence du prêtre dans la confession, il aura les conseils de son Frère directeur auquel, chaque semaine, il rend compte de son état, les encouragements du Visiteur, qui ranime son zèle dans la pratique du devoir, la correspondance avec l'Assistant ou le Supérieur, enfin les exercices de la retraite annuelle.

Au reste, le Frère n'aborde point son ministère d'éducateur sans avoir été accoutumé à se suffire sous la vigilante autorité des Règles. Un fervent noviciat l'a éclairé sur ses défauts, l'a formé à se vaincre, et lui a fait contracter des habitudes de prière et de mortification qui sont sa sauvegarde.

Durant la période de formation, particulièrement dans l'année qui a suivi le noviciat, il a appris l'art d'être bon maître. Car le fondateur a voulu que, dans cette importante mission, le Frère ne fût dépourvu ni de savoir ni d'expérience ; il fit parfois de grandes dépenses, pour que les Frères devinssent capables de donner avec compétence l'enseignement désiré ; avant de leur confier des enfants, il ne manquait pas de les éclairer par de sages directions pédagogiques.

Et comme s'il n'était pas assez d'avoir tout prévu et tout organisé par la Règle, il se survit à lui-même par ses livres, et ses préceptes accompagnent ses disciples à travers les générations qui se succèdent comme ils les suivaient alors dispersés dans leurs écoles. Tous ses écrits sont pratiques, et par là reflètent son caractère de fondateur. Pour ses fils religieux, il rédige des livres de piété, des méthodes d'oraison, des sujets de méditation appropriés à leur état. Pour ses fils éducateurs, il écrit des livres classiques et des traités de pédagogie. Ainsi rien n'est livré au hasard, tout est ordonné dans cet édifice religieux bâti des mains de Jean-Baptiste de la Salle.

QUEL RELIGIEUX FUT JEAN-BAPTISTE DE LA SALLE

Si admirable que soit Jean-Baptiste comme législateur, il touche davantage le cœur par sa fidélité de religieux. Rien ne donna plus d'autorité à sa parole de fondateur, que les exemples de son humble soumission aux règles : car personne ne se montra plus que lui simple Frère des Écoles chrétiennes.

Il aurait pu, comme tant d'autres hommes apostoliques, s'adonner à l'œuvre des écoles et même fonder une Congrégation enseignante, sans abandonner son rang de chanoine, sans renoncer à l'exercice de son ministère ecclésiastique. Mais il ne consentit point à diriger du dehors l'Institut que Dieu créait par ses mains ; il voulut vivre et mourir au dedans. Ce fut alors un grand sujet d'édification de voir un chanoine d'une illustre métropole résigner sa prébende pour descendre à la condition d'humbles maîtres d'école, de voir un prêtre riche sacrifier sa fortune pour habiter avec des gens pauvres et sans nom. A certaines heures, il sembla même regretter que son titre de prêtre le distinguât trop parmi les Frères ; et, tout heureux qu'il fût de son sacerdoce pour monter à l'autel, il essayait de le faire oublier et affectait de prendre la dernière place dans la communauté. En se fondant de la sorte au milieu de ses disciples, il infusait plus sûrement dans tous les cœurs son esprit et sa vie : son âme atteignait et vivifiait mieux toutes les âmes.

Une fois entré dans cette famille d'adoption, il n'eut jamais la pensée d'en sortir. Le premier, il prononça le vœu de l'obéissance en 1684, et chaque année il le renouvela. En 1691, alors que l'Institut paraissait sur le penchant de sa ruine, il prit l'engagement, avec deux fidèles disciples, de ne jamais abandonner l'œuvre des écoles, dût-il mendier son pain. Nous l'avons déjà remarqué, jamais les difficultés n'abattirent sa résolution ; trahi parfois au dedans, et souvent persécuté au dehors, il aima son Institut toujours, et il y travailla sans découragement.

Homme de communauté, il ne se plaisait qu'au milieu de sa famille religieuse. Il ne s'en éloignait que rarement et pour de graves nécessités ; il y revenait aussi promptement que joyeusement. Il évitait de prendre ses repas hors de la maison ; pour le retenir une fois, l'évêque de Chartres dut fermer les portes de son palais et le constituer tout un jour son prisonnier. Durant le séjour qu'il fit à Grenoble, il se tenait à l'écart des excellents amis qu'il comptait dans cette ville, de peur que, par ces relations, il ne fût trop privé de la vie commune. Si heureux qu'il fût dans sa retraite à la Grande-Chartreuse, il n'y resta que trois jours, parce que là n'était pas sa communauté. A Mende, la maison des Frères était trop étroite pour lui donner une chambre : du moins il passait les jours entiers et prenait ses repas avec les Frères. Il est vrai qu'il vécut cinq mois à Saint-Nicolas du Chardonnet, hors de sa communauté ; mais il n'était plus supérieur à cette époque, et son humilité lui persuadait que sa présence eût été gênante pour son successeur, pendant que son esprit de foi l'assurait que ses prières et ses pénitences valaient encore pour son Institut.

Dans cet intérieur de communauté, qui lui était si cher, quelle fidélité à toutes les règles ! Tout le distinguait des autres, sa naissance, son éducation, ses renoncements, son caractère sacerdotal, son titre de fondateur ; mais lui ne voulait s'en distinguer en rien. A partir de 1684, il adopta, à table, le régime commun, et, pour s'y faire, il lutta courageusement contre de terribles révoltes de l'estomac. Les railleries ne l'empêchèrent point de prendre l'habit des Frères ; lorsque, à Paris, M. Baudrand lui eut fait reprendre la soutane et le manteau à la place de la robe de bure, il ne manqua pas d'y ajouter la capote aux bras pendants, afin de bien marquer qu'il était un des Frères. Pour le reste, il ne se distinguait que par une extraordinaire ponctualité dans l'accomplissement de tous les devoirs religieux.

Il était le premier à tous les exercices. Aucune fatigue ne le tenait éloigné de l'oraison commune ; lors même qu'il avait prié toute la nuit, il était fidèle à ce rendez-vous du matin. S'il arrivait de voyage, harassé et tout baigné de sueur, il prenait sa place dans la communauté et participait à l'exercice déjà commencé. Il se livrait, comme les Frères, à tous les travaux manuels, et il n'y avait pas de services si bas qu'il n'eût à cœur de remplir à son tour. Tant qu'il fut supérieur, il craignit de ne point assez pratiquer le vœu d'obéissance. Il se portait alors, avec une plus scrupuleuse exactitude, aux moindres prescriptions de la Règle.

Par deux fois, en 1684 et en 1717, il eut la joie de ne plus commander. Avec quel bonheur il embrassait alors l'obéissance! Il demandait toutes les permissions avec la satisfaction de faire des actes de dépendance, et l'ombre d'un manquement lui fournissait l'heureux prétexte de faire sa coulpe devant tous les Frères. S'il pensait encore qu'il avait été supérieur, c'était pour en effacer le souvenir dans l'esprit des autres; car, en toutes rencontres, il se tenait à la dernière place, et, à table, il voulait être au-dessous du dernier Frère de service.

De si touchantes leçons n'étaient point perdues pour les Frères. Non contents de l'admirer, ils étaient entraînés à l'imiter. Devant le spectacle de telles vertus, qui n'aurait rougi de ses lâchetés, qui n'aurait regretté ses actes d'irrégularité? Règle vivante de sa communauté, Jean-Baptiste fondait plus solidement l'Institut par ses exemples de sainteté religieuse que par ses exhortations et ses livres.

CHAPITRE XIV

LES DESTINÉES DE L'ŒUVRE

Le 7 avril 1719, Jean-Baptiste de la Salle ne descendait point tout entier dans la tombe. Son œuvre restait ; et cette œuvre, toute pleine de son esprit, allait grandir et prolonger sa vie. Par un mystérieux contraste, autant elle avait été combattue durant l'existence mortelle du fondateur, autant elle fut protégée de Dieu et des hommes, lorsqu'il eut été reçu dans la patrie céleste. Une fois de plus, il fut démontré que, pour chacun de nous, la vie présente est le temps de l'infirmité, des combats et des mérites ; c'est dans le sein de Dieu, qu'avec la plénitude de la vie, notre influence atteint son apogée et que nos œuvres d'ici-bas sont couronnées d'un plein succès.

Bien modeste et bien timide était l'œuvre de Jean-Baptiste lorsqu'il mourut. Une centaine de pauvres instituteurs, quelques écoles charitables, un pensionnat, point de reconnaissance officielle ni de l'Église ni de l'État, absence presque complète de

᠎notoriété : telle était la situation sociale de l'Institut. Mais ce frêle arbrisseau, qui n'attire point encore les regards, est planté en bonne terre ; il porte dans son sein une puissante vitalité, il va croître en un arbre majestueux dont les rameaux s'étendront au large, et la gloire illuminera le nom du prêtre pieux qui lui donna les premiers soins. Il nous reste à décrire à grands traits cet heureux développement de l'œuvre de saint Jean-Baptiste de la Salle.

AU XVIIIe SIÈCLE

A travers le xviiie siècle, l'Institut avança d'un pas sûr dans la voie du progrès. Quand éclata la Révolution, il comptait approximativement : 121 communautés en France et 6 à l'étranger, 1 000 Frères, 36 000 élèves. Il ne s'était point écarté de la ligne tracée par le fondateur : les écoles charitables et gratuites étaient toujours sa fin principale, et les pensionnats, au nombre de six à dix environ, ne tenaient qu'une place secondaire.

L'enseignement des petites écoles ne resta point stationnaire ; car elles reçurent des maîtres de mieux en mieux formés. Des scolasticats furent ouverts où les jeunes Frères, au sortir du noviciat, vinrent développer leur instruction et recevoir des conseils pédagogiques. A mesure qu'on s'éclaira par l'expérience, on retoucha la *Conduite des Écoles*, écrite par le fondateur, afin d'en perfectionner les méthodes et d'en adapter les conseils aux circonstances. Dans son commentaire des *Douze vertus d'un bon maître*, le frère Agathon donna un excellent traité d'éducation. Les manuels classiques enfin se multiplièrent, et, en facilitant la tâche du maître et de l'élève, élargirent le programme des études primaires.

Mais c'est dans le domaine de l'enseignement primaire supérieur que se réalisèrent les progrès les plus apparents. Là, presque tout était à créer. De nouvelles conditions sociales commençaient à exiger des remaniements dans l'éducation intellectuelle de la jeunesse : aux fils de commerçants, d'industriels et de gros fermiers, il fallait autre chose que les classiques. Les universités et les Ordres religieux enseignants, enchaînés par des traditions où la routine avait sa part, se prêtaient mal à une évolution; les Frères, au contraire, soit que la jeunesse rendît leur Institut plus souple, soit que, sevrés des classiques, ils eussent le champ libre pour aller aux besoins nouveaux, les Frères répondirent sans hésiter aux tendances qui se faisaient jour.

Dans plusieurs villes, Angers, Nantes, Nîmes, Saint-Omer, on ouvrit des pensionnats, où furent appliqués les programmes modernes de Saint-Yon. A Boulogne-sur-Mer fut créée une école de commerce « pour la perfection de l'écriture, l'arithmétique, les livres de comptes en partie double et simple, avec le change étranger »; l'hydrographie et le dessin y furent bientôt ajoutés. Un essai d'école agronomique fut fait à Cherbourg, où les Frères livrèrent aux enfants leur jardin, afin de leur apprendre à diriger la culture. A Mautauban, une bibliothèque publique, formée par le chanoine Bertrand de Latour, fut confiée aux Frères : les livres étaient prêtés gratuitement, et une subvention annuelle était allouée au Frère chargé d'inscrire les entrées et les sorties des livres mis en circulation. Ainsi les Frères donnaient volontiers les mains à des tentatives d'où sont sorties, au siècle suivant, de grandes institutions.

Leur développement atteste une grande activité de vie intérieure ; car une riche végétation est toujours l'indice et l'effet d'une puissante poussée de sève. Ce principe de fécondité, les Frères le tenaient de la bénédiction divine, assurément ; mais ils le tenaient aussi de leur manière de vivre, qui est encore un don de Dieu. Hommes d'ordre, de discipline et de tradition, ils étaient tous unis dans l'obéissance aux mêmes règles et aux mêmes supérieurs. Parmi eux, plusieurs furent de valeur éminente : leurs œuvres vivent, mais leur nom a péri. Deux noms pourtant, parmi les supérieurs généraux, doivent être retenus : le frère Timothée et le frère Agathon. Le frère Timothée, l'un des plus chers disciples du fondateur, présida avec autant de sagacité que de fermeté à la première expansion des œuvres de l'Institut ; le frère Agathon, esprit supérieur, aussi habile dans le maniement des affaires qu'ouvert aux fortes études, déploya tant de sagesse et d'initiative dans son gouvernement, que, depuis le fondateur, aucune main n'a laissé dans l'Institut une trace plus profonde.

L'esprit de tradition fit la force des Frères. « Partout, écrivait l'un d'eux, nous portons notre Règle, notre méthode et nos procédés ; car si nous sommes en possession des ossements de notre vénérable fondateur, nous conservons encore plus son esprit. » Un usage était respecté, dès qu'il remontait au fondateur lui-même. A plus forte raison prenait-on garde de ne pas entamer des principes essentiels. La gratuité des écoles, notamment, ne fut maintenue en plusieurs villes, Boulogne et Toulon, par exemple, que par l'énergie des supérieurs : les Frères se condamnaient de bon cœur à une extrême pauvreté, plutôt que d'adopter la pratique des rétributions scolaires.

A mesure que l'Institut grandissait, et que les Frères se signalaient par leur ferveur et leur dévouement, les sympathies se multipliaient et devenaient pour l'œuvre, au dehors, un ferme soutien. Elles venaient à la fois de l'Église et de l'État.

Moins de six ans après la mort de Jean-Baptiste, le 26 janvier 1725, Benoit XIII, par la Bulle d'approbation, classait l'Institut parmi les congrégations religieuses officiellement reconnues dans l'Église : faveur insigne, qui assurait à l'Institut la protection de l'Église et lui garantissait l'indépendance. Les évêques tenaient les Frères en telle estime, qu'ils les appelaient à l'envi dans leurs diocèses pour en faire les auxiliaires de leur zèle; et le pape Clément XIV résumait leurs sentiments à tous, lorsqu'il disait en 1772 : « Je fais un cas infini des Frères. »

Le pouvoir royal suivait d'un œil non moins attentif leurs progrès et encourageait aussi leurs efforts. Dès l'année 1724, Louis XV les approuva et leur délivra des lettres patentes pour le ressort du parlement de Rouen ; des lettres patentes pour les ressorts de Paris et de Toulouse furent, plus tard, accordées sous Louis XVI. D'après les termes de 'approbation, l'autorité civile reconnaissait aux

Frères le droit de former des maîtres, de tenir des écoles de charité gratuitement, de recevoir les pensionnaires de bonne volonté et les pensionnaires envoyés par ordre de la cour ou du parlement. Ainsi abrités sous l'égide des deux pouvoirs, les Frères pouvaient donc accomplir librement leur mission religieuse et sociale.

Ils avaient des ennemis cependant. Chose étrange, les philosophes ne comprirent pas l'œuvre des Frères ; ils dédaignèrent ces *ignorantins*, et ils demandèrent au roi de les chasser comme dangereux. Et pour quel motif ? Parce qu'ils contribuent, disait Granet de Toulon, « à une trop grande propagation gratuite de l'instruction. » « Si les Frères sont laissés libres, ajoutait-il, il n'y aura bientôt plus un artisan qui ne sache lire et écrire. L'intérêt de l'État exigerait leur destruction. » Ainsi, d'après les philosophes, les Frères sont un péril, parce qu'ils instruisent le peuple.

Aux yeux des calvinistes, dans le Midi surtout, les Frères sont de trop fermes soutiens de la religion catholique ; ici et là, les huguenots excitent de petites révolutions dans les écoles, espérant, à la faveur du désordre, obtenir le renvoi des Frères.

La rivalité des maîtres écrivains suscitait d'autres oppositions : car la gratuité des nouvelles écoles était pour eux une menace. Ces maîtres effarés ne voyaient pas qu'avec les Frères avait surgi une nouvelle force sociale dont la poussée était irrésistible : c'était l'instruction offerte à tous indistinctement, donnée gratuitement, et suivant des méthodes souverainement efficaces.

Mais il importe de remarquer qu'au XVIIIᵉ siècle,

l'Institut se mouvait dans des conditions sociales très différentes de celles où il vit depuis la Révolution.

Les questions d'éducation ne tenaient qu'une place secondaire devant l'opinion : la cour, l'armée, l'impôt, occupaient le premier rang. Une société religieuse dirigeant des écoles, instruisant le peuple et principalement les pauvres, devait passer inaperçue ; elle ne pouvait soulever que de mesquines passions d'intérêts locaux ou personnels.

Les passions politiques, celles qui remuent tout un peuple, ne s'agitaient point autour de l'éducation. L'État n'avait pas encore saisi les écoles pour en faire un instrument de règne. Loin de se réserver le monopole de l'enseignement, il laissait aux entreprises privées le soin d'instruire les riches dans les collèges et les pauvres dans les petites écoles ; il avait seulement un regard de bienveillance pour tous ceux qui se livraient aux œuvres d'éducation. Bien plus active était la part de l'Église ; son autorité y tenait même une place prépondérante. Autant elle avait été zélée dans la fondation des universités, des collèges et des petites écoles, autant elle était attentive à les entretenir et à les développer : par les écoles, elle avait implanté la foi dans l'âme française ; par les écoles aussi, elle travaillait à l'y conserver.

Mais voici la Révolution, qui va renverser l'ancien monde, et reconstituer la société sur de nouvelles bases. Durant ce terrible orage, l'Institut des Frères disparaîtra pour un temps, mais il ne périra pas ; le calme rétabli, il reprendra sa marche, dans des conditions nouvelles, vers de plus grands progrès.

A TRAVERS LA RÉVOLUTION ET L'EMPIRE

Convoquée pour détruire les abus dont souffrait le royaume, l'Assemblée de 1789 sembla n'avoir d'autre but que de renverser toutes les institutions de l'ancienne France. Les Frères, dont l'œuvre était populaire, ne furent pas attaqués tout d'abord ; ils eurent même l'espoir que leur Institut serait respecté. Car, dans les décrets qui confisquaient les biens d'Église et qui supprimaient les vœux monastiques, l'Assemblée avait déclaré que, provisoirement, rien ne devait être changé à l'égard des maisons chargées de l'instruction publique. Mais l'illusion fut de courte durée ; le décret du 22 mars 1791, qui obligeait tout professeur à prêter le serment civique, mit les Frères dans l'alternative de trahir leur devoir ou d'abandonner leurs écoles. Leur fidélité donna, dans cette conjoncture, la mesure de leur vertu : car, avec une simplicité héroïque, ils repoussèrent toutes les sommations. « Jamais je ne prêterai le serment, dit l'un d'eux, parce que ma conscience me le défend. » D'ailleurs, leur dissolution était résolue, et elle fut décrétée le 18 août 1792. Par une cruelle ironie, l'Assemblée législative, en supprimant l'Institut, déclarait néanmoins qu'il avait « bien mérité de la patrie ».

Aussitôt la dispersion commença. Durant la Terreur, les uns tombèrent sur l'échafaud, d'autres éprouvèrent les horreurs de la déportation ou consommèrent leur sacrifice sur les pontons de Rochefort ; d'autres s'enrôlèrent dans l'armée ; plusieurs continuèrent à exercer leurs fonctions d'instituteurs ; quelques-uns s'expatrièrent et allèrent chercher un refuge dans la maison de Rome. Deux communautés seulement restèrent debout durant ces jours néfastes : celle de Rome et celle d'Orviéto, en Italie.

En peu d'années, la tempête révolutionnaire fit d'immenses ravages ; mais, trop violente pour être durable, elle eut épuisé ses fureurs avant d'avoir atteint jusque dans leurs racines les arbres majestueux qu'elle avait renversés. Sur ces racines encore riches de sève poussèrent de nouvelles tiges, dont les promesses consolèrent les âmes affligées de tant de ruines. L'Institut des Frères fut des premiers à reverdir. Il avait à Rome une réserve de vie, non seulement parce qu'il y comptait plusieurs membres, mais aussi parce qu'il y avait un chef, le frère Frumence, que Pie VI avait établi vicaire général en 1793, après la mise en prison du frère Agathon, supérieur général. En France, dès que le règne de la guillotine fut passé, les Frères survivants reprirent çà et là leurs humbles fonctions de maîtres d'école. Bientôt deux écoles devinrent même très florissantes, celle du frère Gerbaud à Paris, au quartier du Gros-Caillou, et celle du frère Pigménion à Lyon.

Lorsque le premier consul eut pris la direction des affaires, il eut à cœur d'organiser l'instruction publique. Mais il se heurta à une grave difficulté, la rareté des maîtres d'école. C'est alors que, sur des vœux émis par les assemblées départementales et par les municipalités des villes, réclamant « ces instituteurs qui avaient si bien dirigé les écoles avant la Révolution », Napoléon Bonaparte fit appel aux Frères et aux Religieuses ; et sur les instances de son oncle le cardinal Fesch, son ambassadeur auprès du Pape, il rendit l'existence légale aux Frères des Écoles chrétiennes par un décret de décembre 1803 (11 frimaire an XII).

Cette approbation officielle fut le signal d'une renaissance pour l'Institut. Les anciens Frères dispersés se groupèrent à la maison de Lyon et reprirent l'habit religieux ; de nouvelles recrues, amenées par la Providence, vinrent grossir la petite troupe ; le frère Frumence, qui garda jusqu'à sa mort (1810) le titre de vicaire général, quitta Rome pour prendre, à Lyon, le gouvernement de sa congrégation.

Bientôt après, le décret impérial du 17 novembre 1808, qui créait en France l'Université, établit l'Institut dans une situation officielle très différente de l'ancien état de choses.

Napoléon Ier, épris d'absolutisme, avait résolu de ramasser dans les mains du pouvoir toutes les formes d'influence et tous les moyens de gouvernement. C'était trop peu pour lui d'assurer l'ordre public et de diriger les intérêts matériels ; il tenait à pénétrer jusque dans les âmes, afin que ses idées et ses sentiments fussent les idées et les sentiments de ses sujets. Dès lors l'éducation, jusque-là réservée aux familles et aux corporations enseignantes qui avaient leur confiance, devenait une fonction de l'État : l'État devenait maître d'école.

Le monopole de l'enseignement ne fut cependant pas si absolu, qu'il ne restât aucune place pour les entreprises privées. Des instituteurs, non salariés par l'État, purent ouvrir des écoles. Mais, aux termes du décret du 17 mars 1808, aucun établissement scolaire ne put se former sans l'autorisation préalable de l'Université impériale, et sans avoir à payer à l'État une redevance annuelle qui ne laissait pas d'être onéreuse. Les écoles particulières, quoique autorisées, déplaisaient fort à Napoléon Ier ; car il écrivait à Fontanes le 24 mai 1808 : « L'Université a l'entreprise de toutes les institutions publiques, et doit tendre à ce qu'il y ait le moins d'entreprises particulières possible. » Dans ces conditions, qui ne furent modifiées que par la loi du 28 juin 1833, les écoles particulières étaient rares et sans cesse comprimées dans leur développement.

Quelle fut alors la place faite aux Frères ?

Napoléon, qui ne pouvait se passer d'eux parce qu'il manquait de maîtres, et qui d'ailleurs les avait en grande estime, leur confia un certain nombre d'écoles officielles. Ceux qui prirent ainsi la direction d'écoles publiques se trouvèrent incorporés à l'Université. Sans cesser d'être religieux, ils devinrent donc d'une certaine façon fonctionnaires de l'État, payés par l'État. Avantageuse à certains égards, puisqu'elle leur permettait de remplir leur mission d'instituteurs populaires, cette situation les jeta parfois dans de graves embarras, d'où ils ne sortirent que par une invincible fidélité à leurs traditions.

Dès 1809, ils durent présenter leurs constitutions à l'approbation de l'Université. Sous l'influence des idées gallicanes, dont l'empereur était le plus ferme soutien, on leur demanda de régler leur obéissance « par les maximes contenues dans la Déclaration du clergé de France de l'an 1682 ». Il fallut toute l'énergie et l'autorité morale de M. Émery, supérieur de Saint-Sulpice et membre du Conseil de l'Université, pour faire effacer une disposition si vexatoire.

Une lutte ardente s'engagea, plus tard, à propos des méthodes d'enseignement. Car les ministres de l'instruction publique s'efforcèrent, à partir de 1815, d'implanter en France la méthode dite de Lancaster, ou mode mutuel. Sous la pression du gouvernement, les écoles adoptèrent en effet le nouveau procédé en un grand nombre de communes : peut-être cet enseignement des enfants par les enfants, sous l'œil du maître, rendit-elle quelques services, alors que les instituteurs étaient peu nombreux. Mais les Frères résistèrent à toutes les sollicitations ministérielles ; par leur fidélité intransigeante aux traditions léguées par leur fondateur, ils sauvèrent le mode simultané, qui prévaut désormais presque partout.

Cependant les Frères n'étaient pas tous englobés dans l'enseignement officiel et par là agrégés à l'Université. Certaines écoles privées, autorisées par le pouvoir, leur étaient confiées ; et ils y jouissaient naturellement d'une plus grande indépendance. Il est même remarquable que, lorsque la maison mère vint s'établir de Lyon en Paris, en 1821, ils n'avaient dans la capitale aucune école officielle. Mais les services qu'ils rendaient à la ville dans les écoles privées étaient si appréciés, que, pour les en rémunérer, la ville leur offrit gracieusement une maison.

Ils avaient la confiance des familles, et, dans une certaine mesure, la faveur du gouvernement ; c'est pourquoi leur Institut se développa sans arrêt et multiplia le nombre de ses écoles.

SOUS LE RÉGIME DE LA LIBERTÉ D'ENSEIGNEMENT

La loi Guizot, du 28 juin 1833, entama le monopole établi par l'Empire et émancipa l'enseignement primaire. L'État demeura maître d'école ; mais il permit à d'autres de le devenir librement à côté de lui. Tandis que jusqu'alors le nombre des écoles privées avait été fort restreint, parce qu'elles étaient soumises aux exigences d'une autorisation préalable, elles se multiplièrent largement lorsque la loi nouvelle eut établi qu'une simple déclaration suffisait, à un maître muni du brevet, pour ouvrir une école.

La distinction des écoles communales et des écoles libres fut dès lors très nette. Les communes pouvaient confier leurs classes à des maîtres religieux ; les Frères en dirigèrent en effet un grand nombre. Mais ils se chargèrent aussi de nombreuses écoles libres, où ils étaient rétribués par la charité privée. Payés par l'État ou entretenus par des particuliers, ils accomplirent de toute façon leur ministère d'éducateurs chrétiens.

Mais la loi de 1833 donnait en même temps une vive impulsion à l'enseignement primaire : chaque commune de France était tenue d'avoir son école et son instituteur ; chaque département devait créer une école normale pour former des maîtres. Ce mouvement ne produisit point d'abord de rivalité contre les Frères ; les maîtres laïques étaient alors en nombre insuffisant ; certaines écoles normales, comme celle de Rouen, furent même confiées aux Frères.

Cependant le pouvoir favorisait de préférence les instituteurs laïques. Tandis que les Frères, cela se conçoit, dépendaient avant tout de leurs supérieurs religieux, les laïques étaient davantage au service, non pas de la patrie, mais du ministre et de sa politique. De là, du côté de l'État, la tendance à multiplier les instituteurs laïques. Un jour vint où, sous la pression des passions politiques et antireligieuses, les pouvoirs publics de la troisième République entrèrent dans la voie des laïcisations.

Les laïcisations se firent graduellement, par voie administrative d'abord, puis par voie législative.

On commença à laïciser les services d'État en 1877, lorsque Gambetta et Ferry, dominant la Chambre nouvelle, eurent déclaré la guerre à la religion sous la forme du cléricalisme. Les conseils municipaux, dans les villes surtout, obtinrent la substitution des maîtres laïques aux maîtres religieux ; Paris donna le signal du mouvement. Le frère Irlide, alors supérieur général des Frères, eut beau faire reconnaître par le Conseil d'État les droits acquis à l'Institut, les laïcisations allèrent leur train.

Elles se précipitèrent après la loi Ferry du 28 mars 1882. Par cette loi, l'école était rendue obligatoire, ce qui était fort sage en soi ; l'école officielle devait être gratuite pour tous les enfants, ce qui était conforme aux règles des Frères ; mais tout enseignement religieux était prohibé dans les classes communales, disposition calculée pour obliger les maîtres religieux à sortir, de leur propre chef, des écoles officielles. Devant cette laïcisation des programmes ou neutralité obligatoire, les maîtres religieux, tout en conservant leur situation officielle, surent concilier les prescriptions légales avec leurs devoirs d'éducateurs chrétiens. Grâce au concours du clergé et de généreux catholiques, ils trouvèrent des locaux pour faire, à certaines heures, le catéchisme et la prière interdits dans les classes.

Pour en finir, les Chambres votèrent la laïcisation du personnel enseignant par la loi Goblet du 30 octobre 1886. Aucun religieux ne serait plus nommé dans aucune école communale ; et même, en 1891, toute école de garçons devait être entièrement laïcisée. L'échéance ne fut ajournée, pour les écoles de filles, que parce qu'on manquait alors d'institutrices laïques.

Ainsi les Frères, rétablis et encouragés par Napoléon Ier, furent totalement évincés de l'enseignement officiel par les lois Ferry-Goblet. Depuis 1886, ils sont tous versés dans l'enseignement libre. Comme au temps de leur fondateur, ils travaillent, rétribués par la charité privée, à l'éducation chrétienne des pauvres et des fils d'artisans.

Car, en face de l'école officielle et neutre, trop souvent athée, la foi chrétienne, dans un noble élan de générosité, a dressé l'école libre et chrétienne, dans toutes les villes et dans presque tous les bourgs importants. Pour sauver la France du péril antireligieux, on n'a reculé devant aucun sacrifice d'argent, et les maîtres religieux n'ont pu suffire à tous les appels qui leur sont venus des comités de la charité catholique. C'est pourquoi les lois scolaires, destinées à éteindre les congrégations enseignantes, n'en ont pas arrêté le progrès. Les religieux, repoussés par l'État, ont trouvé dans la liberté un principe de développement intérieur et une force d'expansion au dehors.

A la fin de l'année 1900, quatorze ans après la loi Goblet, l'Institut de Jean-Baptiste de la Salle compte : 15 060 Frères en exercice ; 4 400 novices et aspirants ; 1 530 maisons, dispersées dans toutes les parties du monde ; 1 934 écoles pour l'instruction populaire ; 75 pensionnats pour les fils d'ouvriers, d'agriculteurs, de commerçants et d'industriels ; 316 376 élèves, pris dans toutes les races et sous tous les climats.

Cette fourmilière humaine se distingue à la fois par l'activité et l'esprit d'ordre.

L'initiative, cette force supérieure de l'activité intelligente, n'a jamais manqué aux Frères ; sur la plupart des points où se portent leurs efforts, ils ont ouvert la voie aux institutions officielles.

Par les écoles d'adultes, ils mirent de bonne heure l'instruction à la portée des jeunes ouvriers qui ne peuvent donner à l'étude que des soirées d'hiver.

Le célèbre pensionnat de Passy, fondé en 1841, longtemps subventionné par l'État, fournit le type d'après lequel la loi Duruy organisa l'enseignement secondaire spécial en 1865. Les pensionnats, qui se sont tant multipliés depuis lors, n'ont cependant pas tous pris la même orientation. On distingue des écoles commerciales, comme celle des Francs-Bourgeois, à Paris ; des écoles d'agriculture, comme à Beauvais ; des écoles préparatoires, comme à Saint-

Étienne ; des écoles industrielles, avec ateliers de divers arts et métiers, comme à Saint-Nicolas de Paris et à Reims.

Tout en vaquant à l'enseignement, les Frères ne se désintéressent point des œuvres populaires et sociales. Leur sollicitude suit les enfants hors de l'école les jours de dimanche et de congé ; elle les accompagne à l'atelier, les enrôle dans les patronages, les conférences de Saint-Vincent-de-Paul, les cours d'apprentis et d'adultes, les sociétés d'anciens élèves, les cercles et maisons de famille, les œuvres de catéchistes, etc... Ils ne sont pas moins serviteurs dévoués de la patrie. Durant l'année terrible, on les vit, engagés volontaires, sur tous les champs de bataille, mais surtout aux portes de Paris, recueillant et soignant les blessés, rendant aux morts les derniers devoirs.

Ces travaux sont accomplis par eux avec simplicité, sans prétention de gloire personnelle. Plusieurs d'entre eux ont une valeur éminente, qui les signale à l'attention sur le terrain qu'ils exploitent ; mais la plupart agissent obscurément, n'ayant d'autre souci que de plaire à Dieu. Si des hommes comme le frère Philippe, le frère Irlide, le frère Joseph, ont été personnellement connus, parce que leur titre de supérieurs a mis leur mérite en évidence, tous les autres se cachent humblement sous la commune désignation de Frères des Écoles chrétiennes.

Leur force est dans leur esprit de discipline : ils gardent les traditions de leur père, comme on l'a constaté chaque fois que furent mises en question la gratuité des écoles et l'étude du latin ; ils obéissent à leurs supérieurs et remplissent leur mission éducatrice dans la place qui leur est assignée. D'autre part, rien n'est omis de ce qui peut concourir à leur formation : jeunes, ils sont reçus dans les petits noviciats et grandissent dans l'esprit de l'Institut ; un noviciat vraiment canonique trempe leur vie religieuse ; dans les scolasticats ou maisons d'études, ils acquièrent les capacités professionnelles en harmonie avec la mission qui leur sera confiée ; jusque dans leurs écoles, la Règle les suit pour leur assurer des moyens de persévérance.

Telle est, après deux siècles de vicissitudes variées, l'œuvre fondée par Jean-Baptiste de la Salle, intacte et vivante, fidèle et progressive, une gloire et une force pour l'Église.

INFLUENCE SOCIALE DE L'INSTITUT

Que l'Institut des Frères des Écoles chrétiennes ait été et soit plus que jamais une force, ce n'est pas douteux, puisqu'on y trouve du nombre et de l'activité. Mais cette force, qu'a-t-elle produit ? Quel profit l'Église en a-t-elle tiré ? A-t-elle été un bienfait pour la société ?

Remarquons d'abord qu'aux yeux de la foi toute congrégation fervente, fût-elle exclusivement contemplative, fructifie pour la société chrétienne et même pour l'humanité entière. Membres d'un même corps, nous sommes solidaires les uns des autres, et nous participons à l'accroissement de vie religieuse que procurent à l'Église les prières ardentes et les mortifications généreuses des saints. Un tel apport de bien élève le niveau moral de l'ensemble des hommes ; et, au milieu des corruptions qui font la honte de notre temps, la vertu des meilleurs assainit le milieu où nous respirons. Dans ce domaine de mystérieuses influences, la contribution des Frères de l'Institut, avec les mérites de leur existence crucifiée et les richesses de leurs prières prolongées, a été considérable.

Mais s'ils ont servi l'Église comme religieux, leur action sociale, comme éducateurs du peuple, a été plus sensible et plus susceptible d'observation.

Pour la juger sainement, qu'on se garde bien de mal poser le problème. Ce n'est pas à une grande distance, mais à son point d'application, qu'il faut considérer l'influence des Frères pour en mesurer la portée.

Au moment de leur contact avec leurs élèves, les Frères ont-ils été et sont-ils une force morale et sociale ? Car, s'ils sont une force, son action ne peut se perdre ; le résultat, quelques années plus tard, peut être insaisissable, parce qu'il s'est fondu avec celui d'autres forces composantes, mais il ne peut être contesté.

Or que faut-il pour qu'un maître soit une force près des enfants ? Il faut et il suffit qu'il les aime ; car, les aimant, il leur donnera son temps, son savoir, toute sa vie. Les enfants à leur tour, s'ils sentent l'affection et le dévouement, s'ouvrent à leur maître, subissent son influence, s'imprègnent de ses idées et de ses sentiments, emportent la trace de son âme d'éducateur. Avons-nous à demander si les Frères ont aimé leurs élèves, s'ils se sont livrés à eux, s'ils en ont été aimés et écoutés, si leurs leçons religieuses et morales ont laissé une empreinte? Serait-ce téméraire d'avancer que, des diverses maisons religieuses d'éducation que nous avons en France, les maisons des Frères, leurs pensionnats surtout, comptent parmi celles où les plus chauds courants de sympathie unissent les maîtres et les élèves?

Mais cette action, dont les sympathies mutuelles sont la condition, a-t-elle déprimé ou élevé les âmes? C'est demander si on déprime ou si on élève les âmes en les instruisant de leurs destinées, en leur plaçant devant les yeux un idéal sublime, en les exerçant tous les jours à vaincre leurs caprices ou leurs passions. N'est-ce pas avoir un égal souci de la valeur individuelle de l'homme et de ses capacités sociales, que de lui mettre en main les moyens d'atteindre sa fin dernière en traçant honnêtement son sillon à travers les choses d'ici-bas? Sans doute il y a des élèves qui, pour des raisons diverses, échappent à l'influence des Frères; mais la plupart la subissent plus ou moins profondément. Et si, dans la suite, l'impression s'altère chez un grand nombre, elle ne s'efface jamais entièrement; ce qui en reste suffit à établir une notable différence entre l'élève de l'école religieuse et l'élève de l'école neutre. Combien donc seraient imprudents ceux qui, à la légère, jugeraient de minime importance la conservation de nos œuvres d'éducation!

D'ailleurs cette influence rayonne bien au delà de l'école, du pensionnat et du patronage: elle atteint, plus efficacement peut-être que les enfants, les parents eux-mêmes. Elle se conserve et se ranime dans les familles; combien d'anciens élèves, après leurs égarements de jeunesse, suivent plus docilement, quand ils sont devenus pères, les tendances religieuses et morales autrefois éveillées dans leurs âmes ! Combien d'autres, intimidés par des milieux hostiles, gardent silencieusement au fond de leur cœur l'étincelle de vie qui, ils y pensent toujours, se rallumera à la dernière heure !

Cette action bienfaisante, à retentissement plus ou moins lointain, appartient, il est vrai, à toutes les congrégations enseignantes. Mais le bien que toutes opèrent ne remonte-t-il pas, d'une certaine façon, à l'Institut de Jean-Baptiste de la Salle ? Car elles se sont formées sur son modèle, et elles vivent de son même esprit apostolique. Jean de Lamennais et Gabriel Deshayes, en fondant les Frères de Ploërmel (Morbihan) et de Saint-Laurent-sur-Sèvre (Vendée), en 1819, ne visaient qu'à suivre « autant que possible la règle des Frères des Écoles chrétiennes et à se servir de leur méthode d'enseignement ». Et lorsque M. Delamare, vicaire général de Coutances, créa dans la Manche l'Institut des Frères de Montebourg, en 1842, il dit à ses premiers disciples : « Je ne connais rien d'aussi sage, en fait de Règles, pour des Frères instituteurs, que les Règles de M. de la Salle. »

C'est donc un nouveau mérite à notre Saint d'avoir inspiré d'autres fondations et de leur avoir tracé la voie. Aucun pourtant n'a reproduit exactement son œuvre. Car, pour répondre sans doute à des besoins nouveaux, les uns ont admis le mélange des Prêtres et des Frères, d'autres ont accepté de vaquer aux soins du culte dans les sacristies, d'autres enfin ont accordé pour des hameaux que des Frères isolés vécussent chez le curé de la paroisse. La France compte au moins une douzaine de congrégations de Frères, et plusieurs centaines de congrégations de femmes. A Jean-Baptiste de la Salle revient la gloire d'avoir donné le type de toutes ces créations, qui permettent aujourd'hui à l'enseignement libre de faire si noble figure en face de l'enseignement officiel. L'étranger, l'Irlande notamment, a suivi les mêmes exemples et en recueille les mêmes fruits de bénédiction.

Plus loin encore se fait sentir l'influence de Jean-Baptiste de la Salle; car il lui a été donné d'avoir d'heureuses initiatives qui ont fait de lui le législateur de la pédagogie moderne. Ses méthodes, après avoir été longtemps combattues, ont pénétré dans toutes les écoles officielles, où le mode simultané a enfin prévalu; l'organisation actuelle des classes, qu'on l'avoue ou non, vient de lui: les programmes d'enseignement moderne sont, avec quelques variantes, calquées sur celui qu'il inaugura à Saint-Yon; aux écoles d'adultes, aux œuvres post-scolaires, aux écoles normales, il donna, dès les débuts, leur essentielle constitution. Ses fils, en maintenant intactes les traditions reçues de ses mains, ont offert aux œuvres d'éducation, depuis deux siècles, des types sur lesquels les pouvoirs publics ont fini par modeler l'enseignement primaire.

LA GLOIRE DE JEAN-BAPTISTE DE LA SALLE

A mesure que ses œuvres se répandaient et suscitaient des imitateurs, Jean-Baptiste de la Salle entrait dans la gloire. Car, si Dieu n'a point attendu le jugement des hommes pour mettre sur son front la couronne céleste, il lui a plu de ne révéler que graduellement au monde le mérite de son serviteur.

Quand Jean-Baptiste mourut, il était encore sans nom dans l'histoire. Il n'avait pris aucune part aux événements qui arrêtent l'attention du public; il n'avait pas, comme ses amis de séminaire, Fénelon et Godet des Marais, rempli de grandes charges à la cour; tous les avantages qu'il avait reçus du côté de la naissance, de la fortune, de la situation, il les avait sacrifiés pour s'ensevelir, tout jeune encore, dans l'obscure société de quelques pauvres maîtres d'école. Son œuvre, si excellente qu'elle fût, n'avait point encore forcé l'admiration, et elle n'était connue que dans une vingtaine de villes et de gros bourgs. L'éclat des miracles ne l'avait point signalé à la foule comme un saint Vincent Ferrier; les grâces, tenant du prodige, que ses prières avaient souvent obtenues, n'étaient guère sorties du cercle restreint de ses disciples. A Rouen, et partout où il était connu, sa mort avait provoqué ce cri spontané : « C'était un saint, le Saint est mort. » Mais la France entière n'avait pas fait écho comme à la mort d'un saint Vincent de Paul, parce qu'il avait vécu étranger aux grandes affaires du royaume.

Que son œuvre grandisse, et son nom grandira avec elle; qu'elle répande sur toutes les nations le bienfait de son dévouement, et le fondateur sera béni et glorifié par toutes les races humaines. Depuis sa mort comme durant sa vie, sa destinée a été indissolublement liée à celle de son Institut, et sa mémoire n'a point eu de plus brillante auréole que le développement de son Institut. Et comme si l'humilité l'inspirait encore au ciel, il semble n'avoir accepté le diadème insigne que l'Église met au front des Saints, qu'à l'heure où son Institut l'avait mérité par ses immenses travaux et en avait besoin pour se consoler des amertumes de la contradiction.

Toutefois ses fils se montrèrent de bonne heure gardiens jaloux de la mémoire de leur père, et ils recueillirent avec un soin pieux tout ce qui pouvait conserver son souvenir et prolonger sa vie parmi eux. Déjà ils avaient fait prendre son portrait physique : ils eurent plus de zèle encore pour sauver de l'oubli tous les traits de son portrait moral. Son successeur, le frère Barthélemy, pria tous ceux qui l'avaient connu de consigner par écrit ce qu'ils savaient de lui ; des Mémoires furent rédigés par les Frères qui l'avaient approché de plus près. Tous ces documents, remis aux mains du chanoine Blain, ami intime du Saint, furent la mine précieuse d'où sortit la première *Vie* imprimée de Jean-Baptiste : ouvrage de spiritualité autant que d'histoire, qui, malgré quelques défauts, reste la plus riche source d'informations sur le fondateur des Frères.

Les Frères n'étaient pas moins zélés pour dire le nom de leur père aux enfants de leurs écoles. Fidèles imitateurs de sa modestie, ils s'effaçaient eux-mêmes devant lui, et ils faisaient profession de n'être dans leurs classes que les fidèles instruments du fondateur : partout où enseignait un Frère, c'était donc Jean-Baptiste de la Salle qui faisait l'école. Le Frère, lui, n'avait point de nom personnel ; chacun d'eux se présentait sous le nom commun de Frère de Jean-Baptiste de la Salle.

Ainsi porté, ce nom fit promptement son chemin, et dès la fin du xviiiᵉ siècle il remplit toute la France. C'est alors que l'Institut, sortant d'une timide réserve, se prit à désirer que le héros de tant de vertus solides, que le créateur de tant d'œuvres de zèle, fût mis par l'Église sur les autels. Le frère Agathon, supérieur général, donna des ordres pour la préparation du procès de canonisation ; mais la Révolution vint suspendre cette louable tentative de piété filiale.

Semblable aux terres vigoureuses que les orages fécondent, l'Institut se trouva grandi et fortifié par la Révolution. Au lieu d'être une institution privée qui travaille dans l'ombre, il fut appelé par le plus puissant des monarques à prendre rang à côté des corps officiels de l'État ; car il fut comme agrégé à l'Université, et le pouvoir tint ses services pour très importants. Une telle situation mit en évidence l'œuvre de Jean-Baptiste de la Salle et la personne du fondateur. Dans l'Église et dans l'État, on se demanda pourquoi ce bienfaiteur des classes populaires n'était pas inscrit à côté de saint Vincent de Paul sur les fastes des saints : pour avoir jeté moins d'éclat durant sa vie, les œuvres du grand éducateur n'avaient pas moins de portée que celles de l'illustre apôtre de la charité. Sur les instances des Frères et sous la poussée de l'opinion, le procès de canonisation fut ouvert simultanément à Reims, à Paris et à Rouen, en 1835.

La Providence sembla faciliter la tâche des juges ; car elle combla d'extraordinaires bénédictions tout l'Institut durant le long généralat du frère Philippe, de 1838 à 1874. Une souffle de grâce amenait des vocations en grand nombre ; les petites écoles se multipliaient, les pensionnats prenaient leur orientation, les œuvres post-scolaires se créaient : magnifique floraison qui préparait la couronne au fondateur. Dès le 8 mai 1840, Rome décerna au serviteur de Dieu le titre de Vénérable ; le 10 janvier 1852, elle déclara la parfaite orthodoxie de ses écrits authentiques ; le 10 juillet 1873, la Congrégation des Rites reconnut qu'il avait pratiqué les vertus chrétiennes au degré héroïque, et le décret en fut publié le 1er novembre suivant ; enfin le 1er novembre 1887, trois faits, sévèrement contrôlés par des médecins et des canonistes, furent déclarés miraculeux.

La Béatification, conséquence de cette heureuse issue du procès, fut célébrée par Léon XIII au Vatican le 19 février 1888. On vit aussitôt éclater partout la joie. Il y eut comme une explosion d'admiration et de louanges à l'égard de Jean-Baptiste de la Salle. Dans toutes les maisons de l'Institut, dans toutes les villes où les Frères avaient des écoles, de splendides fêtes furent organisées, où, devant des foules nombreuses et recueillies, tous les arts furent appelés à prêter leur concours à la piété. La peinture prodigua ses couleurs ; la musique rendit de nobles accents ; la poésie trouva de belles inspirations ; l'éloquence à son tour célébra, en d'innombrables panégyriques, les vertus et les œuvres sociales du Saint ; le bronze et le marbre eux-mêmes s'animèrent sous le ciseau d'Oliva, de Falguière et de Montagny.

Le Ciel s'associa à tant d'honneurs prodigués sur la terre au bienheureux Jean-Baptiste de la Salle, et indiqua sans tarder, par de nouveaux miracles, qu'il fallait ajouter l'éclat suprême de la Canonisation à la gloire du serviteur de Dieu. Et le 24 mai 1900, l'illustre pontife Léon XIII, le grand docteur du XIXᵉ siècle, par un jugement infaillible, déclara que Jean-Baptiste de la Salle avait mérité, avec la gloire céleste, les honneurs religieux que l'Église rend aux plus vertueux de ses enfants. De nouveau une joie universelle remplit les cœurs, et d'inoubliables fêtes apprirent au peuple que le ciel et la terre s'unissaient pour rendre hommage à l'insigne bienfaiteur de l'humanité.

Et nous, docile à la voix du Pontife, nous nous prosternons aux pieds de notre cher Saint : nous le félicitons d'avoir reçu au centuple, même ici-bas, la récompense de ses sacrifices, et nous lui demandons humblement qu'après avoir travaillé à faire connaître son nom, ses vertus, ses œuvres et sa gloire, nous méritions d'être un jour associé à son bonheur céleste.

FIN

LISTE

DES ÉTABLISSEMENTS FONDÉS PAR SAINT JEAN-BAPTISTE DE LA SALLE

1679. REIMS (Saint-Maurice . . . École.
1679. REIMS (Saint-Jacques) . . École.
1680. REIMS-Saint-Symphorien . École.
1682. RETHEL. . . . . École.
1682. GUISE. . . . . École.
1682. CHATEAU-PORCIEN. . . . . École (elle dura peu).
1682. LAON (Saint-Pierre . . . École.
1682. REIMS (rue Neuve . . . . Communauté.
1684. REIMS (rue Neuve) . . . Noviciat.
1684. REIMS (rue Neuve . . . . Petit Noviciat.
1684. REIMS (rue Neuve . . . . Séminaire des maîtres pour la
                          campagne.
1685. RENWEZ (Ardennes) . . . Séminaire de maîtres (dura peu).
1688. PARIS (Saint-Sulpice . . . École, rue Princesse.
1690. PARIS (Saint-Sulpice . . . École, rue du Bac.
1691. VAUGIRARD. . . . . Maison de retraite.
1692. VAUGIRARD. . . . . Noviciat.
1697. PARIS (Saint-Sulpice . . . École, rue Saint-Placide.
1698. PARIS (Saint-Sulpice). . . Communauté, à la Grand'Maison.
1698. PARIS (Saint-Sulpice . . . École, à la Grand'Maison.
1698. PARIS (Saint-Sulpice). . . Pensionnat des Irlandais (dura
                          environ deux ans).
1698. PARIS (Saint-Sulpice). . . École dominicale (jusqu'en 1704).
1699. PARIS (Saint-Sulpice . . . École, rue des Fossés-Monsieur-
                          le-Prince (jusque vers 1704).
1699. PARIS (Saint-Hippolyte) . École, rue de l'Ourcine.
1699. PARIS (Saint-Hippolyte) . Séminaire des maîtres de cam-
                          pagne (jusqu'en 1705).

16*

1699. CHARTRES.	Deux écoles.
1700. CALAIS	École.
1700. ROME.	Départ du frère Drolin.
1701. TROYES (Saint-Nizier). . .	École.
1703. AVIGNON (St-Symphorien).	École.
1703. PARIS (Saint-Paul). . . .	École de la rue de Charonne.
1705. CALAIS	École, pour les jeunes matelots.
1705. ROME.	École.
1705. PARIS (Saint-Roch). . . .	École, rue Saint-Honoré (abandonnée en 1708).
1705. DARNÉTAL, près Rouen. .	École.
1705. ROUEN	Écoles.
1705. ROUEN (Saint-Yon). . . .	Noviciat.
1705. ROUEN (Saint-Yon). . . .	Pensionnat.
? ROUEN (Saint-Yon). . . .	Maison de correction.
1705. DIJON (Saint-Pierre) . . .	École.
1706. MARSEILLE (Saint-Laurent).	École.
1707. VALRÉAS	École (dura peu).
1707. MENDE	École.
1707. ALAIS.	École.
1707. GRENOBLE (Saint-Laurent).	École.
1708. SAINT-DENIS	École.
1708. SAINT-DENIS	Séminaire de maîtres.
1709. MACON	École.
1710. VERSAILLES (Saint-Louis).	École.
1710. BOULOGNE-SUR-MER . . .	École.
1710. MOULINS (Saint-Pierre) . .	École.
1711. LES VANS (Ardèche) . . .	École.
1712. MARSEILLE	Noviciat (dura un an environ).
1715. ROUEN (Saint-Yon). . . .	Pension de force.
1718. PARIS (Saint-Sulpice). . .	École, près des Invalides.

BIBLIOTHÈQUE NATIONALE R.F. IMPRIMÉS

SUPÉRIEURS GÉNÉRAUX DE L'INSTITUT

DEPUIS LA FONDATION

BIBLIOTHÈQUE NATIONALE
R.F.
IMPRIMÉS

F. Barthélemy	du 23 mai 1717 au 8 juin 1720.
F. Timothée.	du 7 août 1720 au 3 août 1751.
F. Claude.	du 3 août 1751 au 10 mai 1767.
F. Florence.	du 19 mai 1767 au 10 août 1777.
F. Agathon	du 10 août 1777 au 15 septembre 1797.
F. Frumence.	nommé vicaire général par Pie VI. du 7 août 1793 au 27 janvier 1810.
F. Gerbaud	du 8 septembre 1810 au 10 août 1822.
F. Guillaume de Jésus.	du 11 novembre 1822 au 10 juin 1830.
F. Anaclet	du 2 septembre 1830 au 6 septembre 1838.
F. Philippe	du 21 novembre 1838 au 7 janvier 1874.
F. Jean-Olympe	du 9 avril 1874 au 17 avril 1875.
F. Irlide	du 2 juillet 1875 au 26 juillet 1884.
F. Joseph	du 18 octobre 1884 au 1er janvier 1897.
F. Gabriel-Marie . . .	élu le 19 mars 1897.

TABLE DES MATIÈRES

CHAPITRE III

LES COMMENCEMENTS DE L'INSTITUT (1682-1688)

CHAPITRE IV

LES ÉCOLES DE SAINT-SULPICE (1688-1691)

CHAPITRE V

LE NOVICIAT DE VAUGIRARD (1691-1698)

CHAPITRE VI

DÉVELOPPEMENT ET CONTRADICTIONS (1698-1705)

CHAPITRE VII

ÉTABLISSEMENT DE ROUEN ET DIVERSES ÉCOLES

(1705-1712)

CHAPITRE VIII

SÉJOUR DANS LE MIDI (1711-1714)

CHAPITRE IX

DERNIÈRES ANNÉES (1715-1719)

CHAPITRE X

L'HOMME

CHAPITRE XI

LE CHRÉTIEN

DÉSACIDIFIÉ A SABLÉ
EN : NOV. 1991

29963. — TOURS, IMPRIMERIE MAME

www.ingramcontent.com/pod-product-compliance
Lightning Source LLC
LaVergne TN
LVHW021214170726
843501LV00003B/507